ELVIS e *eu*

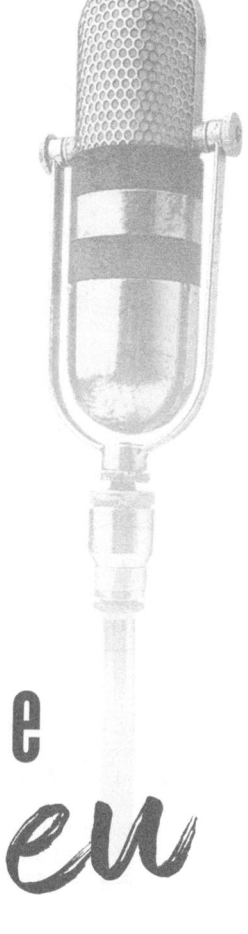

PRISCILLA PRESLEY
& SANDRA HARMON

ELVIS e *eu*

Tradução de
Alfredo Barcellos

Rocco

Título original
ELVIS AND ME

Copyright © 1985 *by* GLDE Inc.

Todos os direitos reservados.
Nenhuma parte desta obra pode ser reproduzida ou transmitida por meio eletrônico, mecânico, fotocópia ou sob qualquer outra forma sem a prévia autorização do editor.

Edição brasileira publicada mediante acordo especial com Renaissance Literary & Talent, Beverly Hills, CA.

Imagem do microfone: Alexander Lesnitsky / Pixabay

Direitos para a língua portuguesa reservados com exclusividade para o Brasil à
EDITORA ROCCO LTDA.
Rua Evaristo da Veiga, 65 – 11º andar
Passeio Corporate – Torre 1
20031-040 – Rio de Janeiro – RJ
Tel.: (21) 3525-2000 – Fax: (21) 3525-2001
rocco@rocco.com.br
www.rocco.com.br

Printed in Brazil/Impresso no Brasil

CIP-BRASIL. CATALOGAÇÃO NA PUBLICAÇÃO
SINDICATO NACIONAL DOS EDITORES DE LIVROS, RJ

P937e

    Presley, Priscilla Beaulieu
       Elvis e eu / Priscilla Beaulieu Presley, Sandra Harmon ; tradução Alfredo Barcellos. - 1. ed. - Rio de Janeiro : Rocco, 2024.

       Tradução de: Elvis and me
       ISBN 978-65-5532-448-8
       ISBN 978-65-5595-271-1 (recurso eletrônico)

       1. Presley, Priscilla Beaulieu. 2. Presley, Elvis, 1935-1977. 3. Cônjuges de músicos de rock - Estados Unidos - Biografia. 4. Músicos de rock - Estados Unidos - Biografia. I. Harmon, Sandra. II. Barcellos, Alfredo. III. Título.

24-91369   CDD: 782.42166092
                           CDU: 929:78.067.26(73)

Gabriela Faray Ferreira Lopes - Bibliotecária - CRB-7/6643

O texto deste livro obedece às normas do
Acordo Ortográfico da Língua Portuguesa.

Para Lisa Marie

Agradecimentos

Sem as pessoas relacionadas a seguir, este livro nunca seria possível. Por isso, sinto-me eternamente grata e quero agradecer a:

Michelle e Gary Hovey, pelo amor e sensibilidade que vocês partilharam e pelas horas incontáveis de "estar ao meu lado".

Minha mãe e meu pai: Lamento ter apenas esta vida para retribuir todo o amor e compreensão que vocês me deram.

Jerry Schilling, meu amigo de verdade, com quem sempre pude contar.

Joe Esposito, por sempre ser digno de confiança.

Joel Stevens: Eu não poderia ter feito nada sem você, meu amigo!

Ellis Amburn, por sua paciência e dedicação.

Norman Brokaw e Owen Laster, por sempre acreditarem em mim.

E também, por suas valiosas contribuições: Sandy Harmon, Steven Kral, Phyllis Grann.

Minha prima Barbara "Ivy" Iversen, que sempre esteve lá por mim.

Vikki Hakkinen, pelos trinta e cinco anos de assistência em minha jornada. Ela é tudo para mim.

Não critique o que não entende, filho, pois você nunca esteve na pele do outro.

ELVIS AARON PRESLEY

Nota da autora

Escrevi e publiquei este livro pela primeira vez há mais de 35 anos. Não consigo acreditar na rapidez com que esses anos passaram. Tantas coisas maravilhosas e abençoadas aconteceram durante esse período e, ao mesmo tempo, vivi acontecimentos terríveis que me causaram muita dor e sofrimento. É a vida e, infelizmente, o ruim vem com o bom e você simplesmente não sabe o que o universo vai jogar em sua direção.

Do lado bom — recentemente, um filme muito emocionante chamado *Elvis* foi produzido e dirigido por Baz Lurhmann, e estou orgulhosa do trabalho que ele fez e do homem que registrou no filme. No momento da nova edição deste livro, outro filme, *Priscilla*, está sendo exibido nos cinemas do mundo todo após uma recepção maravilhosa no Festival de Cinema de Veneza. O filme foi concebido e dirigido pela talentosa e criativa Sofia Coppola, a quem não posso agradecer o suficiente pelo cuidado e pela sensibilidade na sua criação artística.

Do lado ruim — como vocês podem imaginar, a morte de minha amada filha, Lisa Marie, tem sido extremamente difícil para mim e as ondas de luto podem ser insuportáveis. Também tive que passar pela terrível experiência a que a maioria de nós é submetida em um ponto de nossas vidas: a morte de meus pais. Além disso, também perdi meu neto Benjamin. Às vezes, questiono o que me obriga a sair da cama de manhã.

Estou honrada que o talento de outras pessoas tenha mantido vivo o interesse pela minha história, permitindo que meu livro fosse relançado. Esse renovado interesse pela jornada da minha vida me permitiu viajar pelo mundo e dar uma passada na América, Europa e Austrália.

Decidi levar a sério um segundo livro de memórias, pois tenho muito a dizer sobre essa jornada e muito mais histórias para compartilhar, inclusive a do nascimento do meu filho. Cheguei a um tempo e a um lugar onde estou pronta para me abrir e compartilhar isso com o público. Tudo faz parte do processo de cura.

Beaulieu Presley

1

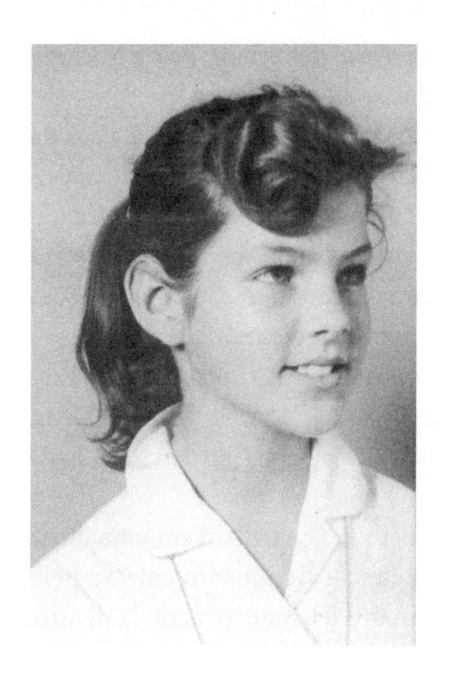

Era 16 de agosto de 1977, um dia nublado e depressivo, nada típico do sul da Califórnia. Quando saí de casa, havia uma quietude no ar, uma calma estranha, que nunca mais experimentei desde então. Quase tornei a entrar, incapaz de reprimir a apreensão. Tinha uma reunião naquela manhã e por volta de meio-dia deveria me encontrar com minha irmã Michelle. A caminho de Hollywood, notei que a atmosfera não mudara. Parecia excepcionalmente silenciosa e depressiva, começara a chuviscar. Ao descer a Melrose Avenue, avistei Michelle parada na esquina, com uma expressão preocupada.

— Cilla, acabei de receber um telefonema de papai — disse ela, no instante em que parei o carro. — Joe vem tentando entrar em contato com você. É alguma coisa com Elvis no hospital.

Joe Esposito era o agente de shows e o braço direito de Elvis. Senti um choque. Se ele estava tentando entrar em contato comigo, então alguma coisa devia estar terrivelmente errada. Pedi a Michelle que pegasse seu carro e me seguisse até em casa.

Fiz uma volta em U no meio da rua e voltei para casa a toda velocidade, como uma louca. Todas as possibilidades imagináveis afloraram em minha cabeça. Elvis passara o ano inteiro entrando e saindo do hospital; houvera ocasiões em que nem mesmo estava doente, apenas se internava para descansar, escapar das tensões ou por puro tédio. Nunca fora por qualquer motivo mais sério.

Pensei em nossa filha, Lisa, que estava visitando Elvis em Graceland e deveria voltar para casa naquele mesmo dia. Meu Deus, orei, por favor, faça com que tudo esteja bem. Não deixe que nada aconteça, por favor.

Avancei todos os sinais vermelhos e quase bati em uma dúzia de carros. Finalmente cheguei em casa; enquanto entrava pelo caminho, derrapando, podia ouvir o telefone tocando lá dentro. Por favor, não desligue, supliquei, saltando do carro e correndo para a porta.

— Já estou indo! — berrei.

Tentei enfiar a chave na fechadura, mas a mão não parava de tremer. Acabei conseguindo entrar, peguei o fone e gritei:

— Alô? Alô?

Por um instante, escutei apenas o zumbido da ligação interurbana, logo seguida por uma voz débil e abalada:

— Cilla, sou eu, Joe.

— O que aconteceu, Joe?

— É Elvis.

— Meu Deus, não diga nada!

— Ele está morto, Cilla.

— Não me diga isso, Joe! Pelo amor de Deus!

— Nós o perdemos.

— Não! NÃO!

Supliquei para que ele retirasse aquelas palavras, mas Joe permaneceu em silêncio. Só depois de algum tempo é que ele repetiu:

— Nós o perdemos...
Ele não pôde continuar e ambos começamos a chorar.
— Joe, onde está Lisa?
— Ela está bem. Ficou com a avó.
— Graças a Deus! Joe, mande um avião me buscar, por favor. O mais depressa possível. Quero ir para casa.

Enquanto eu desligava, Michelle e mamãe, que haviam acabado de chegar, me abraçaram e ficamos chorando. Poucos minutos depois o telefone tornou a tocar. Por um instante, esperei por um milagre; estavam ligando para informar que Elvis ainda se encontrava vivo, que estava tudo bem, que tudo não passara de um pesadelo.

Mas os milagres não existiam e ouvi a voz de Lisa pelo telefone:
— Mamãe, mamãe! Alguma coisa aconteceu com papai!
— Sei disso, querida — sussurrei. — Já estou indo para aí. Um avião vem me buscar.
— Todo mundo está chorando, mamãe.

Eu me senti impotente. O que podia dizer a ela? Não podia sequer encontrar palavras para confortar a mim mesma. Temi pelo que ela poderia estar ouvindo. Ainda não sabia que o pai morrera. Só podia lhe dizer, várias vezes:
— Estarei aí o mais depressa possível. Procure ficar no quarto da vovó, longe de todo mundo.

Ao fundo, eu podia ouvir a voz trêmula de Vernon, em murmúrios de agonia:
— Meu filho se foi! Meu Deus, perdi meu filho!

Felizmente a inocência de uma criança lhe proporciona uma proteção. A morte ainda não era uma realidade para Lisa. Ela disse que sairia para brincar com Laura, sua amiga.

Desliguei e comecei a andar de um lado para outro, ainda atordoada pelo choque. A notícia logo chegou aos meios de comunicação. Meus telefones não paravam de tocar, com amigos tentando absorver o choque, pessoas da família querendo explicações e a imprensa exigindo declarações. Me tranquei no quarto e avisei que não queria falar com ninguém, queria permanecer sozinha.

Para dizer a verdade, eu queria morrer. O amor é muito enganador. Embora estivéssemos divorciados, Elvis ainda era uma parte essencial da minha vida. Durante os últimos anos nos tornáramos bons amigos, reconhecendo os erros cometidos no passado e começando a rir de nossas imperfeições. Naquele momento, eu não era capaz de enfrentar a realidade de que nunca mais tornaria a vê-lo vivo. Elvis sempre estivera ali, ao meu alcance. Contava com ele, assim como ele contava comigo. Tínhamos um vínculo profundo. Éramos mais íntimos agora, tínhamos mais compreensão e paciência um com o outro do que durante a vida conjugal. Até falávamos em algum dia... E agora ele estava morto.

Lembrei-me de nossa última conversa pelo telefone, apenas poucos dias antes. Seu ânimo era o melhor possível, e ele me falou da excursão de doze dias que estava prestes a iniciar. Até riu quando me contou que o Coronel, como sempre, espalhara seus cartazes pela primeira cidade do itinerário e que seus discos estavam sendo tocados constantemente, no preparativo para o espetáculo.

— O velho Coronel não é de brincadeira — comentara Elvis. — Percorremos um longo caminho, mas ele continua a usar a mesma tática antiga. É de admirar que as pessoas ainda estejam comprando.

Eu adorava ouvir Elvis rir, algo que acontecia cada vez menos. Poucos dias antes desse último telefonema, eu soubera que ele andava deprimido e estava pensando em romper com Ginger Alden, sua namorada. Eu o conhecia bem o bastante para saber que não seria uma iniciativa fácil para ele. E se soubesse que aquela seria a última vez que conversaria com ele, eu lhe diria muito mais coisas... as coisas que eu sempre quisera dizer e nunca o fizera, as coisas que reprimira por muitos anos, porque nunca aparecia a ocasião oportuna.

Elvis fora parte de minha vida por dezoito anos. Quando nos conhecemos, eu tinha acabado de completar catorze anos. Os primeiros seis meses que passei em sua companhia foram repletos de ternura e afeição. Ofuscada pelo amor, eu não percebia nenhum dos seus defeitos ou fraquezas. Ele se tornaria a paixão de minha vida.

Elvis ensinou-me tudo: como me vestir, como andar, como aplicar maquiagem e arrumar os cabelos, como me comportar, como retribuir o amor... à sua maneira. Ao longo dos anos, ele se tornou meu pai, marido e quase Deus. Agora, ele estava morto, e eu me sentia mais sozinha e com mais medo do que em qualquer outra ocasião de minha vida.

As horas foram se arrastando lentamente até a chegada do avião particular de Elvis, o *Lisa Marie*. Atrás de portas fechadas, fiquei sentada, esperando, lembrando a nossa vida em comum, a alegria, a angústia, a tristeza e os triunfos desde a primeira vez em que ouvi o seu nome.

2

Era o ano de 1956. Eu morava com minha família na Base Bergstrom da Força Aérea, em Austin, Texas, onde meu pai, então Capitão Joseph Paul Beaulieu, um oficial de carreira, estava estacionado. Ele chegou tarde para o jantar e me entregou um disco.

— Não sei de nada sobre esse tal de Elvis, mas deve ser muito especial — comentou ele. — Entrei na fila com metade da Força Aérea para comprar esse disco no reembolsável. Todo mundo está querendo.

Pus o disco na vitrola e ouvi a música de rock "Blue Suede Shoes". O disco chamava-se *Elvis Presley*. Era o seu primeiro lançamento.

Como quase todos os jovens dos Estados Unidos, eu gostava de Elvis, embora não com o fanatismo de muitas de minhas amigas na Del Valley Junior High. Todas tinham camisas de Elvis, chapéus de Elvis e meias soquetes de Elvis, além de batons em cores como "Hound Dog Orange" e "Heartbreak Pink". Elvis estava em toda parte, nas figurinhas de chiclete e em bermudas, em diários e carteiras, em fotografias que brilhavam no escuro. Os garotos na escola começavam a tentar parecer com ele, com os cabelos penteados para trás, com muita gomalina, costeletas compridas e golas levantadas.

Havia uma garota tão louca por Elvis que dirigia o seu fã-clube local. Ela disse que eu poderia ingressar por 25 centavos, o preço de um livro que encomendara para mim pelo reembolso postal. Ao recebê-lo, fiquei chocada ao me deparar com uma fotografia de Elvis autografando os seios de duas garotas, um ato sem precedentes na ocasião.

E depois o vi na televisão, no *Stage Show*, de Jimmy e Tommy Dorsey. Ele era sensual e bonito, olhos profundos e meditativos, lábios espichados, sorriso insinuante. Ele avançou para o microfone, abriu as pernas, inclinou-se para trás e dedilhou a guitarra. Pôs-se a cantar com extrema confiança, remexendo o corpo numa sensualidade desenfreada. Contra a vontade, eu me senti atraída.

Algumas pessoas na audiência adulta não se mostraram muito entusiasmadas. Não demorou muito para que suas apresentações fossem rotuladas de obscenas. Minha mãe declarou de forma taxativa que ele era uma péssima influência sobre as adolescentes. E acrescentou:

— Ele desperta coisas nas moças que deveriam ficar adormecidas. Se houvesse uma marcha das mães contra Elvis Presley, eu estaria na primeira fila.

Mas eu ouvira dizer que Elvis, apesar de sua extravagância e sensualidade no palco, tivera uma rigorosa educação cristã do sul. Era um garoto do interior que não fumava nem bebia, que amava e honrava os pais e que tratava todos os adultos como "senhor" ou "senhora".

* * *

Eu era uma típica filha de oficial da Força Aérea, uma garota bonita e tímida, que jamais se acostumara a mudar de uma base para outra a cada dois ou três anos. Aos onze anos, eu já vivera em seis cidades diferentes; com receio de não ser aceita, permanecia retraída ou esperava que alguém tomasse a iniciativa de fazer amizade. Descobria ser particularmente difícil ingressar numa escola no meio do ano, quando os grupos já estavam formados e os novos alunos eram considerados forasteiros.

Uma garota pequena, de cabelos castanhos compridos, olhos azuis e nariz arrebitado, eu era sempre observada pelas colegas. A princípio, as garotas me encaravam como uma rival, receando que eu pudesse tomar seus namorados. Eu tinha a impressão de que me sentia mais à vontade com os rapazes... e geralmente eles se mostravam mais amistosos.

As pessoas sempre diziam que eu era a garota mais bonita da escola, mas nunca me senti assim. Era magra, quase esquelética; e mesmo que fosse tão atraente quanto diziam, queria ter algo mais que apenas boa aparência. Só com minha família é que eu me sentia totalmente amada e protegida. Afetivos e solidários, eles me proporcionavam estabilidade.

Modelo fotográfica antes do casamento, minha mãe se devotava inteiramente à família. Como a mais velha, era minha responsabilidade ajudá-la com os menores. Depois de mim, havia Don, quatro anos mais novo, e Michelle, minha única irmã, que era cinco anos mais nova do que Don. Jeff e os gêmeos, Tim e Tom, ainda não haviam nascido.

Minha mãe era inibida demais para falar sobre as coisas da vida, e por isso recebi toda a educação sexual na escola, no sexto ano. Alguns garotos estavam circulando um livro que parecia a Bíblia por fora, mas quando se abria o que se encontrava eram ilustrações de homens fazendo amor com mulheres e mulheres fazendo amor entre si.

Meu corpo estava mudando e se agitando com novas sensações. Eu recebia olhares constantes dos rapazes na escola e houve uma ocasião em que uma fotografia minha, num suéter justo de gola alta, foi roubada do quadro de avisos da escola. Contudo, eu ainda era uma criança, envergonhada por minha sexualidade. Fantasiava interminavelmente sobre o beijo de língua, mas quando a turma brincava de girar a garrafa, eu levava meia hora para permitir que algum rapaz me beijasse os lábios fechados.

Meu pai, forte e bonito, era o centro de nosso mundo. Um homem muito esforçado e determinado, formara-se em Administração de Empresas pela Universidade do Texas. Em casa, mantinha tudo sob controle. Acreditava firmemente na disciplina e responsabilidade, e tínhamos conflitos frequentes. Quando me tornei animadora de torcida, aos treze anos, não era fácil convencê-lo a me deixar ir aos jogos em outras cidades. Havia ocasiões em que não havia choro, súplicas ou apelos à minha mãe que pudessem fazê-lo mudar de ideia. Quando ele tomava uma decisão, era ponto final.

Eu conseguia envolvê-lo de vez em quando. Quando ele não deu permissão para que eu usasse uma saia justa, ingressei nas bandeirantes, a fim de poder vestir seu uniforme bem justo.

Meus pais eram sobreviventes. Muitas vezes se debatiam com dificuldades financeiras, mas os filhos eram os últimos a sentir. Quando eu era pequena, minha mãe costurava lindas toalhas de mesa para cobrir os engradados de laranjas que usávamos como mesinhas. Em vez de ficarmos sem, procurávamos tirar o melhor proveito do que tínhamos.

O jantar era sempre uma atividade de grupo: mamãe cozinhava, um de nós colocava a mesa e o resto cuidava da limpeza. Ninguém ficava sem fazer nada, mas éramos sempre solidários uns com os outros. Eu me sentia afortunada por ter uma família tão unida.

Eu me sentia fascinada ao folhear velhos álbuns de fotografias, mostrando meus pais quando eram jovens. Sentia a maior curiosidade pelo passado. A Segunda Guerra Mundial me intrigava, principalmente porque papai lutara com os fuzileiros em Okinawa. Ele parecia muito bonito de uniforme, dava para se perceber que estava posando para mamãe — mas de certa forma o sorriso passava a impressão de estar deslocado, ainda mais quando se sabia o lugar em que se encontrava. Quando eu lia o bilhete no verso da foto, sobre o quanto ele sentia saudade de mamãe, meus olhos sempre se enchiam de lágrimas.

Vasculhando os guardados da família, eu me deparei com uma pequena caixa de madeira. Lá dentro, havia uma bandeira americana, meticulosamente dobrada, do tipo que eu sabia ser dado às viúvas de militares mortos em serviço. Havia também uma fotografia de mamãe enlaçando um estranho, com um bebê em seu colo. No verso, estava inscrito: "Mamãe, Papai e Priscilla." Eu descobrira uma família secreta.

Sentindo-me traída, fui correndo para telefonar para minha mãe, que se encontrava numa festa nas proximidades. Poucos minutos depois, eu estava em seus braços, chorando, enquanto ela me acalmava e explicava que eu tinha seis meses quando meu verdadeiro pai, Tenente James Wagner, um lindo piloto da marinha, morrera num acidente de avião, ao voltar para casa em licença. Dois anos e meio depois ela casara com Paul Beaulieu, que me adotara e sempre me amara como se eu fosse sua própria filha.

Mamãe sugeriu que eu não revelasse a descoberta a meus irmãos. Achava que poderia ser um risco para a intimidade da família, mas o fato é que, quando se tornou conhecido, não teve qualquer efeito sobre os nossos sentimentos. Ela me deu um medalhão de ouro que ganhara de presente de meu pai. Eu adorava esse medalhão e usei-o por muitos anos, fantasiando que meu pai morrera como um grande herói. Em momentos de angústia emocional e solidão, ele se tornava meu anjo da guarda.

Ao final do ano, eu fora indicada para concorrer ao título de Rainha da Escola. Foi a minha primeira experiência de política e competição, particularmente difícil porque eu disputava contra Pam Rutherford, minha melhor amiga.

Cada uma tinha um gerente de campanha, que nos apresentava, de casa em casa. Meu gerente tentava persuadir cada pessoa a votar em mim e doar cinco centavos ou mais por voto para um fundo da escola. Eu tinha certeza de que a competição poria em risco minha amizade com Pam, que para mim era mais importante do que vencer. Pensei em largar tudo, mas concluí que não poderia decepcionar meus pais ou meus partidários. Enquanto mamãe procurava um vestido para eu usar na coroação, papai insistia para que eu decorasse o discurso de aceitação do título.

Era o último dia da votação e começou a circular o rumor de que os avós de Pam haviam dado uma nota de cem dólares para a compra de votos. Meus pais ficaram desapontados; não havia possibilidade de entrarem com tanto dinheiro e não o fariam mesmo que pudessem, por uma questão de princípio.

Na noite em que anunciaram a vencedora eu vestia uma roupa nova, azul-turquesa, de tule, sem alças, que coçava tanto que me sentia ansiosa para tirá-la. Sentei ao lado de Pam no palanque do enorme auditório da escola. Podia ver que meus pais exibiam expressões felizes e confiantes, mas tinha certeza de que eles acabariam desolados. A diretora avançou para o pódio.

— E agora... — ela fez uma pausa, a fim de aumentar o suspense — ... chegou o momento pelo qual todos esperavam... a culminação de um mês de campanha por nossas duas lindas concorrentes, Priscilla Beaulieu... — Todos os olhos se viraram em minha direção. Eu corei e olhei para Pam. — ... E Pam Rutherford.

Nossos olhos se encontraram por um momento breve e tenso.

— A nova Rainha da Del Valley Junior High é... — Um ressoar de tambores. — Priscilla Beaulieu!

A plateia pôs-se a aplaudir freneticamente. Eu estava em choque. Chamada ao palco para fazer meu discurso, fiquei desesperada, porque não tinha nenhum preparado. Tinha certeza de que ia perder, então não me dera ao trabalho de escrever alguma coisa. Fui andando até o pódio, trêmula, olhei para o auditório apinhado. Tudo o que podia ver era o rosto de meu pai, cada vez mais desapontado ao perceber que eu nada tinha para dizer. Quando finalmente falei, foi para pedir desculpa.

— Senhoras e senhores, sinto muito — balbuciei. — Não estou preparada para fazer um discurso, já que não esperava vencer. Mas muito obrigada a todos por terem votado em mim. Farei o melhor possível.

Uma pausa e acrescentei, olhando para meu pai:

— Desculpe, papai.

Fiquei surpresa quando a plateia graciosamente aplaudiu, mas ainda tinha de enfrentar meu pai e ouvi-lo dizer: "Eu não falei?"

Ser eleita Rainha da Escola foi uma vitória agridoce, porque a intimidade que Pam e eu outrora partilhávamos acabou. De qualquer forma, a coroa simbolizava um sentimento desconhecido e maravilhoso: a aceitação.

Minha tranquilidade recém-encontrada terminou abruptamente quando meu pai anunciou que estava sendo transferido para Wiesbaden, na Alemanha Ocidental.

Fiquei desesperada. A Alemanha era no outro lado do mundo. Todos os meus medos voltaram. Meu primeiro pensamento foi: O que vou fazer com meus amigos? Falei com mamãe, que se mostrou compreensiva, mas lembrou que estávamos na Força Aérea e que a mudança era uma parte inevitável de nossas vidas.

Concluí a primeira parte do curso secundário, Jeff nasceu e nos despedimos dos vizinhos e amigos. Todos prometeram escrever ou telefonar, mas eu sabia que isso dificilmente aconteceria, pois recordava promessas similares anteriores. Minha amiga Angela me disse, em tom de brincadeira, que Elvis Presley estava fazendo o serviço militar em Bad Nauheim, Alemanha Ocidental.

— Já pensou nisso? Você estará no mesmo país que Elvis Presley.

Examinamos um mapa e descobrimos que Bad Nauheim ficava perto de Wiesbaden. E comentei:
— Vou até lá para conhecer Elvis.
Nós rimos, nos abraçamos e despedimos.

O voo de quinze horas para a Alemanha Ocidental pareceu interminável, mas finalmente chegamos à linda e antiga cidade de Wiesbaden, sede da Força Aérea dos Estados Unidos na Europa. Fomos nos hospedar no Hotel Helene, um prédio enorme e venerável na rua principal. Depois de três meses, a vida no hotel estava muito cara e começamos a procurar uma casa para alugar.

Tivemos sorte de encontrar um apartamento grande num prédio clássico, construído muito antes da Primeira Guerra Mundial. Mudamos logo depois e notamos que todos os outros apartamentos estavam alugados para moças solteiras. As *Fräuleins* andavam durante o dia inteiro em roupões e negligês e à noite se vestiam a capricho. Assim que aprendemos um pouco de alemão, compreendemos que, embora a pensão fosse bastante discreta, estávamos vivendo num bordel.

Era impossível mudar, pois havia uma escassez de moradias. Mas o local em nada contribuiu para meu ajustamento. Não apenas estava isolada das outras famílias americanas, mas também havia a barreira da língua. Já estava acostumada a mudar de escola com frequência, mas um país estrangeiro apresentava problemas inteiramente novos, e o principal era o fato de não ter ninguém com quem pudesse partilhar meus pensamentos. Comecei a sentir que minha vida parara por completo.

Setembro chegou e as aulas começaram. Mais uma vez eu era a garota nova. Não era mais popular e segura como me sentira na Del.

Havia um lugar chamado Eagles Club, onde as famílias dos militares americanos costumavam fazer refeições e se encontrar socialmente. Dava para ir a pé da pensão e logo se tornou uma descoberta importante para mim. Todos os dias, depois das aulas, eu ia à lanchonete que havia ali, ficava escutando a vitrola automática e escrevia cartas para minhas amigas em Austin, dizendo como sentia saudade de todo mundo. Aos prantos, gastava a minha mesada tocando as músicas mais populares nos Estados Unidos, como "Venus", de Frankie Avalon, e "All I Have to Do Is Dream", dos Everly Brothers.

Numa tarde quente de verão eu estava sentada ali com meu irmão Don quando notei um homem bonito, na casa dos vinte anos, que não tirava os olhos de mim. Já o vira me observando antes, mas nunca lhe prestara qualquer atenção. Desta vez, porém, ele se levantou e aproximou-se de mim. Apresentou-se como Currie Grant e perguntou meu nome.

— Priscilla Beaulieu — respondi, imediatamente desconfiada, pois ele era muito mais velho.

Ele perguntou de que lugar dos Estados Unidos eu vinha, se estava gostando da Alemanha e se apreciava Elvis Presley.

— Claro — respondi, rindo. — Quem não gosta dele?

— Sou grande amigo de Elvis. Minha mulher e eu estamos sempre indo à casa dele. Não gostaria de nos acompanhar uma noite?

Despreparada para um convite tão extraordinário, eu me senti ainda mais cética e cautelosa. E declarei que teria de pedir permissão a meus pais. Durante as duas semanas seguintes, Currie conheceu meus pais. Ele estava também na Força Aérea e papai verificou suas credenciais, descobrindo que conhecia seu comandante. Isso pareceu romper o gelo entre os dois. Currie garantiu a papai que eu seria devidamente vigiada quando visitássemos Elvis, que vivia numa casa perto da base, em Bad Nauheim.

Vasculhei meu armário na noite marcada, tentando encontrar uma roupa apropriada. Nada parecia bastante elegante para um encontro com Elvis Presley. Acabei escolhendo um vestido branco e azul, sapatos e meias brancas. Contemplando-me no espelho, achei que estava atraente, mas estava convencida de que não causaria qualquer impressão em Elvis, já que tinha apenas catorze anos.

Currie Grant apareceu às 20h, em companhia de sua atraente esposa, Carole. Ansiosa, mal falei com qualquer dos dois, durante a viagem de carro de 45 minutos. Entramos na cidadezinha de Bad Nauheim, com suas ruas estreitas, calçamento de pedras, casas feias e antigas. Eu me mantinha atenta, à espera de avistar o que presumia ser a enorme mansão de Elvis. Em vez disso, Currie parou o carro diante de uma casa de aparência comum, de três andares, com uma cerca de madeira branca.

Havia uma placa em alemão no portão que avisava: AUTÓGRAFOS *SOMENTE* ENTRE 19H E 20H. Embora já passasse de 20h, havia um grupo grande de moças alemãs por ali, expectantes. Quando interroguei Currie a respeito, ele explicou que sempre havia muitas fãs na frente da casa, esperando por um vislumbre de Elvis.

Segui Currie pelo portão e subimos pelo pequeno caminho até a casa. Fomos recebidos por Vernon Presley, o pai de Elvis, um homem alto, atraente, de cabelos grisalhos, que nos levou por um corredor comprido até a sala de estar, de onde eu podia ouvir Brenda Lee na vitrola, cantando "Sweet Nothin's".

A sala simples, quase insípida, estava cheia de pessoas, mas avistei Elvis no mesmo instante. Era mais bonito do que parecia nos filmes, mais jovem e com uma aparência mais vulnerável, os cabelos bem curtos de soldado. Estava à paisana, com um suéter vermelho e calça castanha amarelada, sentado com a perna por cima do braço de uma poltrona grande, com um charuto pendendo dos lábios.

Quando Currie me levou em sua direção, Elvis levantou-se e sorriu.

— Ora, ora, o que temos aqui? — disse ele.

Não falei nada. Não conseguia. Só fiquei encarando.

— Elvis — disse Currie —, esta é Priscilla Beaulieu. A garota de quem lhe falei.

Trocamos um aperto de mão e ele disse:

— Oi. Sou Elvis Presley.

Depois, houve um silêncio entre nós, até que Elvis convidou-me a sentar a seu lado e Currie afastou-se.

— Está na escola? — perguntou Elvis.

— Estou.

— E está no ensino fundamental ou médio?

Corei e não respondi, não querendo revelar que estava apenas no primeiro ano do ensino médio.

— E então? — insistiu Elvis.

— Estou no primeiro.

Ele ficou confuso.

— Primeiro o quê?

— Primeiro ano do ensino médio — balbuciei.

— *Primeiro* ano! — exclamou ele, rindo. — Ora, você não passa de uma criança!

— Obrigada — respondi, bruscamente, pois nem mesmo Elvis Presley tinha o direito de me falar assim.

— Parece que a garotinha não é fácil — comentou ele, rindo de novo, divertido com a minha reação.

Elvis me presenteou com o seu sorriso encantador e todo o meu ressentimento se derreteu.

Conversamos mais um pouco. Depois, Elvis levantou-se, foi para o piano e sentou-se. A sala ficou em silêncio. Todos os olhos se fixaram nele.

Elvis cantou "Rags to Riches" e "Are You Lonesome Tonight?", e depois, com os amigos cantando em harmonia, "End of the Rainbow". Também ofereceu uma interpretação de Jerry Lee Lewis, martelando as teclas com tanta força que um copo com água que pusera em cima do piano começou a escorregar. Quando Elvis pegou-o, sem perder uma nota da canção, todos riram e aplaudiram — menos eu. Estava nervosa. Olhei ao redor e vi um pôster intimidante, em tamanho real, de Brigitte Bardot seminua, preso na parede. Ela era a última pessoa que eu queria ver, com seu corpo sedutor, lábios espichados e cabelos desgrenhados. Imaginando o gosto de Elvis pelas mulheres, eu me senti muito jovem e deslocada.

Levantei os olhos e me deparei com Elvis tentando chamar minha atenção. Percebi que quanto menos reação demonstrava, mais ele passava a cantar só para mim. Mas não podia acreditar que Elvis Presley estava tentando me impressionar.

Mais tarde, ele pediu-me que o acompanhasse até a cozinha, onde me apresentou à sua avó, Minnie Mae Presley, que estava no fogão, fritando bacon numa enorme panela. Sentamos à mesa, e eu disse a Elvis que não estava com fome. Na verdade, sentia-me nervosa demais para comer.

— Você é a primeira garota dos Estados Unidos que encontro em muito tempo — disse ele, enquanto começava a devorar o primeiro de cinco imensos sanduíches de bacon, todos com mostarda.
— Os jovens por lá estão ouvindo quem?

Soltei uma risada.

— Está brincando? Todo mundo ouve você!

Elvis não parecia convencido. Fez-me uma porção de perguntas sobre Fabian e Ricky Nelson. Comentou que estava preocupado com a aceitação das fãs quando voltasse aos Estados Unidos. Como estava ausente havia algum tempo, não aparecia em espetáculos públicos nem em filmes, embora tivesse cinco músicas nas paradas de sucesso, todas gravadas antes de sua partida.

Parecia que mal começáramos a conversar quando Currie entrou na cozinha e apontou para o relógio. Eu receara aquele momento; a noite correra muito depressa. Parecia que acabara de chegar e agora já tinha de ir embora. Elvis e eu mal começávamos a nos conhecer. Sentia-me como Cinderela, sabendo que toda a magia terminaria quando soasse o toque de recolher. Fiquei surpresa quando Elvis perguntou a Currie se eu poderia permanecer por mais algum tempo. Currie explicou o acordo com meu pai, e Elvis sugeriu então que eu poderia voltar outro dia. Embora fosse a coisa que eu mais queria no mundo, não acreditava que pudesse acontecer.

O nevoeiro era tão denso na autoestrada, durante a volta a Wiesbaden, que só cheguei em casa às 2h da madrugada. Meus pais estavam acordados e quiseram saber tudo o que acontecera. Contei que Elvis era um cavalheiro, muito divertido, cantara para os amigos, eu adorara a noite.

No dia seguinte, na escola, eu não consegui me concentrar. Os pensamentos fixavam-se exclusivamente em Elvis. Tentei recordar todas as palavras que ele me dissera, cada canção que cantara, cada expressão em seus olhos ao me fitar. Reconstituí interminavelmente nossa conversa. Seu charme era fascinante. Não contei a ninguém. Quem poderia acreditar que eu estivera com Elvis Presley na noite anterior?

Esperava nunca mais ter notícias dele. Poucos dias depois, no entanto, o telefone tocou. Era Currie. Disse que acabara de receber um telefonema de Elvis, querendo saber se ele poderia me levar de novo à sua casa naquela noite. Fiquei extasiada.

— Está falando sério, Currie? Ele quer mesmo me ver? Por quê? Quando ele ligou?

Incapaz de responder a todas as minhas perguntas ansiosas, Currie limitou-se a dizer calmamente:

— Você quer que eu fale com seu pai?

Meus pais se mostraram tão surpresos quanto eu. Relutantes, aceitaram o pedido de Currie.

A visita foi muito parecida com a anterior – uma conversa descontraída, Elvis tocando piano e cantando, todos comendo os pratos prediletos da avó. Mais tarde, porém, depois que terminou de cantar, Elvis me procurou e disse:

— Quero ficar a sós com você, Priscilla.

Estávamos frente a frente, fitando-nos nos olhos. Dei uma olhada ao redor. Não havia mais ninguém por ali.

— Estamos a sós — murmurei, nervosamente.

Ele chegou mais perto, encostando-me na parede, sussurrando:
— *Realmente* a sós. Não quer subir para o meu quarto?
O convite me deixou em pânico. *O quarto?*
Até aquele momento não me passara pela cabeça que Elvis Presley pudesse estar interessado em mim sexualmente. Ele podia ter qualquer mulher do mundo. Por que haveria de me querer?
— Não precisa ficar com medo, meu bem.
Enquanto falava, ele alisava meus cabelos.
— Juro que não farei nada para prejudicá-la. — Ele parecia absolutamente sincero. — Vou tratá-la como uma irmã.
Afogueada e confusa, desviei os olhos.
— Por favor...
Parada ali, fitando-o nos olhos, eu me sentia atraída, quase contra a minha vontade. Acreditava nele; não era difícil acreditar. Descobrira àquela altura que suas intenções eram afetuosas e sinceras. Os momentos passavam e eu ainda não era capaz de fazer coisa alguma. Mas acabei acenando com a cabeça e murmurei:
— Está bem.
Ele pegou minha mão e levou-me para a escada, murmurando qual era o seu quarto e acrescentando:
— Vá na frente e eu irei ao seu encontro dentro de alguns minutos. Será melhor assim.
Elvis encaminhou-se para a cozinha, enquanto eu subia a escada, lentamente, especulando: O que ele exigiria de mim? O que esperava? Ficarei completamente a sós com ele pela primeira vez. Desde que o conheci, sonhei com este momento, convencida de que nunca chegaria. Agora, estava no meio de uma realidade que jamais pensei que pudesse acontecer.
Cheguei ao segundo andar e encontrei seu quarto. Era tão simples e impessoal quanto os outros cômodos da casa. Entrei e sentei empertigada numa cadeira de encosto reto... e fiquei esperando. Como Elvis ainda não tivesse aparecido, depois de alguns minutos, comecei a olhar ao redor. Era um quarto comum, sem

nada de excepcional; certamente não havia nada que indicasse ser o quarto de um famoso cantor de rock. Havia livros, uma coleção de discos, uniformes e botas. Havia também muitas cartas de garotas dos Estados Unidos na mesinha de cabeceira. Muitas eram de alguém chamada Anita. Elvis raramente mencionava Anita, mas todos sabiam que ele tinha uma namorada em casa. Senti vontade de ler as cartas, mas fiquei com medo de que ele me surpreendesse.

Mais vinte minutos transcorreram antes que Elvis finalmente aparecesse. Ele entrou e tirou o casaco, ligou o rádio e sentou na cama. Eu mal olhava para ele, apavorada. Imaginava-o a me agarrar, jogar na cama, fazer amor. Em vez disso, falou suavemente:

— Por que não vem sentar ao meu lado? — Relutei, mas ele se apressou em garantir que eu nada tinha a temer. — Juro que gosto de você, Priscilla. É uma presença revigorante. E é muito bom conversar com uma garota americana. Sinto falta disso. Fico meio solitário aqui.

Sentei ao seu lado, sem dizer nada, mas comovida com seu ar vulnerável, um pouco infantil. Elvis disse que nosso relacionamento seria muito importante para ele e que precisava de mim. Era o mês de outubro e ele deveria retornar aos Estados Unidos dentro de seis meses. Conhecia muitas garotas e não eram poucas as que vinham visitá-lo, como eu estava fazendo, mas nunca sentira uma intimidade genuína com qualquer outra, como acontecia agora.

Aninhei-me em seus braços, certa de que ele não se mostraria precipitado. Elvis abraçou-me, murmurando:

— Gostaria que mamãe estivesse aqui para te conhecer. — Ele suspirou e uma expressão transtornada surgiu em seu rosto. — Ela gostaria de você tanto quanto eu gosto.

— Eu também gostaria de conhecê-la — sussurrei, comovida com sua sinceridade.

Eu saberia depois que a mãe de Elvis, Gladys, era o grande amor de sua vida. Ela morrera em 14 de agosto de 1958, aos 42 anos, de insuficiência cardíaca, depois de um longo padecimento com hepatite aguda.

Elvis comentou como a amava profundamente e sentia sua falta, como temia voltar a Graceland sabendo que não iria encontrá-la ali. Fora o seu presente para a mãe, uma propriedade que comprara por cem mil dólares, um ano antes de sua morte.

Elvis estava convencido de que a mãe renunciara a continuar a viver. Sua saúde tinha começado a se deteriorar quando ele fora convocado. O amor que tinha por Vernon e Elvis era tão grande que nunca poderia suportar a perda de qualquer dos dois e, muitas vezes, comentara que queria ser a primeira a morrer. Para Gladys, ingênua, a Alemanha ainda representava a guerra e o perigo. Nunca fora capaz de compreender que agora prevaleciam condições de paz.

Ele tinha o hábito de ligar para Gladys todos os dias. Fiquei surpresa ao saber que ele nunca passara uma noite fora de casa até o momento em que começara a se apresentar em shows. Ele me contou sobre a ocasião em que seu carro pegara fogo na estrada e mal conseguira escapar com vida. Embora estivesse a quilômetros de distância, Gladys sentara na cama abruptamente e gritara seu nome, o que demonstrava como era forte o vínculo intuitivo entre os dois. Sua preocupação com o bem-estar do filho era tão grande que passava as noites sem dormir, quando ele estava longe de casa, até que recebia seu telefonema, dizendo que estava bem.

Quando fazia o treinamento básico, no Forte Hood, Texas, Elvis alugara uma casa perto da base para Vernon, Gladys e a avó. Senti que a morte da mãe o afetara mais do que qualquer pessoa poderia compreender plenamente. Ele se culpava por não estar ao seu lado quando ela caíra doente e fora enviada para a casa em Memphis, sob cuidados médicos.

Ele descobrira que Gladys andava bebendo para se consolar e receava que isso pudesse se tornar um problema grave. Por mais que a consolasse e garantisse que voltaria para sua companhia dentro de dezoito meses, até mesmo suplicasse que o acompanhasse, o medo de Gladys de perder o filho único a levara à sepultura.

A depressão profunda de Elvis pela morte de Gladys fora agravada por seu conflito mental em relação a Dee Stanley, a quem Vernon conhecera na Alemanha. Dee e seu pai haviam se tornado inseparáveis pouco depois da morte de Gladys, cedo demais para o gosto de Elvis. Uma loura atraente, na casa dos trinta anos, Dee estava se divorciando do marido, separada dele e de seus três filhos quando começara a se encontrar com Vernon. A possibilidade do pai ao menos conceber em substituir Gladys deixava Elvis transtornado. Ele também tinha dúvidas sobre as intenções de Dee e se elas eram no melhor interesse de seu pai.

— O que Dee está tentando fazer? — Elvis indagava às vezes, desconfiado. — Transformá-lo no dândi que ele não é? Por que não pode aceitá-lo como ele é? Nunca o vi tão apaixonado. Eles se encontraram num restaurante e trocam bilhetes amorosos durante o dia inteiro.

Meu coração se afligiu por Elvis naquela noite, enquanto ele confidenciava seus problemas e preocupações. Era um artista de fama internacional, um grande astro, mas apesar disso continuava a ser um homem profundamente solitário.

Outra vez a visita pareceu terminar cedo demais. Elvis me deu um beijo de despedida, meu primeiro beijo de verdade. Eu jamais experimentara uma mistura tão intensa de afeição e desejo. Fiquei atordoada, mas presa à realidade de que me encontrava nos braços de Elvis, minha boca contra a sua. Consciente da minha reação — e da minha juventude —, ele tomou a iniciativa de romper o abraço, dizendo:

— Temos muito tempo, menina.

Ele me deu um beijo na testa e despachou-me para casa. No nosso quarto encontro, papai decidiu:

— Se você quer continuar a se encontrar com Elvis, nós temos de conhecê-lo.

Meus pais estavam tão fascinados pela celebridade de Elvis que se mostravam dispostos a abrir mão de seus princípios. No começo, era conveniente que Currie fosse me buscar e levar em casa, mas agora meus pais indagavam por que Elvis não fazia isso pessoalmente. Acabei dizendo a Elvis, numa noite de sábado:

— Meus pais querem conhecer você. Querem que vá me buscar em casa.

Ele ficou irritado.

— O que isso significa?

— Significa que não posso mais vê-lo se não for me buscar e conhecer meus pais — expliquei, muito nervosa.

Ele concordou... desde que pudesse levar seu pai junto.

No dia marcado cumpri a minha rotina habitual, só que, em vez de uma hora, fiquei pronta duas horas antes. Fiquei parada ao lado da janela, à espera de seu carro, enquanto tocava seus discos, "Old Shep", "I Was the One" e "I Want You, I Need You, I Love You", até que papai gritou da cozinha:

— Tem de tocar esses discos agora? Afinal, o homem estará aqui dentro de poucos minutos e você o verá praticamente durante a noite inteira. Era de imaginar que quisessem algum descanso um do outro.

Eu estava nervosa. Sabia que papai queria que Elvis fosse me buscar e me levar em casa... e pretendia dizer-lhe isso.

Não sabia como papai pretendia abordá-lo, se planejava se mostrar cordial ou firme... e sabia muito bem como ele podia ser firme e ríspido. Esperava pelo pior.

Cerca de uma hora depois o BMW parou diante da casa e Elvis e o pai saltaram. Elvis viera devidamente preparado; usava o seu uniforme, a fim de impressionar papai. Sabia que o serviço militar era a ligação entre os dois e pretendia tirar o máximo proveito. Estava com uma aparência sensacional.

Ele tirou o quepe e beijou-me no rosto. Convidei-o e ao pai a entrarem e levei-os para a sala de estar, onde Elvis ficou se mexendo, inquieto, parecendo que não sabia o que dizer, pela primeira vez. Acabou indagando:

— Seus pais estão em casa? — Só pude acenar com a cabeça afirmativamente, e ele acrescentou: — Sei que estamos um pouco atrasados, mas eu tinha de me arrumar direito... e tivemos uma certa dificuldade para encontrar o lugar.

Achei engraçado... Imagine só, Elvis Presley se desculpando! Já conhecia bem o suficiente os seus hábitos àquela altura para saber que ele precisava de pelo menos três horas para trocar de roupa, conversar com os amigos, desfrutar uma das vastas refeições da avó e dar alguns autógrafos ao sair. A não ser quando estava trabalhando, ele não se preocupava com horários.

Enquanto Vernon se acomodava no sofá, Elvis apontou para os retratos da família na parede e disse:

— Dê uma olhada, papai... aqui está Priscilla com toda a família. Acho que ela parece com a mãe. Não vejo muita semelhança com os irmãos e a irmã... mas também eles ainda são muito pequenos. Não corte os cabelos, baby. Adoro quando estão compridos assim. Você é uma garota muito bonita. Como é que fui esbarrar com você? Deve ter sido obra do destino.

Os últimos comentários foram pronunciados num sussurro, enquanto meus pais entravam na sala. Em vez de dizer "Oi", como faria a maioria dos jovens, Elvis estendeu a mão e disse:

— Como têm passado? Sou Elvis Presley e este é meu pai, Vernon.

Parecia-me um absurdo, meus pais sabiam perfeitamente quem ele era, assim como o mundo inteiro. Mas Elvis era o cavalheiro em pessoa. Papai ficou visivelmente impressionado, e, daquele momento em diante, Elvis sempre o tratou de Capitão Beaulieu ou Senhor. Era uma característica de Elvis. Qualquer que fosse a posição de uma pessoa na vida — se médico ou advogado, professor ou diretor de cinema —, ele raramente a tratava pelo primeiro nome, mesmo quando a conhecia havia anos, a não ser que pertencesse a seu círculo íntimo. Ele me explicou um dia:

— É muito simples. As pessoas se esforçaram para chegar aonde estão. Os outros devem respeitá-las.

A conversa com meus pais naquela noite foi irrelevante. Elvis comentou que tivera um dia movimentado na *Kaserne,* o que levou a uma conversa sobre o serviço militar.

— Para que serviço foi destacado aqui? — perguntou papai, insinuando que era melhor ser algo objetivo, se Elvis queria sair com sua filha.

— Neste momento, senhor, sou basicamente um motorista de jipe da Quarta Divisão Blindada, estacionada em Bad Nauheim.

— Pode ser um trabalho difícil nesta época do ano.

— E é mesmo, senhor. Temos algumas noites muito frias. Preciso tomar bastante cuidado. Pego uma amigdalite quando minha resistência diminui, o que não é bom para minha voz.

— Acho que está ansioso em voltar para casa.

— Tem toda razão, senhor. Agora, só faltam cinco meses para concluir o serviço.

Elvis perguntou a meus pais se estavam gostando da Alemanha.

— E muito — respondeu papai. — Planejamos ficar aqui por três anos.

Houve um súbito silêncio. Papai convidou os dois para jantar, mas Elvis disse que não tinham tempo. Eu me mantinha em silêncio, observando a apreensão de Elvis e lembrando sua descontração quando estava em casa. Ele exibia o seu melhor comportamento, que o tornava cativante. Mamãe estava revisando seu julgamento sobre aquele astro do rock, por quem declarara antes sentir a maior aversão. Percebi que o charme sulista de Elvis a estava conquistando.

Papai explicou finalmente as regras dos Beaulieu. Se queria me ver, Elvis tinha de ir me buscar e levar em casa. Elvis explicou que a noite acabaria num instante se saísse do quartel, fosse para casa, tomasse um banho e trocasse de roupa, viesse a Wiesbaden e voltasse. Haveria algum problema se o pai dele viesse me buscar? Papai pensou a respeito por um momento e depois manifestou sua preocupação:

— Quais são realmente as suas intenções? Vamos ser francos. Você é Elvis Presley, tem todas as mulheres do mundo a seus pés. Por que esse interesse por minha filha?

Tanto Elvis como Vernon foram apanhados desprevenidos. Vernon remexeu-se na cadeira, provavelmente pensando: Muito bem, Elvis, quero ver como você vai se sair dessa.

— Acontece, senhor, que gosto muito de sua filha — respondeu Elvis. — Ela é bastante madura para as garotas da mesma idade e gosto de sua companhia. Não tem sido fácil para mim, longe de casa e tudo o mais. Sinto-me um pouco solitário. Acho que se pode dizer que preciso de alguém com quem conversar. Não se preocupe com Priscilla, Capitão. Cuidarei muito bem dela.

A sinceridade de Elvis desarmou papai e encantou mamãe. Juntei-me a Elvis quando ele se levantou, pegou o quepe e disse:

— E agora temos de ir, senhor. É um longo percurso.

Foi imposta uma condição: Elvis deveria me trazer pessoalmente. Ele concordou, garantindo outra vez que eu seria muito bem cuidada, havia uma porção de pessoas de sua família na casa. Poderia ter escarnecido do pedido de papai, mas aceitou a condição de me levar em casa todas as noites. Fiquei emocionada, mas contive o excitamento. Elvis queria *mesmo* a minha companhia.

Na noite seguinte, quando me levou para casa, Elvis parou o carro diante do prédio. Contou-me tudo o que tinha no coração, como continuaria a fazer pelo resto de nossa permanência na Alemanha. Sentia-se solitário. Não sabia como seria recebido pelos fãs ao voltar aos Estados Unidos.

Estava no auge da fama quando ingressara no exército. Gravara dezessete discos que haviam vendido mais de um milhão de cópias e estrelara quatro filmes, todos se tornando sucessos de bilheteria.

Ao ser convocado, aventara-se a possibilidade de ele ir para os Serviços Especiais, onde poderia cantar e manter algum contato com o público. Mas o Coronel Parker, seu agente, e a RCA estavam convencidos de que ele deveria servir o país como um soldado comum, argumentando que o público respeitaria Elvis como um homem se ele se tornasse um simples soldado raso. Agora, Elvis estava com receio de ter perdido o apoio dos fãs.

Enquanto estávamos parados ali, uma das *Fräuleins* que moravam na pensão passou pelo carro. Ela cumprimentou-me e, no instante seguinte, ao olhar para Elvis, escancarou a boca, numa expressão de incredulidade.

3

O tempo tornara-se meu inimigo. Elvis deveria voltar aos Estados Unidos em 1º de março de 1960. Só me restavam alguns meses para passar tanto tempo em sua companhia quanto fosse possível.

Pensava nele em cada minuto em que não estava ao seu lado. Minha vida estava agora dominada por Elvis, mas apesar disso havia ocasiões em que ele me desapontava. Certa noite ele me disse que telefonaria e não o fez. No dia seguinte, ao me ligar, ele falou:

— Oi, baby. Acha que pode vir esta noite?

— O que aconteceu ontem à noite? Você ficou de telefonar.

— É mesmo? Ah, merda!

Ele estava concentrado em sua aula de caratê e esquecera por completo. Tive de aprender a não considerar sua palavra como infalível. Era desapontador, mas esse era o seu jeito.

Elvis geralmente ligava depois das 19h e avisava que seu pai viria me buscar por volta das 20h. Eu tinha de me vestir depressa, tentando encontrar algum meio de parecer mais velha. Seu pai estava preocupado com o fato de ele namorar uma menor. Minhas roupas eram bem jovens, saias e blusas sem qualquer sofisticação. Havia ocasiões em que eu pegava roupas de minha mãe emprestadas, torcendo para que todos presumissem que tinha pelo menos dezesseis anos.

À medida que passei a conhecer Elvis melhor, constatei que ele vivia praticamente como um recluso quando não estava na base. Não tinha muita alternativa. No instante em que saía de casa, era imediatamente cercado por uma multidão. A simples ida a um cinema local exigia um planejamento meticuloso. Alguém levava o carro para a frente da casa. Elvis saía correndo, pulava a cerca e entrava no carro, antes que as fãs começassem a suplicar autógrafos. Havia sempre multidões a persegui-lo, telefonando, cercando a casa, atacando-o literalmente quando aparecia em qualquer lugar público.

Muitas noites, quando Elvis entrava de serviço muito cedo na manhã seguinte, quem me levava para casa, na Goethestrasse, 14, era Lamar Fike, um amigo que ele trouxera dos Estados Unidos, ou Vernon Presley.

Certa noite, quando nem Lamar nem Vernon podiam me levar em casa, Elvis pediu a um "amigo" chamado Kurt (não é o seu verdadeiro nome) que cuidasse disso.

Kurt concordou, pegou o carro e deixou a casa de Elvis, a caminho de Wiesbaden. Eu estava muito cansada e comecei a cochilar. Subitamente, o carro começou a avançar aos solavancos. Abri os olhos.

— O que houve? — indaguei.

— Você já vai descobrir — respondeu Kurt, virando a cabeça. Tínhamos deixado a rodovia e estávamos numa estradinha de terra.

Eu podia divisar as luzes de uma casa distante, mas todo o resto se encontrava mergulhado na total escuridão. Fiquei assustada.

— Qual é o problema? — balbuciei, confusa.

Kurt parou o carro e desligou o motor. Repeti a pergunta, mas ele não respondeu. Virou-se e me agarrou, tentando me beijar. Repeli-o, lutando. Ele me forçou para baixo, no banco. Em pânico, supliquei:

— Não! Deixe-me em paz!

Passei a me debater freneticamente. Abri a porta do meu lado com o pé, estendi a mão e abri a outra também, ao mesmo tempo que tocava a buzina, acendia os faróis e arranhava seu rosto. Por frustração e medo de ser apanhado em flagrante, Kurt acabou desistindo.

Ele não disse nada pelo resto do percurso até minha casa. Fiquei chorando, incrédula, rezando para chegar em casa sã e salva.

Três dias se passaram antes que eu tornasse a ter notícias de Elvis. Meus pais sabiam que alguma coisa estava errada; contudo, eu não podia lhes contar que Kurt tentara me violentar, pois então nunca me permitiriam sair outra vez com ele. E se isso acontecesse, como eu poderia visitar Elvis quando Vernon e Lamar não estivessem disponíveis? Minha imaginação estava desenfreada. Tinha receio de contar a Elvis, porque achava que Kurt era seu amigo. Comecei a pensar que talvez Elvis soubesse o que Kurt fizera. Talvez eu fosse apenas uma mera diversão para Elvis, alguém que ele podia passar para Kurt ou qualquer outro que me desejasse. Sentia-me torturada pelos pensamentos.

Finalmente, Kurt ligou e disse que Elvis queria me ver. Eu não tinha alternativa que não o acompanhar.

Durante a viagem para Bad Nauheim, Kurt não fez qualquer menção ao incidente, e eu também não falei nada. Fiquei calada. Estava apreensiva por me encontrar em sua companhia. Não sabia, quando ele tirava a mão do volante, se ia tentar me agarrar ou qualquer outra coisa. Não tinha a menor ideia do que se passava em sua cabeça. E cheguei à conclusão de que precisava contar a Elvis.

Naquela noite, quando estávamos a sós em seu quarto, Elvis me perguntou se havia algo errado.

Minha voz tremia, mal consegui falar. Depois que contei tudo, Elvis ficou transtornado e gritou:

— Vou matá-lo!

Ele ficou andando de um lado para outro do quarto, xingando Kurt. Eu era sua garota, disse Elvis, mas ele nunca fora até o fim. E de repente aparecia um cara que se dizia seu amigo e tentava me violentar. Escutei em silêncio enquanto ele esbravejava, secretamente aliviada por sua reação. Como pudera duvidar de Elvis?

Elvis estava tão furioso que levei a noite inteira para acalmá-lo. Ao final, convenci-o de que devíamos esconder de meus pais a agressão de Kurt ou eu não teria mais permissão para voltar. Elvis me abraçou firmemente, como se quisesse assim eliminar a recordação angustiante. Ele sentia-se culpado por me levar a uma situação tão perigosa.

Desse momento em diante, Kurt foi virtualmente excluído da vida de Elvis. Não creio que ele tenha lhe explicado o motivo, mas Kurt deve ter compreendido. Quase não apareceu depois disso.

Comecei a entender que Elvis esperava lealdade absoluta dos amigos. Se era traído, cortava a pessoa de sua vida.

Vernon estava agora usando um bigode impecavelmente aparado; segundo Elvis, fora Dee Stanley quem o encorajara a isso. Nossas conversas no carro eram um tanto superficiais e sempre tive a impressão de que ele preferia estar fazendo outra coisa, como passar o tempo com Dee, que às vezes o acompanhava.

Agora, quando eu chegava na Goethestrasse, 14, muitas vezes encontrava Elvis lá em cima, estudando a arte antiga do caratê com seu instrutor. Em outras ocasiões ele estava na sala de estar a demonstrar orgulhoso para o seu círculo os novos movimentos que aprendera, todos admirando a sua maestria naquela forma de arte marcial recentemente popularizada.

Elvis também passava horas com um massagista alemão meio louco, que o convencera que podia rejuvenescer a pele do rosto com seu tratamento secreto. Ele sempre se sentira constrangido com alguns poros grandes em seu rosto. Joe Esposito sempre zombava de Elvis, alegando:

— O que ele está fazendo de tão especial? Você continua a parecer o mesmo para mim.

Elvis respondia, na defensiva:

— Ele diz que demora algum tempo antes dos resultados aparecerem.

Vernon interferia:

— Mais algum tempo? Provavelmente para nos levar à falência pelo que ele está cobrando. Não confio nele.

Um permanente centro de atividade na casa era a avó de Elvis, a quem ele dera o apelido de Dodger. Inventara isso quando ainda era um garoto de cinco anos e num acesso de raiva jogara uma bola de beisebol em cima da avó, errando sua cabeça por poucos centímetros. Elvis comentava, jovial:

— Ela se esquivou muito depressa.

A partir desse momento, ele passara a chamá-la de Dodger, a que se esquiva.

Vovó cuidava da casa, cozinhava, mantinha a tudo e a todos sob controle. Tinha o ar de uma pessoa com um propósito resoluto na vida, que no caso de Elvis era providenciar para que ele fosse bem cuidado. Quando eu queria um pouco de sossego enquanto Elvis treinava caratê, o quarto de Dodger era o lugar para onde escapar. Ficávamos sentadas por horas a fio, ela me falava dos velhos tempos, sobre Gladys e seu profundo amor por Elvis, sobre a terrível luta que os Presley haviam travado pela sobrevivência. Ela vivia com Vernon e Gladys desde o nascimento de Elvis, ajudando quando Gladys arrumava um emprego fora para contribuir no sustento da família. Uma mulher forte, Vovó aguentara firme quando o marido fora embora, deixando-a com cinco filhos. Queria que todos acreditassem que tinha um ressentimento contra J. D. Presley, mas Dodger tinha um coração que a tudo perdoava, e tenho a impressão de que ainda gostava dele.

Ela ajudou a criar Elvis como se fosse seu próprio filho, mimando-o um pouco, como as avós costumam fazer. Sempre saía em sua defesa quando achava que Gladys estava sendo rigorosa demais. Dodger me contou um dia:

— Gladys sempre me chamou de Sra. Presley, desde o instante em que a conheci até o dia em que morreu. Certa vez, Elvis veio correndo para mim e gritou: "Oi, Minnie!" Senti muita pena do menino. Gladys levantou-se, deu-lhe uma palmada e disse: "Nunca mais a chame pelo primeiro nome. Isso é falta de respeito. Ela é sua avó." Ele chorou durante uma hora. Fui confortá-lo e expliquei: "Vai ficar tudo bem. Ela estava apenas fazendo o que acha certo. E agora vá pedir desculpa à sua mãe." O pobre coitado fitou-me desesperado com aqueles seus olhos azuis. Gladys era às vezes muito dura com ele. Mas Elvis sempre foi um bom menino. Nunca se meteu em qualquer encrenca mais grave, sempre saía da escola e voltava direto para casa, cumpria suas obrigações. E Gladys o vigiava de perto, com medo de que ele se machucasse. Elvis queria muito jogar futebol americano na escola.

Vovó balançava para a frente e para trás em sua cadeira, contemplando alguma coisa no passado que a fazia começar a tirar grampos dos cabelos. Ela pegou sua caixinha de rapé, aspirou um pouco e depois continuou nas reminiscências:

— É verdade, ele adorava esportes.

— Então por que ele não praticava nenhum, Vovó?

— Gladys não permitia. Ela me dizia: "Eu não suportaria se Elvis se machucasse, Sra. Presley. Isso me mataria. Já observei como eles jogam naqueles campos. São brutos demais. Acho que gostam de machucar uns aos outros. Elvis não é assim. Ficaria como um pássaro ferido no meio de lobos. Não posso deixar que isso aconteça com meu garoto."

Fui informada de que o esforço constante de Gladys para proteger Elvis era o resultado de sua angústia pela morte do irmão gêmeo de Elvis, Jesse Garon.

Aprendi a amar Dodger e o que ela representava — compaixão e devoção total à família.

* * *

Meu maior problema naquela época era o fato de que Elvis e eu parecíamos nunca ter tempo suficiente a sós. Havia sempre muitas pessoas aparecendo, instalando-se na sala de estar, conversando e rindo, até que Elvis descia de seu quarto. Assim que ele surgia, todos na sala ficavam em silêncio, esperando que revelasse seu ânimo. Ninguém, inclusive eu, se atrevia a gracejar, enquanto ele não risse... e então todos riam.

Como tinha de partilhar meu pouco tempo em companhia de Elvis com tantas outras pessoas, comecei a me sentir ciumenta e possessiva. Só quando íamos para o seu quarto é que eu me sentia realmente feliz.

Tínhamos um ritual noturno. Por volta das dez ou onze horas, Elvis olhava para mim e depois para a escada. Ingenuamente, presumindo que ninguém sabia para onde me encaminhava, eu subia para o seu quarto e me deitava na cama, esperando impacientemente por sua chegada. Elvis se deitava ao meu lado, o mais junto que podia, sussurrando:

— Eu amo você... — Ele punha os dedos em meus lábios quando eu fazia menção de falar. — Não diga nada. Não compreendo muito bem o que estou sentindo. Sei apenas que passei a amar você, Cilla. Papai está sempre me lembrando de sua idade e dizendo que não é possível... Quando eu voltar para casa... Só o tempo nos dirá o que vai acontecer.

A cada noite que eu passava em sua companhia ele me confiava mais alguma coisa — suas dúvidas, segredos, frustrações. Era esperar demais que uma garota impressionável de catorze anos compreendesse tudo, mas eu bem que me esforçava. Angustiava-me pela morte de sua mãe. Afligia-me pelo seu desejo de se tornar um grande ator, como seus ídolos Marlon Brando, James Dean,

Karl Malden e Rod Steiger. Preocupava-me com seus temores de não recuperar a popularidade que achava que perdera ao servir no exército. E desatava a rir quando ele especulava:

— E se algum dia eu terminasse como um motorista de caminhão? Não seria sensacional?

Havia ocasiões em que Elvis entrava em seu quarto na maior animação. Eu ansiava pelas noites em que ele apagava todas as luzes e se estendia ao meu lado.

— Você é linda, meu bem — murmurava ele, abraçando-me.

E trocávamos beijos prolongados e ardentes. Suas carícias deixavam-me trêmula de desejo.

Nas noites em que estava calmo e descontraído ele me descrevia a sua mulher ideal e dizia como eu me ajustava com perfeição à imagem.

Elvis gostava de morenas de olhos azuis, de fala suave. Queria me moldar às suas opiniões e preferências. Apesar de sua reputação de ser um rebelde, ele se apegava à visão tradicional dos relacionamentos. A mulher tinha o seu lugar e era o homem quem devia tomar a iniciativa.

A fidelidade era muito importante para ele, especialmente da parte da mulher. Elvis me lembrava com frequência de que sua namorada tinha de ser absolutamente fiel. Admitia que estava preocupado com Anita. Ela era uma beldade de Memphis e personalidade da televisão. Elvis comentou que ultimamente as cartas de Anita haviam se tornado bastante impessoais e desconfiava que ela andava saindo com outro homem.

Apesar de suas pregações moralistas, eu temia que Elvis nem sempre me fosse fiel. Suas brincadeiras com algumas outras garotas que frequentavam a casa me levavam a suspeitar que tinha alguma intimidade com elas.

Certa noite ele estava tocando piano para os visitantes de sempre, mais uma dupla de garotas inglesas. Depois, pegou a guitarra e olhou ao redor, mas não encontrou a palheta. E indagou:

— Alguém viu a palheta da minha guitarra?

Uma das garotas inglesas sorriu para ele.

— Está lá em cima, na mesinha de cabeceira, em seu quarto. Vou buscar.

Todos os olhos, inclusive os meus, fixaram-se na garota, enquanto ela subia a escada, consciente de que era agora o centro das atenções.

Furiosa pela traição evidente, virei-me para Elvis, mas ele evitou meu olhar, concentrando-se na guitarra, como se precisasse afiná-la, dedilhando as notas de leve. E um momento depois pôs-se a tocar "Lawdy, Miss Clawdy".

Sem a palheta, seus dedos deviam doer bastante, mas não importava; ele não largaria aquela guitarra. Sabia que estava metido numa encrenca.

Depois de apresentar algumas canções, Elvis pediu licença e retirou-se para a cozinha. Fui atrás dele.

— Você esteve no quarto com ela? — perguntei.

— Não.

— Então como ela soube onde estava a palheta e qual era o quarto?

— Ela passou pela porta uma noite e comentei que o quarto estava muito sujo e desarrumado — respondeu Elvis, com um sorriso infantil. — A garota se ofereceu então para arrumar. Foi só isso.

Apesar de sua declaração de inocência, eu não me senti tranquilizada. Ele era o ídolo sexual de milhões de mulheres e podia escolher quem quisesse, sempre que quisesse. Aprendi rapidamente, para a minha própria sobrevivência, a não fazer perguntas demais.

4

À medida que as semanas passaram, a escola foi se tornando cada vez mais insuportável. Indo dormir tão tarde, era difícil levantar às 7h e quase impossível me concentrar. Mas eu sabia que, se me queixasse ou me atrasasse para a escola, meus pais aproveitariam o fato para suspender as visitas a Elvis.

Meu aproveitamento escolar foi ficando cada vez pior. Seria reprovada em álgebra e alemão, mal conseguiria passar em história e inglês. Ao final do semestre do outono, alterei o boletim de D-menos para B-mais, torcendo para que meu pai nunca entrasse em contato com a escola. Insistia em dizer a mim mesma que ia melhorar, que recuperaria tudo; mas minha concentração total era em Elvis.

Certa noite, quando fui visitá-lo, peguei no sono enquanto esperava que ele terminasse a aula de caratê. Quando desceu e constatou como eu estava exausta, Elvis perguntou:

— Quantas horas você está dormindo, Priscilla?

Depois de um momento de hesitação, respondi:

— Cerca de quatro ou cinco horas por noite. Mas estou bem. — Uma pausa e apressei-me em acrescentar: — Estou apenas um pouco cansada esta noite porque tivemos hoje algumas provas na escola.

Elvis assumiu uma expressão pensativa.

— Vamos subir, meu bem. Tenho uma coisa para você.

Ele levou-me a seu quarto e pôs na palma de minha mão um punhado de pílulas brancas.

— Quero que tome isto. Vai ajudá-la a ficar acordada durante o dia. Mas só tome uma pílula, quando se sentir sonolenta, não mais do que uma ou sairá plantando bananeira pelo corredor.

— O que é isto?

— Não precisa saber o que é. Eles nos dão essas pílulas quando saímos para manobras. Se eu não tomasse, não conseguiria aguentar o dia inteiro. Não tem problema. As pílulas são seguras. Guarde-as e não conte nada a ninguém. Também não deve tomar todos os dias. Só quando precisar de um pouco mais de energia.

Elvis pensava sinceramente que estava me fazendo um favor ao me dar as pílulas, e tenho certeza de que nunca lhe passou pela cabeça que poderiam ser prejudiciais a ele ou a mim.

Não tomei as pílulas. Guardei-as numa caixa com várias outras coisas que começara a colecionar, como piteiras de charuto e bilhetinhos pessoais que ele me enviava. Pus a caixa numa gaveta.

Mais tarde soube que era Dexedrine, que Elvis descobrira no exército. Um sargento as dava a diversos soldados, a fim de que permanecessem acordados quando estavam de sentinela. Elvis, acostumado com a vida de artista e detestando se levantar ao amanhecer, começara a tomar as pílulas para aguentar as horas terríveis da vida militar. Ele me contou que começara a tomar pílulas para dormir pouco antes de ser convocado. Temia a insônia e receava o sonambulismo, que o atormentava periodicamente desde a infância.

Quando era pequeno, tivera um ataque de sonambulismo e uma noite saíra do apartamento só de cueca. Um vizinho o acordara e ele voltara correndo para o apartamento, envergonhado. Em outra ocasião, quase caíra de uma janela. Por isso, para evitar acidentes, dormira com os pais até ficar crescido. Tinha medo de que o sonambulismo persistisse pelo resto de sua vida. Era um dos motivos pelos quais sempre queria ter alguém dormindo em sua companhia.

Anos mais tarde, eu soube que alguém fora contratado na Alemanha para vigiá-lo durante a noite inteira.

* * *

Já era o Natal de 1959 e eu não tinha a menor ideia do presente que daria a Elvis. Percorri as ruas apinhadas de Wiesbaden, olhando as vitrines, tentando encontrar alguma ideia. A escolha de presentes para a família sempre fora fácil, já que sabíamos exatamente o que cada um queria ou precisava; mais do que isso, muitas vezes fazíamos pessoalmente os presentes para os outros. Papai me deu 35 dólares para gastar num presente para Elvis e parecia uma quantia fabulosa quando saí de casa naquele dia gelado. Perdi a ilusão quando encontrei uma linda caixa de charutos, feita à mão, com porcelana contornando um desenho decorativo. Elvis, um fumante de charutos, certamente haveria de adorar. Mas depois que a vendedora me disse o preço — 650 marcos alemães, o que dava 155 dólares — deixei a loja condenando meu gosto dispendioso.

Estava nevando forte e me encaminhei apressada para outra loja, esta repleta de brinquedos atraentes, inclusive um trenzinho alemão que Elvis instalaria na sala de estar. Mas o trem custava dois mil marcos alemães.

Voltando para casa no escuro, à beira das lágrimas, deparei com uma loja de instrumentos musicais, com um par de bongôs, incrustados com latão faiscante, em exibição na vitrine. Custavam quarenta dólares, mas o vendedor teve pena de mim e aceitou 35 dólares. Seguindo para casa, fui assediada por mil e uma dúvidas, convencida de que os bongôs eram o menos romântico dos presentes.

Devo ter perguntado vinte vezes a Joe Esposito e Lamar Fike se achavam que era um bom presente.

— Claro que é — respondeu Joe. — Ele vai adorar qualquer coisa que você lhe der.

Mas eu ainda não estava convencida. Na noite em que trocamos presentes, Elvis saiu do quarto do pai e me levou para um canto da sala de estar, onde me entregou uma pequena caixa embrulhada em papel de presente, contendo um delicado relógio de ouro com um diamante na tampa e um anel de pérola, flanqueada por dois diamantes.

Eu nunca possuíra nada tão bonito e jamais um sorriso me deixara tão feliz quanto o de Elvis naquele momento.

— Vou adorar estes presentes pelo resto de minha vida — balbuciei.

Elvis me pediu para pôr o relógio e o anel e me levou para a sala, mostrando a todo mundo. Esperei pelo máximo de tempo possível antes de dar meu presente a Elvis.

— Bongôs! — exclamou ele. — Mas era justamente o que eu estava querendo!

Elvis percebeu que eu não acreditava em suas palavras; ele era melhor em dar do que em receber. Mas insistiu:

— Charlie, eu não estava precisando de bongôs?

Chamando-me para sentar a seu lado ao piano, ele começou a tocar "I'll Be Home for Christmas", com tanta emoção que não pude levantar o rosto, com receio de que ele visse que eu estava chorando. Quando não pude mais resistir, nossos olhos se encontraram e constatei que ele também reprimia as lágrimas.

Só muitos dias depois é que descobri um armário cheio de bongôs — os meus não estavam ali — no porão. O fato de que meus elefantes brancos não haviam sido consignados ao esquecimento do porão, mas estavam expostos em destaque ao lado de sua guitarra, fez com que eu o amasse ainda mais.

À medida que os dias passavam, comecei a temer o dia da partida de Elvis. Em janeiro ele já estava arrumando suas coisas, e cada noite que eu passava em sua companhia tornava-se mais preciosa do que a anterior.

E depois, quando o tempo ficou ainda mais frio, Elvis foi enviado para manobras no campo por dez dias; se havia alguma coisa que ele detestava era dormir ao relento sobre um terreno congelado.

Na manhã seguinte começou a cair neve, e de tarde já era uma nevasca intensa. Quando Michelle e eu voltávamos da escola, de carro com mamãe, resolvi ligar o rádio, bem a tempo de ouvir uma notícia de última hora:

— Desculpem a interrupção, mas acabamos de receber a informação de que o Cabo Elvis Presley foi levado às pressas das manobras de campo para um hospital em Frankfurt, sofrendo de um ataque de amigdalite aguda. Se você está nos escutando, Elvis, saiba que todos torcemos para sua pronta recuperação.

Frenética de preocupação, telefonei para o hospital, esperando saber mais sobre o seu estado. Para minha surpresa, a telefonista, assim que ouviu meu nome, transferiu a ligação para o seu quarto, explicando que o Cabo Presley deixara instruções expressas.

— Sou um homem doente, meu bem — disse ele, a voz rouca. — Preciso de você ao meu lado. Se seus pais não se incomodarem, mandarei Lamar buscá-la imediatamente.

Claro que meus pais deram permissão para que eu fosse ao hospital. Uma hora depois entrei em seu quarto, no instante em que a enfermeira saía. Elvis estava sentado na cama, apoiado em travesseiros, um termômetro na boca, cercado por dezenas de buquês de flores.

Assim que a enfermeira se retirou, Elvis tirou o termômetro da boca, riscou um fósforo e com todo cuidado pôs a chama por baixo do termômetro. Depois, tornou a metê-lo na boca e arriou na cama, no instante em que a enfermeira voltava, trazendo mais flores.

Sorrindo afetuosamente para o paciente famoso, ela tirou o termômetro de sua boca e deixou escapar uma exclamação de espanto.

— Mas você está com 39° de febre! Está realmente doente, Elvis. Acho que terá de permanecer no hospital pelo menos durante uma semana.

Elvis balançou a cabeça, sem dizer nada, enquanto a enfermeira afofava os travesseiros, enchia seu copo com água e depois saía do quarto. Só então é que ele desatou a rir, pulou da cama e me abraçou.

Elvis tinha horror a encenações; como o tempo estava tão ruim e todos se preocupavam com sua voz, a solução que encontrara para o problema fora simular amigdalite. Já bastante suscetível a contrair resfriados, Elvis aprendera a dramatizar o problema, com a ajuda de um fósforo.

5

Era 1º de março de 1960, a noite anterior à partida de Elvis para os Estados Unidos.

Estávamos deitados em sua cama, abraçados, e eu me encontrava num estado de absoluto desespero.

— Ah, Elvis, como eu gostaria que houvesse algum meio de você poder me levar junto! Não posso suportar a perspectiva de uma vida sem você! Eu o amo demais!

Comecei a chorar, a angústia predominando sobre o controle.

— Calma, baby, calma — murmurou Elvis. — Tente se controlar. Não há nada que possamos fazer agora.

— Tenho medo que você possa me esquecer no instante em que desembarcar.

Ele sorriu e beijou-me, gentilmente.

— Não vou esquecer você, Cilla. Nunca me senti assim com qualquer outra garota. Amo você.

— É mesmo?

Eu estava atordoada. Elvis já dissera antes que eu era muito especial, mas nunca declarara que me amava. Eu queria desesperadamente acreditar nele, mas tinha medo de sair magoada. Lera algumas das cartas de Anita e estava convencida de que Elvis voltaria para os braços estendidos dela. Apertando-me, ele murmurou:

— Estou angustiado pelos sentimentos que tenho por você. Não sei o que fazer. Talvez a distância me ajude a compreender o que realmente sinto.

Naquela noite nosso amor assumiu uma súbita premência. Será que algum dia eu tornaria a vê-lo, ficaria em seus braços, como vinha acontecendo quase todas as noites, durante os últimos seis meses? Eu já sentia saudade de Elvis. Não podia suportar o pensamento da noite terminar e nos despedirmos, do que eu pensava ser o nosso último encontro. Chorei e chorei, até meu corpo doer de tanta angústia.

Pela última vez, supliquei-lhe que consumasse o nosso amor. Teria sido fácil para ele. Eu era jovem, vulnerável, estava perdidamente apaixonada, então Elvis poderia se aproveitar ao máximo. Mas ele disse, suavemente:

— Não. Algum dia chegaremos a isso, Priscilla, mas não agora. Você ainda é muito jovem.

Passei a noite inteira acordada e na manhã seguinte, bem cedo, estava de volta ao prédio na Goethestrasse, 14, perdida no meio de uma multidão, comprimida na sala de estar, esperando para se despedir de Elvis, que estava lá em cima, acabando de arrumar as malas. Saber que eu seria a única pessoa que o acompanharia ao aeroporto me proporcionava algum consolo.

Ao descer, Elvis riu e gracejou porque todos estavam ali. Finalmente, depois de se despedir de todo mundo, Elvis virou-se para mim e disse:

— Muito bem, menina, está na hora de irmos.

Acenei com a cabeça, desesperada, e saí atrás dele. Indiferentes à chuva miúda, centenas de fãs esperavam na rua. Ao verem Elvis, as pessoas pareceram enlouquecer, suplicando por autógrafos. Ele atendeu algumas e depois embarcou no carro à espera, puxando-me para o seu lado. Assim que a porta bateu, o motorista deu a partida e seguimos em alta velocidade para o aeroporto.

Permanecemos em silêncio por um longo tempo, ambos imersos nos próprios pensamentos. Elvis olhava pela janela, franzindo o rosto para a chuva.

— Sei que não será fácil para você voltar a ser apenas uma colegial, depois de passar tanto tempo comigo, Cilla, mas tem de fazer isso. Não quero que fique sentada a se lastimar depois que eu for embora, meu bem.

Fiz menção de protestar, mas ele me silenciou com um gesto e acrescentou:

— Procure se divertir e me escreva sempre que tiver uma oportunidade. Ficarei aguardando as suas cartas com ansiedade. Arrume um papel de carta rosa. E mande as cartas para Joe. Saberei assim que são suas. Quero que me prometa que continuará como é. Permaneça intacta, como a deixei.

— Prometo.

— Olharei para você do alto da escada. Não quero ver uma cara triste. Dê-me um sorriso para eu levar na viagem.

Depois, entregando-me seu blusão de combate e as divisas de sargento que ganhara antes da baixa, Elvis arrematou:

— Quero que fique com isto. Serve para mostrar que você me pertence.

E ele me abraçou firmemente. Ao nos aproximarmos do aeroporto, os gritos da multidão à espera foram se tornando mais altos. Chegamos o mais perto possível da pista. Elvis virou-se para mim e murmurou:

— Chegou a hora, baby.

Saímos do carro, sob o espocar dos flashes dos fotógrafos, as perguntas dos repórteres e os gritos das fãs que nos cercavam. Elvis pegou-me pela mão e fomos andando pela pista, até que o guarda, que ali estava para escoltá-lo ao avião, impediu-me de seguir adiante. Elvis deu-me um último abraço e sussurrou:

— Não se preocupe, querida. Prometo que telefonarei para você assim que chegar em casa.

Balancei a cabeça, mas fomos separados pela multidão frenética antes que eu pudesse responder. Fui empurrada por centenas de fãs, se cutucando e acotovelando. Gritei "Elvis!", mas ele não ouviu.

Elvis subiu correndo os degraus da escada de embarque. Lá em cima, virou-se e acenou para a multidão, esquadrinhando-a à minha procura. Acenei freneticamente, como centenas de outras fãs. Ele conseguiu me localizar e nossos olhos se encontraram por um instante. E, depois, ele desapareceu.

Meus pais foram ao aeroporto para me levar de carro de volta a Wiesbaden. Permaneci em silêncio durante a longa viagem.

6

Passei os dois dias seguintes trancada no quarto, incapaz de comer, incapaz de dormir. Mamãe acabou me dizendo:

— Isso não vai adiantar coisa alguma. Ficar se lastimando aqui não o trará de volta. Ele se foi. Vai começar uma vida nova, e você deve fazer a mesma coisa.

Forcei-me a voltar à escola e me descobri assediada por fotógrafos e repórteres, que estavam me chamando de "a garota que ele deixou na Alemanha" e queriam saber de tudo.

— Quantos anos tem, Srta. Beaulieu?
— Tenho... ahn...
— Sua ficha mostra que está no nono ano.
— Ahn... é que...
— Há quanto tempo conhece o Sr. Presley?
— Ahn... há alguns meses.
— Qual é o seu relacionamento com ele?

— Somos... apenas amigos.
— Ele já lhe telefonou depois que voltou?
— Não, mas...
— Sabia que ele está saindo com Nancy Sinatra?
— Quem?
— Nancy Sinatra.

Sentindo-me subitamente atordoada, pedi licença e me afastei. Todos os dias havia telefonemas dos Estados Unidos, com ofertas de passagem de avião, ida e volta, em primeira classe, para eu aparecer em programas de televisão. Recusei todos, assim como os pedidos de revistas europeias, solicitando entrevistas e fotos. Recebia cartas de soldados americanos solitários do mundo inteiro. Atraíra a atenção deles, talvez como a namorada de um soldado. Também recebia cartas de fãs de Elvis, algumas cordiais, outras desoladas, pensando que talvez o tivessem perdido.

Os dias se transformaram em semanas e fui me tornando cada vez mais resignada, convencida de que Elvis estava agora namorando Nancy Sinatra e me esquecera inteiramente. Mas 21 dias depois de sua partida o telefone tocou às 3h da madrugada. Pulei da cama, corri para atender e ouvi sua voz maravilhosa.

— Oi, baby. Como está a minha garotinha?
— Ah, estou muito bem... mas sinto muita saudade de você! Pensei que tinha me esquecido. Todo mundo estava dizendo que isso era inevitável.
— Eu disse que telefonaria, Cilla.
— Sei disso, Elvis, mas fotógrafos e repórteres apareceram aqui, me fazendo perguntas e... Elvis, é verdade que você está namorando Nancy Sinatra?
— Calma, baby, calma. — Ele soltou uma risada. — Não, não é verdade que eu esteja namorando Nancy Sinatra.
— Mas eles disseram que estava!
— Não acredite em tudo o que ouvir, menina. Vai encontrar muitas pessoas tentando criar problemas só para deixá-la trans-

tornada. Ela é uma amiga, baby... apenas uma amiga. Vou aparecer no programa de seu pai e estava tudo combinado para ela estar presente na minha entrevista coletiva quando voltei aos Estados Unidos. Sinto muita saudade, baby. Penso em você o tempo todo.

Depois desse primeiro telefonema, eu passava todo o meu tempo escrevendo e reescrevendo cartas para ele. Mas Elvis nunca respondia. E um dia ele tornou a telefonar, parecendo muito animado.

— Vou para a Califórnia dentro de dois dias, baby. Iniciarei meu primeiro filme depois do exército.

A primeira coisa que me passou pela cabeça foi a de que ele acabaria se apaixonando pela estrela do filme. Tão calma quanto podia, perguntei:

— Quem vai estrelar o filme junto com você?

Elvis desatou a rir.

— Não precisa se preocupar, baby. Ainda não a conheci pessoalmente, mas sei que ela é muito alta. Seu nome é Juliet Prowse. É uma dançarina e está noiva de Frank Sinatra.

Aliviada, indaguei:

— Como vai se chamar o filme?

— Não é capaz de adivinhar? *Saudades de um pracinha.* Acho que vai ser ótimo. Estou um pouco preocupado porque tem muitas canções, mas no final vai dar tudo certo. E é bom mesmo que dê, porque senão eles vão ouvir algumas coisinhas.

Poucas semanas depois Elvis ligou de novo. Seu entusiasmo por *Saudades de um pracinha* se transformara em amargo desapontamento.

— Acabei de concluir a droga do filme. Estou detestando. Eles puseram uma dúzia de canções que não valem nada. — Ele estava furioso. — Tive uma reunião com o Coronel Parker a respeito. Quero cortar a metade das canções. Sinto-me como um idiota, desatando a cantar no meio de uma conversa com uma garota num trem.

— O que o Coronel acha?

— O que ele teria que achar? O problema é que não tenho saída. Já recebi o dinheiro. E eles parecem achar que é tudo maravilhoso. Você não pode imaginar como estou desesperado.

— Talvez o próximo filme seja melhor.

— Tem razão — disse Elvis, começando a se acalmar. — O Coronel pediu melhores roteiros. O problema é que se trata do meu primeiro filme depois que voltei e não passa de uma droga. — Houve uma pausa prolongada, a estática interferindo na ligação, até que finalmente Elvis acrescentou: — Tenho de desligar agora, Cilla. Além disso, quase não estou escutando você. Voltarei a ligar em breve. Seja boazinha e não se esqueça de que amo você.

Eu vivia num estado de suspensão animada, à espera dos esporádicos telefonemas de Elvis. Nunca havia um padrão em suas ligações. Ele telefonava inesperadamente depois de três semanas... ou de três meses. Sempre falava durante quase todo o tempo, comentando sobre seu último filme ou a estrela que contracenava com ele. De vez em quando Elvis falava sobre Anita, dizendo que o relacionamento entre os dois não era o que esperava ao voltar da Alemanha. Ele não tinha mais certeza se queria continuar com ela. Eu não sabia qual era exatamente a minha situação. O tempo e a distância haviam criado dúvidas e indagações. Eu tinha vontade de lhe perguntar: "Onde é que eu entro na sua vida... se é que entro?"

Elvis ainda comentava que queria muito que eu visitasse Graceland, especialmente no Natal, quando a propriedade ficava toda enfeitada. Queria que eu conhecesse Alberta, a empregada. Ele a chamava de Alberta VO5. Ele riu e comentou:

— Vou dizer a ela: "Ó Cinco, tenho uma garotinha que quero que você conheça."

Isso me proporcionava alguma esperança de um futuro. Queria acreditar em Elvis quando ele dizia que ainda gostava de mim. Mas durante os períodos em que não recebia notícias dele, não podia deixar de especular se algum dia tornaria a vê-lo. Ouvi seu último disco de sucesso "*(Marie's the Name) His Latest Flame*" e fiquei convencida de que ele se apaixonara por uma garota chamada Marie.

Naquele verão Paul Anka fez uma excursão pela Europa. Deveria se apresentar numa base da Força Aérea em Wiesbaden. Pedi à mamãe que me levasse ao aeroporto na hora marcada para sua chegada. Ela não sabia de nada, mas eu tinha uma intenção determinada. Queria perguntar a Paul Anka se por acaso conhecia Elvis e se alguma vez tinha falado de mim. Mas ele foi cercado pelas fãs assim que apareceu e eu era tímida demais para abrir caminho pela multidão e lhe falar.

Eu colecionava todas as notícias a respeito de Elvis que encontrava. Ouvia constantemente as transmissões de rádio dos Estados Unidos e verificava cada artigo do jornal *The Stars and Stripes*. Mas cada notícia sobre Elvis me deixava ainda mais perturbada. Além de Anita, ele parecia estar ligado romanticamente a várias *starlets* de Hollywood, lindas e jovens — Tuesday Weld, Juliet Prowse e Anne Helm, entre muitas outras.

Escrevi para ele: "Preciso de você e quero você de qualquer jeito. Pode estar certo de que não há mais ninguém... Gostaria de estar com você neste momento. Preciso de você e de todo o seu amor, mais do que qualquer outra coisa no mundo."

7

Era um dia frio e nevado, em março de 1962, quase dois anos depois que Elvis deixara a Alemanha. Ao final da tarde, ele me telefonou. Havia meses que não nos falávamos.

— Eu gostaria que você viesse a Los Angeles, meu bem. Acha que podemos dar um jeito?

Atordoada, balbuciei:

— Não sei... Meu Deus, eu não esperava por isso! Vai precisar de um tempo, algum planejamento.

Eu achava que jamais conseguiria persuadir papai a me deixar viajar. Houve vários telefonemas, com Elvis procurando dizer todas as palavras certas para agradar a meus pais. Tive conversas separadas com mamãe, na esperança de que ela me ajudasse a convencê-lo.

Mais uma vez, Elvis atendeu a todas as exigências de papai: que esperássemos até eu iniciar as férias de verão, que ele me enviasse uma passagem de ida e volta em primeira classe, que apresentasse um roteiro meticuloso das minhas atividades durante as duas semanas que passaria em Los Angeles, que eu tivesse uma companhia constante e escrevesse todos os dias para meus pais.

Os poucos meses subsequentes pareceram anos. Eu marcava no calendário cada dia até o nosso reencontro.

* * *

Quando o avião pousou em Los Angeles, eu descobri que o terminal estava fervilhando de estudantes em férias. Mas não tive qualquer dificuldade em avistar Joe Esposito, que ainda trabalhava para Elvis.

Foi um prazer rever Joe. Seu sorriso largo e abraço afetuoso foram confortadores. Adorei quando ele disse que eu estava maravilhosa. Mas eu não pensava assim. Quando Elvis me vira pela última vez eu tinha catorze anos e três quilos a menos. Receava agora que ele ficasse desapontado ao me ver e me mandasse de volta para casa no dia seguinte.

Tive o primeiro vislumbre de Los Angeles ao deixarmos o aeroporto. Era uma cidade linda, muito diferente da insipidez da Alemanha do pós-guerra. Ao passarmos pelos estúdios da MGM, em Culver City, Joe comentou:

— Foi aqui que Elvis fez a maioria de seus filmes.

Logo estávamos percorrendo a lendária Sunset Strip e passando pelos enormes portões de ferro batido de Bel Air. Eu estava entrando num mundo que jamais conhecera. Cada casa ao longo da rua sinuosa parecia mais espetacular do que a anterior.

Entramos na casa de Elvis na Bellagio Road, no estilo de uma vila italiana. Fomos recebidos pelo seu mordomo, que se apresentou como Jimmy e disse:

— O Sr. P. está no estúdio.

Ao passarmos pela porta, pude ouvir música tocando alto e pessoas rindo. Joe levou-me lá para baixo.

Antes de entrar, respirei fundo. Os anos de espera estavam agora encerrados.

Na semiescuridão, avistei pessoas refesteladas num sofá e outras de pé, junto a uma vitrola automática, selecionando canções. E depois vi Elvis, de calça preta, camisa branca e quepe. Senti vontade de correr para os seus braços, mas aquela sala cheia de pessoas não era o cenário com que eu sonhara para o nosso primeiro encontro. Ele se virou e me avistou; depois de uma breve pausa, seu rosto se abriu num sorriso.

— Lá está ela! — exclamou ele, largando seu taco. — É Priscilla!

Ele se adiantou, abraçou-me e beijou-me. Apertei-o por tanto tempo quanto pude... até que ele me largou.

— Já não era sem tempo — disse ele, jovialmente. — Por onde você andou durante toda a minha vida?

Consciente de que todos os olhos na sala se fixavam em nós, eu me sentia envergonhada. Enxuguei rapidamente as lágrimas, antes que alguém percebesse. Elvis pegou-me pela mão e apresentou-me, depois fomos sentar juntos.

— Não sabe como estou contente por ter você aqui comigo — ele repetia a todo instante. — Não imagina como estou ansioso para lhe mostrar tudo. Você cresceu. E está sensacional. Deixe-me contemplá-la. Fique de pé.

Enquanto ele me olhava, fui ficando cada vez mais inibida. Não queria que ele continuasse a me contemplar por muito tempo. Poderia encontrar defeitos.

Elvis estava lindo, mas fiquei surpresa ao descobrir que seus cabelos loiros do tempo do exército estavam agora pintados de preto. Ele parecia mais magro, mais feliz.

— Não vá embora, baby.

Ele deu-me um beijo afetuoso e depois voltou à mesa de sinuca, a fim de terminar a partida. A noite parecia se arrastar devagar... devagar demais. Enquanto Elvis estava jogando, algumas garotas se aproximaram de mim e se puseram a falar. Disseram que Elvis oferecia festas quase todas as noites.

Ouvindo isso e observando-o, enquanto a noite avançava, senti-me fora de contato com sua nova vida, embora as garotas dissessem que ele falava a meu respeito com frequência e até mostrava minha fotografia a todo mundo.

Jogando sinuca, Elvis ria e gracejava. Quando uma das garotas se inclinou sobre a mesa, a fim de tentar uma tacada, Elvis espetou seu traseiro com o taco. Ela soltou um grito de surpresa e todos riram... menos eu. Não pude deixar de notar que houvera uma pequena mudança em Elvis. Ele deixara a Alemanha como um garoto gentil, sensível e inseguro; durante a noite, eu iria constatar que se tornara malicioso e confiante, ao ponto da arrogância.

Elvis parecia também ser capaz de explodir em raiva muito depressa. Quando uma garota advertiu-o a tomar cuidado com um copo, empoleirado precariamente na beira da mesa de sinuca, ele lançou-lhe um olhar furioso, como a dizer "Pegue o copo você mesma".

Eu me sentia apreensiva. Não sabia o que fazer ou dizer. Entre as tacadas, Elvis se aproximava e me dava um beijo afetuoso, indagava se eu estava bem, depois voltava para sua tacada seguinte. Enquanto isso, os olhares curiosos de suas admiradoras nunca se afastavam de mim.

Passava de meia-noite e meia quando Elvis finalmente sentou ao meu lado. Naquele momento, foi como nos velhos tempos na Alemanha. Ele sugeriu que eu fosse para o seu quarto.

— Lá em cima, a primeira porta à direita, baby. As luzes estão acesas. Subirei daqui a pouco. — Comecei a me levantar e ele acrescentou: — Espere alguns minutos, até eu me afastar. Assim, não vai parecer tão óbvio.

A situação não me agradava. Sabia que ele estava me protegendo, mas havia muitas garotas bonitas presentes e eu queria que todas soubessem que Elvis me pertencia... pelo menos enquanto eu estivesse ali. Esperara tempo demais para ser discreta. Levantei-me, espreguicei-me um pouco, desejei polidamente boa noite a todos, esperando que soubessem *com certeza* para onde eu estava indo.

Subi a escada correndo e encontrei o quarto de Elvis sem qualquer dificuldade. Era muito diferente dos seus aposentos de aparência comum na Alemanha. Nunca o imaginara a viver com tanto luxo — tapetes grossos, móveis requintados, mas o quarto parecia aconchegante.

E depois meus olhos se fixaram na cama enorme, no meio do quarto. Pensei no mesmo instante em quantas mulheres já teriam dormido ali... corpos que ele abraçara e acariciara... e ainda pior, lábios que ele beijara ardentemente e o levaram ao êxtase. Eu não conseguia pensar em qualquer outra coisa.

Fui até as portas francesas que davam para o pátio e observei os convidados de Elvis se despedindo e se encaminhando para seus carros. Sabendo que provavelmente ele subiria dentro de um instante, corri para o enorme banheiro adjacente.

Dez minutos depois eu entrara e saíra da banheira, penteara os cabelos, escovara os dentes e passara no corpo todo um talco que encontrara no armarinho da pia. Pus meu pijama azul predileto e fiquei parada, imóvel, diante da porta para o quarto. Sentia-me tão apreensiva que não era capaz de abrir a porta. Aquele era o momento que tanto ansiáramos e temêramos. Sentei numa cadeira e lembrei que Elvis dissera, quando eu tinha catorze anos, que era "jovem demais". Agora que tinha dezesseis anos, tentei imaginar o que aquele Elvis, a quem eu mal conhecia, podia esperar de mim.

Cerca de quinze minutos depois ouvi-o abrir a porta do quarto e gritar para o primo, Billy Smith, que também trabalhava para ele:

— Não me deixe dormir até depois das 15h amanhã, Billy.

No instante seguinte ele fechou a porta, trancou-a e indagou:

— Onde você está, baby?

— Estou no banheiro. Estarei aí com você dentro de mais alguns minutos.

— Não demore muito. Quero ver minha garota.

Eu ainda não conseguia me mexer. Elvis chamou de novo:

— O que está fazendo aí, Cilla? Ninguém leva tanto tempo para se aprontar para se deitar.

Era o momento da verdade. Respirando fundo, abri a porta e saí. Elvis estava deitado na cama, fitando-me. Avancei em sua direção devagar, subi na cama e deitei-me ao seu lado. Nossos rostos estavam separados por poucos centímetros. Era um momento de ternura tão inesperado que fiquei mesmerizada a contemplar os seus olhos. Ficamos assim por um longo tempo, fitando-nos, até que nossos olhos se encheram de lágrimas. Elvis acariciou meu rosto, suavemente, sussurrando:

— Não pode imaginar como eu senti saudade. Você tem sido uma inspiração para mim. Não me pergunte por quê, mas não consegui tirar você dos pensamentos desde que deixei a Alemanha. É a única coisa que me mantém firme.

Não pude me controlar por mais tempo. As lágrimas escorriam pelo meu rosto. Elvis abraçou-me e apertou-me, mas parecia que eu não conseguia ficar bastante perto dele. Se pudesse me *fundir* a ele, eu o teria feito.

— Tudo vai dar certo, baby. Eu prometo. Você está aqui agora e isso é tudo o que importa. Vamos nos divertir ao máximo e não pensar na sua volta.

Deitados ali, na semiescuridão, Elvis logo descobriu que eu continuava tão intacta quanto me deixara, dois anos antes. Aliviado e satisfeito, Elvis comentou que isso significava muito para ele. Foi como se todos os meus sentimentos de mulher começassem a aflorar. Passei a beijá-lo ardentemente. Eu o queria... estava pronta para me entregar totalmente. Ele reagia ao meu ardor, mas de repente parou.

— Espere um pouco, baby — murmurou ele. — Isso pode escapar do controle.

— Há algum problema?

Eu temia não estar agradando-lhe. Elvis sacudiu a cabeça, tornou a me beijar e depois, gentilmente, puxou minha mão para si. Senti o quanto ele me desejava, física e emocionalmente. Elvis comprimiu seu corpo contra o meu, era uma sensação maravilhosa.

— Eu quero você, Elvis.

Ele pôs um dedo em meus lábios e murmurou:

— Ainda não... não agora. Temos muita coisa pela frente. Não quero machucar você. Desejo apenas que continue assim como está, por enquanto. Haverá um momento e um lugar certo e saberei quando isso acontecer.

Embora confusa, eu não estava disposta a argumentar. Elvis deixou bem claro que era isso o que queria. Fazia com que parecesse muito romântico e, estranhamente, *era* algo para se aguardar com ansiedade.

Mais tarde, naquela mesma noite, ele disse que eu tinha de ficar na casa de amigos seus, George e Shirley Barris. Embora eu protestasse, Elvis insistiu:

— Não quero quebrar a promessa que fiz a seu pai. E se ele descobrisse que você está aqui comigo, certamente a obrigaria a voltar para casa no mesmo instante.

Não fazia o menor sentido, mas saí da cama e Elvis mandou Joe me levar até a casa dos Barris, onde passei a noite. Relutante, é claro.

Posteriormente, descobri através de uma das esposas com quem fiz amizade o motivo para eu passar aquela primeira noite com George e Shirley. Anita fora despachada de volta a Memphis no dia anterior e Elvis estava tomando as precauções necessárias para evitar situações constrangedoras que poderiam resultar de telefonemas durante a madrugada.

8

Já passava de 15h da tarde seguinte quando Elvis telefonou, informando:

— Alan já está indo buscá-la.

Alan Fortas era outro dos seus empregados. Quando chegamos à casa, encontrei Elvis lá em cima, vestindo-se. Assim que me viu, ele beijou-me e perguntou:

— Gostaria de ir a Las Vegas? Podemos nos divertir muito e eu lhe mostraria meus lugares prediletos.

Sem compreender sua contradição em relação à minha permanência com os Barris na noite anterior e me sentindo apreensiva para fazer qualquer pergunta, limitei-me a dizer:

— Adoraria. Quando?

— Esta noite. Vamos pegar o ônibus e partir por volta de meia-noite. Chegamos pela manhã, dormimos durante o dia inteiro e assistimos aos shows e nos divertimos pela noite afora.

A animação estava no ar... *Las Vegas*! Eu jamais sonhara em ir até lá e não tinha a menor ideia do que esperava. Na verdade, não me importava para onde fôssemos, desde que eu estivesse em sua companhia.

Tive duas preocupações imediatas. A primeira, não sabia se podia comprar — ou se na minha idade deveria usar — as roupas glamourosas apropriadas para Las Vegas. Mas Elvis disse que eu não me preocupasse com isso, pois Alan me levaria às compras naquela tarde.

Foi uma estranha experiência fazer compras com uma pessoa que eu mal conhecia, ainda por cima um homem. Alan parecia tão desconfortável quanto eu, mas garantiu que encontraríamos alguma coisa. Ele conhecia bem as butiques e também me levou à Saks Fifth Avenue.

Enquanto escolhia as roupas, pensei na minha outra preocupação: a carta diária que prometera a meus pais. Como explicaria os carimbos postais de Las Vegas? Não era possível. Mas podia escrever as cartas com antecedência, numerá-las de um a sete e pedir que Jimmy remetesse de Los Angeles diariamente. Meus problemas estavam resolvidos. A Las Vegas!

Naquela noite o gramado na frente da casa de Elvis estava fervilhando de atividade. Parecia haver gente por toda parte. O enorme ônibus que George Barris mandara fazer especialmente para Elvis estava no caminho. Gente entrava e saía, carregando malas, discos, uma vitrola, caixas de Pepsi. Todos os preparativos e agitação davam a impressão de que ele estava se mudando, mas na verdade sempre viajava assim. Elvis ainda tinha receio de voar — um medo que mais tarde superou — e sentia-se mais tranquilo quando estava ao volante. Como não sabíamos por quanto tempo ficaríamos, Alan e Gene Smith providenciaram tudo o que Elvis gostava, a fim de que ele pudesse se sentir tão confortável como se estivesse em casa. Eu me sentia feliz. Era a primeira vez que estaríamos juntos sem restrições ou horário para voltar.

Pouco antes de meia-noite todos se reuniram em torno do ônibus; era o momento de se despedir de quaisquer visitantes que o círculo habitual deixaria para trás.

Elvis vestia camisa branca, calça preta, luvas pretas e o eterno quepe de iatista. Ao partirmos, ele gritou pela janela:

— Vamos voltar!

Pegamos a estrada para Las Vegas, no estado de Nevada. Eu não sabia para onde estava indo, mas a perspectiva de aventura me fascinava.

E também me sentia orgulhosa; Gene sentava à direita, eu no meio, Elvis ao volante. Soube que Elvis sempre preferia guiar à noite, pois era mais fresco e havia menos tráfego. Ele parecia adquirir uma vida intensa à noite. Havia uma enorme diferença entre o Elvis durante o dia e o Elvis noturno. Depois que o sol se punha, outra personalidade assumia o controle e naquela noite em particular ele estava em grande forma. Num intervalo entre filmes, longe do Coronel Parker, livre das pressões e responsabilidades, ele podia relaxar e se divertir.

A caminho de Las Vegas, escutávamos músicas, comíamos e bebíamos Pepsi. No banco da frente, Elvis e Gene implicavam um com o outro em sua linguagem especial. Elvis dizia alguma coisa e Gene respondia com um absurdo total. Quando a conversa parava, os dois se lançavam em ataques de surpresa, socando um ao outro. Se Gene achava que acertara um bom golpe, saía correndo para o fundo do ônibus, sabendo que Elvis sempre se recuperava e partia em seu encalço.

As brincadeiras continuaram durante a maior parte da extenuante viagem através do deserto. Eu me sentia fora de sintonia com as piadas particulares e as brincadeiras clamorosas. Era evidente que a turma percebia cada ânimo de Elvis. Eu ainda não me ajustara.

Chegamos a Las Vegas por volta das 7h. Eu estava cansada e dormia quando Elvis gritou:

— Estamos entrando em Las Vegas. Olhe ao redor... só se vê hotéis. É conhecida como a Cidade do Pecado. Não é isso mesmo, Smith?

Gene murmurou uma de suas respostas absurdas e Elvis riu, como sempre. O lugar parecia sossegado. Havia muitos táxis, alguns carros e poucas pessoas cansadas andando pelas ruas. Notei que fazia muito calor para 7h da manhã, ainda mais para o mês de junho.

Fomos nos hospedar no Sahara Hotel. Para meu espanto, apesar de tão cedo, havia muita gente por toda parte. Elvis apontou para o cassino, estrondoso com os sons ritmados das máquinas caça-níqueis, as campainhas esporádicas e um ou outro grito das mesas de dados.

— Isso é normal? — perguntei a ele.

— Você ainda não viu nada, meu bem. Espere até a noite para ver como isto aqui fica.

Não seria fácil esperar. Apesar de cansada, eu estava fascinada, observando os jogadores agrupados em torno das várias mesas e dos caça-níqueis. Elvis pegou-me pelo braço.

— Vamos subir para o quarto, baby. Teremos tempo suficiente para isso mais tarde. É melhor descansarmos um pouco agora.

Seguimos o carregador para a suíte. A comitiva de Elvis começou no mesmo instante a arrumar os cômodos a seu gosto. Abriram as malas, arrumando suas roupas no armário com todo cuidado, alinharam os sapatos pelas cores, levaram os artigos de higiene para o banheiro. Armaram na sala seu toca-discos e os alto-falantes, reduziram a intensidade das luzes para criar o ambiente certo e ligaram todas as televisões.

— Por que sempre fica com a televisão ligada? — perguntei a Elvis.

— Porque me faz companhia — explicou ele. — Quando está ligada, tenho a sensação de que há pessoas ao redor.

Ele detestava entrar num cômodo silencioso e logo adotei também o hábito de ligar a televisão sempre que entrava num cômodo.

Uma hora depois todos se retiraram, deixando a suíte com a impressão de que estava ocupada, cada coisa em seu devido lugar. Elvis deu boa noite a todos e avisou que não deveriam nos acordar muito cedo. Ele trancou a porta do quarto, despiu-se e foi para a cama. Quando me deitei ao seu lado, notei que ele estava tomando algumas pílulas para dormir. Mas não dei muita atenção. Não sabia o suficiente para sequer desconfiar de alguma ameaça potencial.

Eu sentia uma felicidade absoluta. Finalmente podíamos passar uma noite inteira dormindo juntos. Elvis me fitou e disse:

— Dá pra acreditar nisso, baby? Depois de tanto tempo, aqui está você. Quem poderia jamais imaginar que chegaríamos a isso? Não vamos nem pensar na sua volta. Agora, só devemos pensar em nos divertir. Pensaremos no resto quando chegar o momento.

Suas palavras estavam começando a ficar engroladas. As reações eram mais lentas. Ele me abraçou firme, murmurando várias vezes:

— Estou contente por ter você aqui...

E depois... o silêncio. Olhei para os vidros de pílulas na mesinha de cabeceira e compreendi que ainda tinha competição.

9

Quando acordei à tarde, olhei para Elvis e aconcheguei-me contra seu corpo o máximo possível. Ele me enlaçou, apertando-me enquanto dormia. Contemplei suas sobrancelhas, os cílios pretos e compridos, o nariz perfeito, a boca linda, de lábios carnudos. Depois de algum tempo, eu estava dolorida de me manter na mesma posição, mas não me mexi, pois não queria despertá-lo.

Pensei nas pílulas que Elvis tomara antes de dormir. Estava aturdida, mas pensei que ele devia saber o que era melhor para si e decidi não me preocupar mais com isso.

Ele deve ter sentido que eu o observava atentamente, porque de repente abriu os olhos e desatou a rir.

— O que está fazendo? Se eu não a conhecesse, diria que está tentando me lançar um encantamento.

— Não conseguia mais dormir — murmurei, sem graça por ele ter me surpreendido a observá-lo. — Acho que estou ansiosa demais.

Sentando na cama, Elvis disse:

— A primeira coisa de que preciso, baby, é de uma xícara de café puro. Aperte o número quatro no interfone e diga a Billy para pedir o nosso café da manhã. Ele sabe o que eu gosto e você informa o que quer. Diga a ele que deve estar aqui dentro de meia hora e para cuidar que o café esteja bem quente.

Saindo da cama, ele ligou a televisão e foi para o banheiro. Um momento depois ele enfiou a cabeça pela porta e acrescentou, sorrindo:

— Vista-se, menina. Quero exibi-la por aí.

Era tudo o que eu precisava ouvir. Saltei da cama e corri para o meu banheiro. Enquanto me vestia, uma roupa informal de verão, podia ouvir música na sala. Entreabri a porta e fiquei surpresa ao constatar que todos os rapazes estavam ali, já vestidos, o café da manhã posto na mesa de jantar.

Terminei de escovar os cabelos e saí para a sala, onde todos me cumprimentaram com sorrisos afáveis. Elvis ainda não chegara e por isso ninguém começara a comer. Todos estavam muito quietos. Embora já passasse de 16h, parecia que ainda era de manhã bem cedo.

Cerca de quinze minutos depois Elvis entrou na sala, vestindo um terno com colete. Compreendi que não havia nada em meu guarda-roupa que se ajustasse à sua elegância. Ele foi até a vitrola e pôs seu último disco para tocar, dizendo que a gravação era recente e queria que eu ouvisse suas últimas canções. Só depois é que todos sentamos para comer.

Era ótimo ouvir suas gravações antes de serem lançadas no mercado. Ele me perguntou o que eu achava de cada canção. Como eu sabia o que a juventude na Europa estava escutando, achei que meus comentários poderiam ser úteis. Ou pelo menos queria acreditar que fossem.

— Gosto muito das canções de ritmo rápido, como "Jailhouse Rock". Por que não grava mais canções assim? Não parecem tanto com o rock de seus discos anteriores.

Elvis me lançou um olhar de aversão tão intensa que fiquei apavorada.

— Mas que merda! — explodiu ele. — Não pedi sua opinião sobre o estilo em que devo cantar. Perguntei se gosta das canções e mais nada... sim ou não. Já estou cheio das opiniões de amadores. Não preciso de mais uma.

Ele levantou-se, foi para o seu quarto e bateu a porta. Tentando recuperar o controle, fiz um esforço para reprimir as lágrimas. Estava envergonhada e confusa. O que havia de errado no meu comentário? Como podia deixá-lo tão transtornado?

Por sorte, os rapazes já haviam deixado a mesa e estavam ocupados com diversas tarefas na outra sala. Não sabia se algum deles ouvira a explosão de Elvis, mas não queria confrontá-los. Sabia que Elvis possuía um temperamento explosivo — já o testemunhara antes, na Alemanha —, mas nunca o descarregara em cima de mim.

Lentamente, levantei-me, especulando para onde ir. A porta do quarto de Elvis ainda estava fechada. Embora partilhássemos o quarto, eu hesitava em entrar, com medo de que ele começasse a gritar comigo. Sem saber o que mais fazer, sentei ao lado dos discos e comecei a examiná-los, fingindo estar muito interessada. E logo ouvi a porta do quarto abrindo, avistei Elvis parado ali. Ele fez um gesto para que eu me aproximasse. Relutante, larguei os discos e fui para o quarto, temendo o que ele ia dizer. Elvis fechou a porta, sentou-me na beira da cama e, para minha surpresa, começou a pedir desculpas:

— Desculpe, baby. O que aconteceu antes não tinha realmente nada a ver com você. Acabei as gravações e ficaram ótimas, em comparação com o que geralmente querem de mim para os filmes.

Ele falou mais sobre o seu último filme, relatou a história, as canções, os diálogos, achando que era tudo uma porcaria.

Eu começava a compreender um pouco sua frustração e insatisfação. Lembrei nossas conversas na Alemanha. Elvis sentia orgulho dos filmes que fizera antes de ingressar no exército. Falara cheio de esperança sobre a perspectiva de fazer filmes com mais substância e menos canções.

— Cilla, daqui por diante planejo manter separadas a carreira de cantor e a carreira de ator.

Ele achava que era capaz de desempenhar papéis mais difíceis do que estavam lhe dando. A fim de se preparar, estudava determinados atores, os quais admirava, como James Dean em *Assim caminha a humanidade* e Marlon Brando em *Sindicato de ladrões* e *O selvagem*.

— Mas continuam a me oferecer apenas os mesmos musicais, Cilla, as mesmas histórias insípidas... e estão se tornando cada vez piores.

Seu maior problema era o fato de que esses filmes e os álbuns com a trilha sonora eram sucessos espetaculares. Mas, livrando-se de sua seriedade, ele pegou minha mão e disse:

— Vamos fazer compras, baby.

Essa era a maneira de Elvis compensar a sua explosão, mas eu levei algum tempo para superar. Acompanhei-o assim mesmo, forçando um sorriso entusiasmado. Estava começando a compreender como todos se comportavam de acordo com o ânimo de Elvis.

* * *

Levando Gene e Alan, embarcamos numa limusine à espera e andamos até que Elvis avistou uma butique em que vestidos atraentes, de lantejoulas, rendas e babados, enfeitavam manequins na vitrine. Ele gritou para o motorista:

— Vamos parar aqui!

Pegando-me pela mão, ele levou-me para a butique. Todo o séquito acompanhou-nos, certamente o bando mais disparatado que já invadiu uma loja elegante como aquela. A vendedora ficou atônita.

— Oi, dona. Sou Elvis Presley. Estamos dando uma olhada por aí. Talvez possa nos mostrar alguma coisa que agrade à minha amiga.

Os dois olharam para mim. A expressão da vendedora indicava que nós duas estávamos pensando a mesma coisa: aquelas roupas eram sofisticadas demais para uma garota como eu. Mas quando deparava com alguma coisa de que gostava, Elvis não pensava em termos de idade. Enquanto a vendedora ia até os fundos para buscar as roupas que encontrasse nos tamanhos seis e quatro, Elvis pôs-se a vasculhar os cabides, tirando diversas criações deslumbrantes e indagando quais me agradavam.

— São todos lindos — balbuciei. — Mas não sei como eu ficaria neles.

— Deixe que eu julgue isso — disse Elvis, piscando um olho para Gene, que murmurou um de seus comentários absurdos.

Todos desatamos a rir, o que trouxe a vendedora de volta, apressadamente, carregando várias roupas. Elvis indicou suas preferências e declarou:

— Experimente essas roupas. E escolha quaisquer outras que agradarem a você.

Emocionada, escolhi meia dúzia de vestidos, com sapatos combinando, e encaminhei-me para a cabine. A vendedora seguiu-me. Longe dos olhos de Elvis, ela tratou-me como uma garotinha, mas eu estava tão encantada com as roupas que não me importei.

Ao me contemplar no espelho com um vestido longo de jérsei preto e sandálias douradas de saltos altos, mal pude me reconhecer. Parecia mais velha, muito sensual e sofisticada. Quando saí da cabine, a vendedora murmurou:

— Não está nada mau para uma criança.

Elvis deu uma olhada e exclamou:

— Maravilhoso! Vamos levar!

Ficamos na butique por mais duas horas. Elvis me comprou não apenas o vestido preto, mas também outro de cetim azul, diversas roupas lindas de seda e chiffon, além de um lindo vestido de brocado azul-claro, tudo acompanhado por capas, bolsas e sapatos combinando.

Quando saímos, nos deparamos com uma multidão formada lá fora. Elvis olhou para Alan, que desapareceu no mesmo instante. Depois, ele deu autógrafos a diversas pessoas e despediu-se. Gene levou-nos pelos fundos da loja, onde Alan esperava com o carro, pronto para nos levar de volta ao hotel. Chegando à suíte, Elvis anunciou:

— Estou morrendo de fome. Joe, peça-me um filé, mas cuide para que seja feito como eu gosto. O que vai querer, meu bem?

— Eu sempre mando eles fazerem como você gosta, E — protestou Joe.

— Pois mande de novo — disse Elvis, em tom áspero. — A carne sempre vem meio crua.

Para Elvis, bastava a carne estar um pouco rosada para ser crua. Quando pediam um filé para ele, todos especificavam "muito bem passado". Virando-se para Alan, Elvis determinou:

— Orelha de Porco (ele sempre punha apelidos em todos os seus empregados), faça reservas para o show de Red Skelton à meia-noite. E veja se há alguém no hotel que possa pentear e maquiar Cilla.

— Pentear e maquiar? — repeti. — O que há de errado com os meus cabelos?

Eram compridos e castanho-escuros, penteados de um jeito informal. Mas além de sentir que ele não gostava do meu penteado, comecei a pensar agora que também não gostava de minha aparência.

— Não há nada de errado com seus cabelos, querida. Acontece apenas que estamos em Las Vegas. Todas as mulheres andam com um penteado formal. E você precisa de um pouco de maquiagem em torno dos olhos. Para ressaltá-los ainda mais. Gosto de bastante maquiagem. Serve para definir as feições.

Definir as feições? Na ocasião, fazia muito sentido... e Elvis sabia o que estava fazendo.

Enquanto esperávamos o jantar, Elvis pôs um dos seus discos na vitrola e sentou ao meu lado, cantando alto, acompanhando sua própria voz no disco. Naquele momento toda a minha paixão foi reavivada. Quando ele cantava sobre o amor perdido ou uma vida passada no sofrimento e angústia, dizia a letra com tanta convicção que eu podia sentir toda a intensidade de sua dor. Elvis era fã da música country muito antes que se tornasse popular e sempre se mostrara impressionado com a emoção intensa que tais gravações ofereciam.

Depois do jantar começamos a nos aprontar para a noitada. A pedido de Elvis, Armond, um cabeleireiro do hotel, veio à suíte e passou duas horas ajeitando minha nova aparência. Ele puxou e torceu meus cabelos, fazendo uma mecha comprida cair pela frente do ombro esquerdo. Depois, aplicou tanta maquiagem que não dava para determinar se meus olhos eram pretos, azuis ou pretos e azuis. Era a aparência dos anos sessenta, só que mais extremada. Era assim que Elvis queria.

Quando pus meu vestido novo de brocado completou-se a transformação de uma garota inocente de dezesseis anos para uma sereia sofisticada. Eu parecia uma das dançarinas do Folies-Bergère.

— Mas o que aconteceu com a pequena Cilla? — disse Elvis, ao me ver. — Você está linda. Joe, dê um pulo até aqui. Veja o que descobri.

Joe entrou, teve uma reação de surpresa e comentou:

— Não parece a garotinha que conhecemos na Alemanha, usando um vestido de marinheira.

Todos riram e partimos para assistir ao show da meia-noite de Red Skelton.

Chegamos pouco depois que as luzes apagaram e o *maître*, usando uma lanterna, conduziu-nos à nossa mesa. Elvis sempre procurava chegar despercebido, a fim de não desviar a atenção do artista que estivesse fazendo o espetáculo. Mas espalhou-se pela plateia a notícia de que ele estava ali e, poucos segundos depois, os murmúrios começaram, várias cabeças se viraram.

Ao final do espetáculo, Elvis sempre tentava sair antes que as luzes se acendessem. Mas naquela noite não o fizemos. As luzes se acenderam e no instante seguinte estávamos cercados por uma multidão entusiástica, as pessoas se empurrando e se acotovelando, ansiosas em conseguirem um autógrafo.

Tendo apenas pouco mais de 1,60m, fui engolfada pelo aperto e me senti sufocada. Estendi a mão para Elvis, dominada pelo pânico, e balbuciei:

— Não consigo respirar. Tenho de sair daqui.

A princípio ele sorriu, mas depois assumiu uma expressão de preocupação, ao perceber meu desespero. Ainda sorrindo e dando autógrafos, ele disse a Alan:

— Tire Cilla daqui o mais depressa que puder. Irei me encontrar com vocês assim que for possível.

Alan olhou para mim, pegou a minha mão e abriu caminho pela multidão, saindo do hotel. Respirando o ar fresco lá fora, recuperei o controle. Pela experiência, aprendi a efetuar um reconhecimento das saídas sempre que entrava com Elvis em alguma sala apinhada.

Quando ele saiu também, poucos minutos depois, a limusine já estava à espera. Embarcamos e partimos para o Sahara Hotel, ao encontro da minha primeira aventura no jogo. Elvis não era um jogador sério, pois não se importava se ganhava ou perdia. Jogava apenas pela diversão. Um charuto sobressaindo no canto da boca, um copo na mão, os olhos se estreitando desconfiados para as cartas, ele oferecia uma encenação impecável de Clark Gable como Rhett Butler. Sentei orgulhosa ao seu lado, a própria Scarlett O'Hara.

Eu nunca jogara vinte e um antes, mas depois de algumas mãos Elvis concluiu que eu pegara o jeito. Entregou-me quinhentos dólares e disse, jovialmente:

— Está agora por conta própria, menina. O que ganhar é seu e o que perder... discutiremos a respeito mais tarde.

Sorri e pedi ao crupiê que me incluísse no jogo. Olhei para as minhas cartas, contando com os dedos por baixo da mesa. *Nove mais oito dá dezessete e depois um cinco faz...*

— Vinte e um! — gritei, abrindo as cartas na mesa e olhando para Elvis, em busca de aprovação.

— Deixe-me dar uma olhada. — Ele recolheu as cartas, cerrando um olho ao contar. Depois, inclinando-se para mim, ele sorriu e sussurrou: — Desculpe, baby, mas você está com vinte e dois.

Fiquei tão envergonhada que pedi licença e fui me refugiar no banheiro. Acabei tomando coragem para voltar, tentei de novo e a sorte me ajudou, pois ganhei duzentos dólares.

Durante as duas semanas seguintes dormíamos de dia e jogávamos à noite. Se havia algum show, íamos assistir; se havia um cassino, íamos jogar. A fim de me adaptar a esse estilo de vida vertiginoso e horários insólitos, passei a acompanhar Elvis e os outros, tomando anfetaminas e pílulas para dormir. E tomava as pílulas apesar de todas as apreensões que sentia a respeito. Eram essenciais para que eu não ficasse para trás.

Estava me adaptando. As inibições foram se desvanecendo, tornei-me mais positiva, principalmente depois que tomava as pílulas. Gostava da sensação. Embora fosse uma fuga da realidade, estávamos em sintonia, e eu me convencia de que me ajustava cada vez mais ao mundo de Elvis. Estávamos aprendendo tudo a respeito um do outro e aproveitando aquela viagem para compensar os dois anos de separação. Ambos ficávamos cada vez mais apaixonados... e evitávamos pensar no momento em que teríamos de nos separar mais uma vez.

10

Um dia antes do meu retorno à Alemanha, Elvis levou-me para um canto e disse:
— Por mais que eu deteste dizer isso, baby, temos de enfrentar a realidade. Nosso tempo se esgotou.
Perdi completamente o controle e me agarrei a ele, comprimindo a cabeça contra o seu peito.
— Não vou embora — balbuciei, chorando. — Não vou deixar você nunca mais. Ligarei para meus pais e direi que perdi o avião.
— Ora, baby, você acha mesmo que eles vão acreditar numa conversa assim?
— Pois então direi a verdade: que amo você e não quero voltar.
— Calma, calma... Só vai contribuir para tornar as coisas mais difíceis na próxima vez. Tenho pensado muito a respeito e sempre quis que você conhecesse Graceland. Mas neste momento tenho alguns negócios para tratar em Memphis e depois farei outro filme.

Mas se você voltar agora, tirar boas notas na escola e se comportar direito, talvez seus pais a deixem passar o Natal em Graceland, comigo e minha família.

Adorei a ideia, mas ainda faltavam seis meses para o Natal. Qualquer coisa podia acontecer nesse intervalo.

Naquela noite, na cama, Elvis manteve-me apertada em seus braços por um longo tempo. Senti que ele estava fazendo algo mais do que apenas me confortar. Era o seu jeito de declarar que gostava profundamente de mim.

E mais do que isso: Sua convicção firme de que só devia consumar o nosso amor no casamento me dava uma enorme esperança para o futuro.

Nossas carícias e demonstração de afeto naquela noite tiveram mais sentimento e intensidade do que em qualquer outra ocasião anterior. Elvis não me deixaria voltar para casa sem levar um pouco dele. Não entrou em mim; não precisava. Satisfez todos os meus desejos.

— Quero você de volta do jeito como está agora — sussurrou ele, pouco antes do amanhecer. — E não se esqueça de uma coisa: eu sempre saberei.

Eu sorri e assenti. Não podia conceber a ideia de querer qualquer outro.

* * *

Elvis não me acompanhou ao aeroporto. Trocamos um beijo de despedida na limusine. Foi um momento de ternura, mas terrivelmente breve. Acho que a angústia não poderia ser maior, mesmo que ele me dissesse que eu nunca mais voltaria.

Andei para o avião como um robô. Estava num estado de torpor, que persistiu durante todo o voo de onze horas. Não falei com ninguém e não me importei que os outros vissem as lágrimas que a todo instante me escorriam pelo rosto. Meu mundo chegara a um fim abrupto. Finalmente fechei os olhos e revivi na imaginação cada momento da visita. E de repente a aeromoça estava nos dizendo para prender os cintos de segurança, pois aterrissaríamos em breve.

Não me passou pela cabeça a ideia de lavar o rosto antes da chegada. Continuei sentada, atordoada, esperando que o avião terminasse de taxiar e parasse. Depois, apaticamente, peguei minhas coisas e desembarquei.

Mamãe chorou de alegria ao me ver, papai exibia um sorriso largo de boas-vindas. Mas quando me aproximei, suas expressões mudaram de satisfação para horror absoluto. Papai virou o rosto, furioso. Por um momento, mamãe ficou imóvel, fitando-me fixamente. Depois, abriu a bolsa, tirou um espelho e estendeu-o em minha direção.

— Olhe para você! Como pôde sair do avião desse jeito?

Contemplei-me no espelho e no mesmo instante compreendi a reação dos dois. Eu os deixara duas semanas antes como uma garota viçosa de dezesseis anos, usando um vestido de algodão branco apropriado para a minha idade e sem qualquer vestígio de máscara no rosto. Agora, não apenas estava usando a maquiagem intensa que Elvis apreciava, mas também a borrara por completo com as lágrimas. Não me dera ao trabalho de pentear os cabelos, que estavam desgrenhados e emaranhados. Meus pais estavam chocados e desapontados.

Envergonhada demais para encará-los, levei a mão ao rosto e discretamente tentei remover o resíduo de máscara preta. E, depois, murmurei:

— Eu gostaria de ir ao banheiro.

— Você vai direto para casa — disse papai, em tom áspero. — Se deixou essa coisa no rosto por tanto tempo, pode muito bem aguentar por mais uma hora.

Ele não disse praticamente mais nada até que cheguei em casa e lavei o rosto.

* * *

O Natal na família Beaulieu sempre foi uma grande festa, mas o Natal de 1962 foi uma ocasião em que eu não estava preocupada com presentes. Seguia para o lugar com que muitas vezes sonhara, mas nunca me permitira acreditar que algum dia conheceria... Graceland.

Não foi fácil chegar lá. A trama para isso começou em uma madrugada, às 2h10, quando acordei sonolenta para atender o telefone e ouvi a voz de Elvis. Ele parecia muito animado. Rindo e gracejando, contou que a RCA lhe enviara discos de demonstração horríveis para o seu próximo filme.

— Estou ouvindo os discos, baby, e não dá para acreditar. Tenho de rir, porque se não vou chorar.

Também ri, em solidariedade, mas podia perceber a tristeza em sua voz. Depois, ele acrescentou, suavemente:

— Quero você aqui no Natal. Não me importo como vai conseguir ou o que terá de dizer a seus pais. Apoiarei qualquer história que contar, desde que esteja aqui.

Eu tremia toda quando desliguei. Não podia imaginar que meus pais me permitissem viajar de novo — ainda mais no Natal —, mas não havia a menor possibilidade de desapontar Elvis.

Depois de alguns dias evitando o assunto, transmiti o pedido de Elvis a mamãe.

— De jeito nenhum — declarou ela. — Não tem o menor cabimento. O Natal é uma festa para a família. É assim que sempre foi e não vai mudar... nem mesmo por Elvis Presley.

Eu não ia desistir. Minha pobre mãe estava dividida entre converter em realidade um sonho de sua filha e cumprir o que julgava ser a sua obrigação familiar.

— Quando isso vai acabar? — ela murmurou, com uma expressão angustiada.

Mas ela acabou concordando em falar com papai. Foi a primeira brecha.

Outra vez as súplicas. Outra vez as promessas.

Um mês depois eu estava num avião, a caminho dos Estados Unidos. Elvis pedira a Vernon e Dee que fossem me esperar no Aeroporto LaGuardia, em Nova York, levando-me a Memphis, porque ele não queria viajar sozinho.

Quando chegamos a Memphis, eu estava ao mesmo tempo exausta e exultante. Fomos para a casa de Vernon, na Hermitage Drive, a pouca distância de Graceland. Elvis dera instruções expressas de que somente ele poderia me levar pelos portões de Graceland.

Ele ligou poucos minutos depois que chegamos à casa de seu pai. Vernon me passou o telefone. Antes que eu pudesse dizer duas palavras, Elvis gritou que já estava a caminho. Em instantes, a porta foi aberta bruscamente e me joguei em seus braços.

Graceland era tudo o que Elvis dissera. O gramado da frente estava enfeitado com um presépio e as colunas brancas da mansão brilhavam com pequenas lâmpadas coloridas. Foi uma das decorações mais lindas que já contemplei em toda a minha vida.

Dentro da mansão havia uma porção de amigos e parentes de Elvis, todos esperando para me cumprimentar. Eu me sentia relaxada e confiante enquanto ele me apresentava a todos, porque já conhecera a maioria dos seus amigos, quando estivera em Los Angeles. Depois, Elvis disse:

— Cilla, tem uma pessoa muito especial esperando por você.

Com um sorriso, ele levou-me pela escada e foi abrir a porta do quarto da avó, gritando:

— Dodger, olhe só quem está aqui! É a pequena Cilla. Ela fez uma longa viagem só para passar o Natal com o nosso grupinho!

Usar termos carinhosos como "grupinho" era seu jeito de ser afetuoso. A mãe dele o havia criado com um vocabulário gentil e Elvis o usava com aqueles que amava. Os pés, por exemplo, eram "pezinhos"; dentes eram "dentinhos"; amor era "môzinho"; pouco era "tiquinho". Em momentos de intimidade, ele mudava o discurso para a terceira pessoa, dizendo: "Ele é o môzinho dela e ela é o môzinho dele."

Dodger sorriu e me cumprimentou com sua voz gentil:

— Santo Deus, criança, você levou muito tempo para vir até aqui.

Ela estava sentada numa poltrona de encosto alto. Inclinei-me e abracei-a, afaguei suas costas. Estava feliz pela aparência da boa Dodger. Seus cabelos, outrora completamente grisalhos, exibiam agora um castanho-escuro de aspecto natural. Notei que ela não estava tão magra como na Alemanha. Na Goethestrasse, 14, Dodger cuidava de uma casa sempre movimentada; em Graceland, ela se retirava para o seu quarto.

Quando Elvis nos deixou a sós, compreendi que alguma coisa a estava incomodando e perguntei:

— Vovó, como estão as coisas com ele?

Ela me fitou e depois baixou os olhos para o lenço de renda em seu colo.

— Não sei, meu bem. Estou preocupada com Elvis e Vernon. Elvis ainda está com raiva por causa do casamento do pai. (Vernon e Dee haviam se casado um ano antes.) Ele quase não fica mais em Graceland, e isso deixa Vernon preocupado. Não suporto ver os dois aborrecidos assim. Deus tenha misericórdia. Elvis não foi ao casamento, como você já deve saber. Bem que ele se esforça, mas quando ela entra na sala, ele simplesmente se levanta e sai. Não sei se ele algum dia aceitará o casamento.

Ela puxou a caixinha de rapé. Era um hábito cativante, que ela tentava manter em segredo.

— Mas não quero que se preocupe com essas coisas, querida — acrescentou ela. — Vá se divertir com Elvis. O rapaz está precisando de você agora.

Balancei a cabeça e beijei-a.

— Prometo que cuidarei muito bem dele, Dodger.

Senti-me culpada por deixá-la. Ela se preocupava demais, como acontecia com todos os Presley. Era contagiante. Vovó riu suavemente e comentou:

— Ninguém jamais me chamou assim além de Elvis.

* * *

Durante toda aquela noite a turma jogou sinuca, assistiu à televisão e fez incursões à cozinha, assediando Alberta ("VO5"), que não parava de fazer comida.

Compreendi que não havia qualquer rotina determinada em Graceland. Todos entravam e saíam como bem entendiam. Não era um lar, mas sim uma casa aberta, à disposição de todos os amigos... e com plena aprovação de Elvis, é claro.

A noite terminou por volta das 4h da madrugada, quando Elvis despediu-se de todos e pegou-me pela mão. Eu estava exausta, já que, na expectativa da viagem, passara dois dias sem dormir. Enquanto subia pela escada de carpete branco, fechei os olhos e desejei já estar na cama. Em seu quarto, Elvis deu-me duas pílulas vermelhas grandes, explicando:

— Tome isto agora e quando for deitar estará relaxada e revigorada.

Eu não precisava de nada, mas ele insistiu, dizendo que me ajudariam a dormir melhor e que eram um pouco mais fortes do que as pílulas que eu tomara antes.

Não as reconheci. Eram maiores do que as outras. Deviam ser uma dose para cavalos, pensei, mas acabei tomando as pílulas, apesar de toda relutância.

Fui tomar um banho. Arriei na banheira, encostando a cabeça na beira. O braço parecia tão pesado que mal conseguia levantar a mão; as pálpebras davam a impressão de serem de chumbo. Mas eu me sentia bem e um pouco tonta.

Quanto mais eu ficava de molho na banheira, menos energia tinha. Foi com bastante dificuldade que consegui me levantar. Tentando focalizar a cama, cambaleei para o lugar em que Elvis estava deitado. E depois apaguei.

Era despertada de vez em quando pelo som de vozes distantes. Houve uma ocasião em que tive a impressão de que Elvis me sussurrava algumas palavras. Em outro momento, vi seu pai. Não sabia se estava sonhando ou tendo alucinações. Quando fechava os olhos, sentia o quarto girando. Depois de um longo tempo, senti uma mão macia me massageando e acariciando o braço.

— Priscilla? Priscilla? Sou eu, Vovó. Você está bem, querida? — Lentamente, tentei levantar a cabeça, mas estava pesada demais e descaiu.

— O que deram a essa menina? — Ouvi alguém indagar. — Não podem dar alguma coisa a que ela não está acostumada. Talvez fosse melhor chamarmos um médico, filho. Ela se encontra em péssimo estado. Não devemos correr qualquer risco.

Consegui focalizar os olhos parcialmente fechados em Elvis, pisquei para ele, sorri.

— Não vamos chamar médico nenhum — declarou Elvis. — Ela já está se recuperando.

Ajoelhando-se ao meu lado, ele me levantou a cabeça. Descobri então que não estava em seu quarto, mas sim estendida na *chaise longue* branca que ficava em seu escritório, ao lado do quarto.

— O que estou fazendo aqui?

— Eu a trouxe para cá depois do primeiro dia — respondeu ele, em tom preocupado. — Estávamos tentando revivê-la.

— Mas acabei de ir para a cama — murmurei, enrolando as palavras.

— Baby, você nos deixou apavorados. Está apagada há dois dias, por causa de duas pílulas de Placidyl de quinhentos miligramas. Eu devia estar doido quando dei isso a você.

— Dois dias? Mas vou perder dois dias de minha viagem! Que dia é hoje?

— Dia 23 de dezembro.

— Ah, não!

— Não se preocupe. Ainda temos bastante tempo. — Elvis sorriu e acrescentou: — Prometo, baby, que vou compensá-la por tudo.

11

— Feliz Natal! — exclamou Elvis, orgulhoso, entregando-me um cachorrinho cor de mel, de seis semanas.

— Meu Deus, Elvis, é a coisinha mais linda que eu já vi! — Abracei-o e ouvi um latido abafado entre nós.

— Ah, *meu bem*, desculpe!

Involuntariamente, eu acabara de batizar o cachorrinho de Honey. Era a véspera de Natal. Elvis rezara por um Natal branco e — como em resposta a seu pedido — naquela noite caíram dez centímetros de neve.

A reunião em torno da árvore de Natal incluía Vernon e Dee, os três filhos dela — David, Ricky e Billy —, o círculo íntimo com suas mulheres e mais outros amigos e parentes de Elvis. Todos se mostraram simpáticos e me fizeram saber que era bem-vinda, embora devesse parecer estranho ver a mim e não Anita sentada ao lado de Elvis. Anita partilhara o Natal com ele nos dois últimos anos. Havia ocasiões em que eu não podia deixar de especular se Elvis sentia saudade dela. Não era fácil para ele se separar das pessoas. Eu sabia disso. Foi divertido observá-lo abrir os presentes.

— Exatamente o que eu estava precisando, outra caixa de joias! — gracejou ele, desembrulhando a quarta da noite.

Ele olhou para Gene Smith, uma das poucas pessoas que era capaz de fazê-lo rir sistematicamente.

— Foi você quem me deu isto, Gene?

— Não, E, não fui eu.

— Pensando bem, não podia mesmo ser você, Gene. É bom gosto demais.

— Puxa, E, como você pode dizer uma coisa dessas? — murmurou Gene, em seu arrastado sotaque sulista.

— Muito fácil. — Elvis estreitou os olhos. — Basta olhar para você, Gene, um exemplo vivo do mau gosto.

Fingindo se sentir ofendido, Gene afastou-se a coçar a cabeça, enquanto todos riam.

Embora houvesse muitas brincadeiras, eu sentia uma tristeza em Elvis quando nossos olhos se encontravam. Não pude deixar de recordar o que ele me dissera certa ocasião na Alemanha: "O Natal nunca mais será o mesmo em Graceland sem mamãe. Será terrível para mim e não sei se sou capaz de suportar a solidão. Mas acho que conseguirei, de alguma forma. Deus me dará a força necessária."

Querendo distraí-lo, estendi um presente de papel muito colorido e disse:

— Aqui está mais um, que você esqueceu de abrir.

Era o meu presente, uma cigarreira musical, que eu deliberadamente deixara para último. Prendi a respiração enquanto ele abria.

No momento em que ele levantou a tampa, soaram os acordes de "Love Me Tender".

— Adorei! Juro que adorei, Cilla! Muito obrigado!

Havia um brilho intenso em seus olhos, e desejei sempre poder fazê-lo feliz assim.

* * *

Depois do Natal fazíamos alguma coisa emocionante todas as noites, quase sempre começando após meia-noite. Às vezes Elvis alugava todo o Memphian ou o Malco para assistirmos a um filme. Em outras ocasiões, ele alugava o rinque de patinação Rainbow, de que eu tanto ouvira falar.

Na primeira noite ali eu estava prendendo os patins quando os rapazes me perguntaram:

— Você sabe patinar?

— Claro — respondi.

— Mas sabe *como* patinar aqui?

Percebi o recado no instante em que apareceu uma caixa com joelheiras. O que se fazia ali não era a patinação normal em torno do rinque. A ideia era simplesmente a de evitar que algum osso saísse quebrado.

Entrei no rinque só para sair um momento depois. Não estava disposta a correr qualquer risco depois de ver as expressões determinadas dos patinadores. Eles faziam o Roller Derby parecer brincadeira de criança. Da beira, observei-os circularem pelo rinque, ajustando os casacos e camisas, a fim de não ficarem muito apertados, verificando se os braços e pernas estavam devidamente protegidos. Depois, Elvis patinou para o meio, dizendo:

— Muito bem, vamos começar. Saiam todos da beira. Não quero ninguém machucado por aí. Meu bem, por que não vai ficar no outro lado com Louise (a esposa de Gene Smith)? E os demais podem tirar o rabo daí e se instalarem em outro lugar.

Todos desataram a rir e Elvis arrematou:

— E agora vamos começar!

Cerca de vinte e cinco patinadores se deram as mãos, formando o que eles chamavam de um chicote. Patinando emparelhados, começaram a circular pelo rinque, aumentando a velocidade. O objetivo do jogo era permanecer ileso a velocidades superiores a quinze quilômetros por hora. Pode ser muito perigoso quando a pessoa perde o equilíbrio ou se encontra na extremidade e todos viram rapidamente, "estalando o chicote".

Havia muitas quedas, mas apesar do perigo Elvis parecia saber exatamente o que fazia. Notei que sempre que alguém se machucava ele era o primeiro a verificar se estavam todos bem e a decidir se deveriam continuar.

Ainda não sei como todos evitavam lesões mais graves, mas a verdade é que ninguém se queixava e a maioria se mostrava disposta a repetir tudo na noite seguinte. Era uma brincadeira das mais rudes, mas Elvis costumava comentar:

— Se você é homem o bastante para entrar na brincadeira, então é melhor ser também homem o bastante para aguentar firme.

* * *

A véspera de Ano-Novo estava se aproximando. Elvis mandou que Alan alugasse o Manhattan Club e convidasse cerca de duzentas pessoas para a festa, seus amigos e as diretoras de diversos fã-clubes.

Embora eu estivesse animada com a festa, não podia deixar de pensar que teria de partir logo depois. Elvis sempre me dizia para não pensar a respeito. Notei que toda vez que eu levantava algum problema, ele se apressava em dizer:

— Tudo vai acabar bem. Não se preocupe. Já tenho coisas demais em que pensar e não quero me preocupar com mais um problema.

Elvis sempre evitava os problemas. Se eu me sentia perturbada ou deprimida, se achava que estávamos ficando distantes e queria recuperar a intimidade com uma conversa, ele me evitava ou dizia que a ocasião era inoportuna. Nunca havia um momento oportuno.

Houve uma ocasião em que o censurei pela atenção excessiva que dispensava à namorada de um dos rapazes do círculo íntimo. Ela era bastante atraente, mais ou menos da minha altura, cabelos pretos, um corpo bem-definido. Ela entrara na cozinha, onde vários de nós estavam sentados. Elvis, que usava óculos escuros, pôs-se a fazer comentários assim:

— Puxa, como está ficando quente aqui. Alguém mais sente tanto calor?

Fiquei tão transtornada que me retirei. Esperei que ele subisse e o segui.

— Preciso conversar com você, Elvis.

— Tudo bem, meu bem. Qual é o problema?

— Vi a maneira como você estava olhando para aquela garota. Isso me aborreceu.

— Escute, mulher, ninguém me diz a quem posso olhar e a quem não posso — respondeu ele, irritado. — Além do mais, você está se deixando dominar por sua imaginação. Há muito tempo que aquela garota circula por aqui.

Retirei-me furiosa, batendo a porta do quarto. Sentia-me traída por ele desejar outra mulher e contrariada porque nunca o admitia. Tornei-me obcecada, procurando descobrir tudo o que Elvis apreciava, o que o atraía, tentando ser tudo o que ele imaginava que uma mulher devia ser e mais ainda.

* * *

A festa de réveillon no Manhattan Club começou por volta das 22h, mas Elvis calculou nossa chegada para poucos minutos antes de meia-noite. Mal tivéramos tempo de pedir nossos drinques, vodca com suco de laranja, quando se iniciou a contagem regressiva. Depois, todos cantamos "Auld Lang Syne".

Enquanto as pessoas gritavam "Feliz Ano-Novo!", Elvis abraçou-me e murmurou:

— Não quero que você volte, baby. Vai ficar aqui. Pode telefonar para seus pais pela manhã.

Eu me encontrava em tamanho estado de êxtase que nem percebi o que estava bebendo. Tomei quatro drinques de vodca com suco de laranja, sempre por um canudinho. Depois do primeiro, eu estava me sentindo alta; depois de quatro, estava cambaleando. Fui ao banheiro com Louise e lá fiquei pelo que me pareceram horas, balançando de um lado para outro, tentando me recuperar.

Quando finalmente voltamos à mesa, tentei me comportar como se tudo estivesse normal. Mas Elvis percebeu como eu estava e disse:

— É melhor levarmos você para casa, baby. Não está em condições de continuar na festa.

Ele pediu a seu velho amigo George Klein, o DJ de Memphis, para me levar em casa.

Passei a maior parte da viagem de volta com a cabeça esticada para fora da janela. George e sua namorada me acompanharam até a porta e ali se despediram. Entrei na casa.

Segurando-me no corrimão, subi devagar a escada branca, tirando as roupas pelo caminho — o casaco, a bolsa, os sapatos e a blusa, formando uma trilha pelos degraus. Ao chegar ao quarto, estava apenas de sutiã e calcinha. Arriei na cama e apaguei.

Poucas horas depois ouvi Elvis entrar no quarto na ponta dos pés e se aproximar. Seu estado não era muito melhor que o meu. Podia divisar sua silhueta contra o teto por cima. Não me mexi. Gentilmente, ele tirou o resto de minhas roupas. E, depois, começou a me beijar. Naquela noite quase fomos longe demais. Ele quase quebrou sua promessa. Minha paixão o contagiara, e ele enfraqueceu sob a influência do álcool. Mas antes que eu compreendesse o que estava acontecendo ele bateu em retirada, murmurando:

— Não... não assim...

Tinha de ser especial, como ele sempre planejara. Não posso deixar de admitir que naquele momento eu não me importava se fosse especial ou não, não me importava com sua promessa. Mais do que isso, não me importava com o que *ele* queria. Sabia apenas que eu o queria.

Na manhã seguinte minha cabeça latejava com uma tremenda ressaca. Sentia-me envergonhada... mas não estava absolutamente arrependida do que fizéramos. Elvis estava um pouco mais próximo de ser todo meu.

* * *

O momento da verdade chegou quando ligamos para meu pai na Alemanha. Elvis estava na extensão em seu escritório, enquanto eu falava de outro telefone na casa. Embora a ligação para Wiesbaden estivesse cheia de estática, não havia qualquer possibilidade de equívoco nas palavras de papai.

— Mocinha, não quero mais conversar sobre isso. Fizemos um acordo. Você deveria partir no dia 2 de janeiro. Só lhe resta mais um dia... e aviso que é melhor embarcar naquele voo!

Elvis interveio:

— Capitão, gostaria que ela pudesse ficar mais alguns dias. Tenho de voltar a Los Angeles em breve e seria maravilhoso...

— Não é possível, Elvis. Ela tem de voltar à escola e foi esse o acordo. Sinto muito. Priscilla Ann, você está na linha?

— Estou, sim.

— Estaremos à sua espera no aeroporto. Sabe a que horas. Até lá.

Fiquei furiosa. Corri para o escritório de Elvis, onde ele continuava sentado atrás da mesa, desolado.

— Odeio meus pais! — gritei, como uma criança mimada. — Por que eles querem impedir o nosso namoro? Só estão me pedindo para voltar para que eu fique tomando conta dos meus irmãos!

O rosto de Elvis estava vermelho de raiva.

— Fizemos um acordo miserável... e quem ele pensa que é, falando assim pelo telefone?... ele e sua maldita educação militar.

Elvis pegou o telefone e ligou para a cozinha, indagando:
— Onde está meu pai? Diga a ele para subir imediatamente ao escritório!

Poucos segundos depois, Vernon estava na porta.

— Qual é o problema, filho?

— O maldito Capitão Beaulieu! — gritou Elvis. — Acabamos de telefonar para perguntar se Cilla podia passar mais alguns dias aqui e ele assumiu uma atitude arrogante, entrando com seu jargão sobre acordos e recusando.

— Fique calmo, filho. A situação não é tão terrível assim. Provavelmente, ele estava querendo apenas que ela voltasse a tempo para o retorno das aulas.

— E quem se importa com as aulas? — berrou Elvis, ignorando os esforços do pai para acalmá-lo. — Basta matriculá-la numa escola aqui e todos os problemas estarão resolvidos. Além do mais, ela não precisa de nenhuma escola. Afinal, não ensinam mesmo coisa alguma hoje em dia.

— Mas ela tem de voltar, filho. Não há outro jeito.

— Não está ajudando em nada, papai!

Mas Elvis começou a se acalmar. Recostou-se na cadeira grande e virou-se para olhar pela janela, por algum tempo. E, depois, anunciou que tinha um plano.

A estratégia de Elvis exigia que eu voltasse à Alemanha e chegasse animada. Deveria me concentrar nos estudos, a fim de que meus pais não usassem minhas notas fracas como um pretexto para não permitir meu retorno. Elvis queria que eu concluísse o ensino médio em Memphis e tomaria todas as providências para que voltasse o mais depressa possível.

12

Embora Elvis tivesse recomendado que eu cumprimentasse meus pais com um sorriso cordial, a postura que assumi, desde o momento em que desembarquei do avião, foi de desafio. Estava agora convencida de que eles representavam uma ameaça para a minha felicidade futura. Não compreendia que seus temores e preocupações eram absolutamente justos. Tudo o que me importava era o que Elvis e eu queríamos e ninguém iria se interpor em nosso caminho.

O tempo estava frio e cinzento, o que não contribuía para me animar. Passei pela alfândega para encontrar meus pais à espera no outro lado. Percebendo minhas atitudes, assumiram expressões frias, e os cumprimentos foram formais. Não houve braços afetuosos a me envolverem, não houve palavras de carinho a me saudarem. Só a ordem brusca de papai:

— Vamos embora.

A viagem para Wiesbaden pareceu mais longa do que 45 minutos. Eu estava sentada no banco traseiro, num silêncio gelado. Ninguém mencionou meu pedido para continuar em Graceland.

— No geral, você se divertiu? — perguntou papai.

— Claro — respondi, olhando pela janela para as árvores desfolhadas no rigor do inverno.

— Elvis gostou do seu presente? — perguntou mamãe, esperançosa.

— Claro — murmurei. — Ele adorou.

— Estava tão frio em Memphis quanto fica aqui? — indagou papai, mantendo a conversa amena, tentando me levar a falar.

— Não. Está mais frio aqui.

Falei asperamente, referindo-me tanto ao tempo como à minha atitude. Nossos olhos se encontraram pelo espelho retrovisor. Surpreendentemente, papai desviou os olhos, em vez de reagir ao meu comentário mordaz.

Eu sabia que estava indo longe demais, mas não podia reprimir meus sentimentos e fingir que estava tudo bem. Sentia-me tão profundamente apaixonada que toda aquela conversa parecia inútil... como tudo o mais, à *exceção* de Elvis. Lembrei como ele me abraçara antes de nos despedirmos, com tanta emoção e necessidade que nada podia me manter longe dele. Como poderia explicar esses sentimentos adultos a meus pais? Estava convencida de que eles nunca poderiam compreender; haveriam de me julgar apenas tola ou com uma paixonite passageira.

Assim que chegamos em casa, papai disse:

— Você tem aula amanhã. Assim, procure descansar o máximo que puder esta noite.

E mamãe acrescentou:

— Deve jantar e depois ir direto para a cama.

Os dois pensavam mesmo que eu poderia retornar à rotina de uma vida comum?

Rebelei-me contra a escola. Faltava às aulas, ia para o centro da cidade, tomava algumas cervejas com quem quer que quisesse me acompanhar. Minha atitude foi se tornando cada vez pior, assim como as notas na escola.

Meus pais estavam confusos, como ficariam quaisquer pais afetuosos, acalentando a esperança de que o problema acabaria desaparecendo. Mas eu não facilitava a situação para eles. O que começara como uma simples apresentação ao maior astro de rock and roll do mundo acabara se transformando num pesadelo para meus pais.

Elvis começou a telefonar quase que imediatamente e passávamos horas a conversar. Meus pais me ouviam sussurrando e rindo até 3h da madrugada, especulavam sobre o que poderíamos falar por tanto tempo. Nada, no fundo... mas parecia tudo.

Revelei à mamãe que Elvis e eu nos amávamos e ansiávamos por ficarmos juntos. Finalmente tomei coragem e disse a ela que ele queria que eu terminasse o ensino médio em Memphis. Sua reação: um não categórico. Ela achava que podia esperar até que terminasse o prazo de serviço de papai na Alemanha. Seria no final do verão, disse mamãe, não havia necessidade que eu voltasse para Elvis antes disso.

— Mas você não entende, mamãe! — supliquei. — Ele me quer ao seu lado!

— Por que você? — indagou mamãe, a voz trêmula de emoção.

— Por que ele não pode arrumar alguma garota da idade dele? Você só tem dezesseis anos. O que esse homem está fazendo com a nossa família?

Ela pôs o rosto nas mãos e desatou a chorar.

Senti pena de mamãe. Sempre fôramos íntimas, ela sempre me apoiara em tudo, mas desta vez não podia compreender. Eu detestava vê-la angustiada, mas nada era mais importante do que Elvis para mim. Nem mesmo minha mãe.

— Ele não é como você imagina e precisa de mim, mamãe. Não se preocupe que nada de terrível acontecerá comigo. Converse com papai, por favor.

Bem devagar, ela levantou a cabeça e me fitou nos olhos.

— Cilla, nunca me perdoarei se deixá-la partir e você voltar com o coração partido. É jovem demais. Não tem a menor ideia do que a espera. Tudo o que sabe é que está apaixonada. Sabe como é difícil lutar? — Ela suspirou. — Eu não desejaria esta situação a qualquer outra mãe.

Ela secou as lágrimas e, depois de uma pausa, acrescentou:

— Está certo, falarei com seu pai... mas não agora. Ainda é muito cedo.

Abracei-a, murmurando:

— Obrigada, mamãe. Sei que pode conseguir. Amo você.

Eu tinha agora de esperar pela interferência de mamãe. Sabia o quanto papai era contra a ideia. Meus pais ainda não conheciam as verdadeiras intenções de Elvis em relação a mim. Só sabiam o que eu lhes dissera. Mas também liam as notícias nos jornais de que Elvis namorava todas as estrelas de seus filmes e por isso se mostravam desconfiados, como era natural. Certo dia, pelo telefone, eu disse a Elvis:

— Se quer que eu volte e fique estudando aí, terá de conversar com meu pai diretamente.

— Ponha-o na linha — respondeu Elvis. — Não sou MacArthur, mas sempre posso tentar.

Usando todo o seu charme, Elvis garantiu a meu pai que eu não ficaria com ele em Graceland, se tivesse permissão para me mudar para Memphis, mas sim com seu pai, Vernon, e a esposa dele, Dee. Elvis prometeu que me matricularia numa boa escola católica — iria escolhê-la pessoalmente — e tudo faria para que eu me formasse. Disse que eu estaria sempre devidamente acompanhada por toda parte e que ele cuidaria bem de mim de todos os jeitos. Declarando que suas intenções eram as mais honradas possíveis, ele jurou que me amava, precisava de mim e me respeitava. E não podia viver sem mim, acrescentou, insinuando que um dia nos casaríamos.

Isso deixou meus pais num dilema. Se Elvis era tão sincero quanto parecia, havia uma possibilidade de que nosso relacionamento pudesse dar certo. Mas se isso não acontecesse havia o risco da minha volta desiludida e desolada. Se negassem permissão à minha partida, talvez eu nunca mais lhes perdoasse e me arrependesse amargamente, durante o resto da vida, por esse amor não consumado. Sob esse ponto de vista, não havia praticamente qualquer outra coisa que eles pudessem fazer senão concordar com a minha viagem. E foi o que acabou acontecendo.

Na verdade, eu estava tão aturdida quanto meus pais sobre os motivos pelos quais Elvis queria que eu fosse viver em Memphis. Acho que ele se sentia atraído pelo fato de eu ter tido uma infância normal e estável e ser muito responsável, ajudando meus pais a criarem meus irmãos menores. Eu estava mais amadurecida aos dezesseis anos do que aos catorze, quando ele me conhecera, não apenas porque passara pelo estágio de crescimento normal, mas também experimentara o sofrimento de viver longe dele durante dois anos.

Acima de tudo, Elvis sabia que podia contar comigo. Eu não estava interessada numa carreira em Hollywood ou em qualquer outra coisa que desviasse minha atenção dele. Também possuía os atributos físicos que Elvis apreciava, os elementos fundamentais que ele poderia usar para me converter em sua mulher ideal. Em suma, eu tinha tudo o que Elvis vinha procurando numa mulher: juventude e inocência, devoção total e nenhum problema pessoal. E era difícil de conquistar.

Eu pretendia fazer qualquer coisa que fosse necessária para mantê-lo, porque se algum dia ele me mandasse de volta para casa isso significaria não apenas que eu errara ao ir ao seu encontro, mas também que meus pais erraram ao conceder permissão. Decidi que nosso relacionamento daria certo, não importava o que acontecesse.

13

Elvis mandou duas passagens de avião em primeira classe. Papai tirou uma licença e voamos para Los Angeles, onde Elvis estava filmando *O seresteiro de Acapulco*.

Fomos nos hospedar no Bel Air Sands Hotel, e Elvis mostrou-se o anfitrião perfeito. Ia nos buscar num Rolls-Royce branco ou em seu famoso Cadillac dourado e nos levava em excursão até a praia, em Malibu, ou a Hollywood.

Papai ficou impressionado com a hospitalidade de Elvis, mas não o bastante para esquecer o motivo de sua presença ali — conversar sobre a minha educação e meu futuro em Graceland. Elvis não queria arriscar o acordo que já haviam feito, e cada vez que papai levantava a questão da minha instrução ele apontava para algum ponto de referência de Hollywood.

— E ali está, Capitão — disse ele, mudando de assunto, enquanto passávamos pelo Hollywood Boulevard —, o Grauman's

Chinese Theater. Tenho certeza de que já ouviu falar. Se saltar aqui, poderá ver as impressões de mãos e pés de todos os astros e estrelas de seu tempo. Betty Grable deixou sua marca aqui... lembra dela, não é mesmo? Também tem Marilyn Monroe, a amiga de Kennedy... e se procurar bem, talvez encontre a marca do casco de Trigger.

Enquanto meu pai saía do carro, Elvis acrescentou:

— Acho que MacArthur ainda não deixou sua marca, mas estou trabalhando para isso.

Todos rimos da incongruência do General MacArthur se inclinando para deixar as impressões de suas mãos no concreto ao lado das mãos de Jane Russell.

Poucos dias depois papai e eu voamos para Memphis, onde ele e Vernon me matricularam na escola que Elvis escolhera, a Imaculada Conceição, só para moças, enquanto Elvis permanecia em Los Angeles, terminando o filme.

Antes da minha partida, Elvis assegurou que voltaria para casa em breve e tornaríamos a nos ver dentro de poucas semanas.

* * *

Elvis e eu planejávamos viver juntos em Graceland, mas disséramos a meus pais que eu ficaria com Vernon e Dee. Por isso, fui para a casa deles ao chegar a Memphis. Vernon garantiu a papai que eu estaria em boas mãos e que não precisava se preocupar.

A expressão preocupada de papai me comoveu. Era uma expressão desamparada, revelando as dúvidas e temores sobre o acerto de sua decisão. Só o tempo diria. Ele voltou à Alemanha, e eu me acostumei com a nova rotina.

No começo, Vernon me levava e me buscava na escola, onde a notícia de minha identidade logo transpirou. Quando eu passava pelo corredor, as cabeças se viravam e os murmúrios começavam. Houve uma ocasião em que um bilhete que passava de mão em mão na sala de estudo acabou caindo no chão. Vi meu nome, peguei-o e li:

"O nome dela é Priscilla. Parece que é a nova namorada de Elvis Presley. Se fizermos amizade com ela, talvez nos apresente a Elvis. Meu Deus, seria maravilhoso!"

Eu não sabia quem era a autora do bilhete, mas o seu significado era inequívoco. Os sorrisos cordiais ocultavam intenções de alcançar Elvis por meu intermédio. Por isso, fiquei com receio de me aproximar de qualquer garota na escola. Comecei a me sentir solitária e infeliz.

Viver com Vernon e Dee também era difícil. Eu me sentia deslocada na casa deles, não queria ser uma interferência na vida pessoal dos dois. Comecei a passar mais e mais tempo com Vovó em Graceland, muitas vezes passava a noite. Gradativamente, quase sem que ninguém percebesse, fui levando minhas coisas para lá. E quando Elvis sugeriu que eu me mudasse para Graceland, isso já acontecera na prática.

Mas viver na "colina", como chamávamos o lugar, era ficar no relativo isolamento. As únicas pessoas que lá estavam sempre eram Vovó e as criadas; durante o dia havia também as secretárias, Becky Yancy e Patsy Presley, que era prima-irmã de Elvis duas vezes (sua mãe era irmã de Gladys, Cletis, e o pai era irmão de Vernon, Vester) e também confidente de Vernon. Éramos íntimas, e depois das aulas eu ia conversar com ela e Becky. Mas Vernon achava que minhas visitas impediam as moças de trabalhar e acabou pondo um cartaz na porta: NINGUÉM DEVE PERMANECER NESTA SALA, A MENOS QUE TRABALHE AQUI OU TENHA UM ENCONTRO MARCADO. Eu sabia que isso me incluía também e reduzi as visitas.

Havia outras restrições. Fui avisada de que não poderia levar amigas em casa, porque os estranhos não tinham permissão para entrar. Certo dia fui severamente criticada por sentar sob uma árvore, no jardim da frente. Estava brincando com Honey, o poodle que Elvis me dera de presente no Natal, quando uma amiga de Dee parou o carro e disse que eu estava oferecendo um espetáculo público.

Mesmo na escola eu me sentia cerceada, porque Vernon ainda me levava e buscava todos os dias. Sem meu próprio carro, eu não poderia deixar a área da escola para dar um passeio na hora do almoço ou ir embora quando as aulas acabavam mais cedo. Finalmente perguntei a Vernon se não poderia usar o Lincoln Mark V de Elvis. Ele concordou, com alguma relutância.

Naquela noite saí para dar uma volta. Com o rádio ligado e as janelas abertas, segui pela Highway 51 South, desfrutando da minha nova independência. Parei na frente da casa de Patsy Presley e chamei-a.

— Entre. Vamos dar uma volta.

Patsy levou-me ao Leonard's Drive-In, onde passaríamos pelo menos uma noite por semana, quando não íamos jogar boliche ou ao cinema. Mas passei a sair com menos frequência ao perceber que os duzentos dólares que papai me dera estavam acabando. Elvis garantira a papai que não precisava se preocupar com dinheiro; se eu precisasse de algum, o pai dele me daria. Assim, com a gasolina acrescida às minhas despesas, não tive alternativa que não procurar Vernon, como Elvis me instruíra a fazer.

Hesitante, entrei em seu escritório. Estava nervosa por ter de falar com Vernon, que tinha uma língua ferina e dizia tudo o que pensava.

— Sr. Presley, eu gostaria de saber se pode me arrumar algum dinheiro. Estou gastando muito em gasolina e quase não sobra nada para o resto.

— Quanto você acha que precisa? — indagou ele, os olhos se estreitando, desconfiados.

— Eu... eu não sei...

Ele pensou por um momento e depois disse:

— Está certo. Eu lhe darei 35 dólares. Acha que é suficiente?

A quantia parecia ótima no momento, mas não durou muito, com as entradas de cinema, gasolina e roupas. Duas semanas depois pedi mais dinheiro, pois queria sair com Patsy.

— Mas que diabo! — explodiu ele. — Não acabei de lhe dar 35 dólares?

— Isso foi há duas semanas, Sr. Presley. Não posso esticar mais do que isso.

Ele me fitou com uma expressão furiosa, mas logo seu rosto se desanuviou.

— Acho que as coisas podem estar muito caras — disse ele, contando outros 35 dólares. — Só quero lembrar uma coisa: você e Patsy devem tomar muito cuidado. Tem havido vários acidentes naquela estrada. Por que não me telefona assim que chegar ao cinema?

A cautela de Vernon me surpreendeu na ocasião, mas lembrando o que Elvis contara a respeito de Gladys cheguei à conclusão de que era típico da família. Sempre se sentiam melhor quando a pessoa telefonava ao chegar ao destino e tornava a ligar quando voltava para casa. Elvis telefonou mais tarde, naquela mesma noite. Durante a conversa, ele perguntou:

— Como está em matéria de grana, baby?

— É engraçado que você tenha perguntado isso — comentei, relatando então a reação de seu pai quando eu pedira dinheiro.

Elvis desatou a rir.

— Meu pai é assim mesmo. Sempre foi mão-fechada. Arrancar dinheiro dele é pior do que recorrer ao banco local, mesmo quando se tem bom crédito. É por isso que o ponho para cuidar das minhas contas. Todo dinheiro tem de ser explicado. Eu não confiaria em ninguém mais. Há muitos ladrões. Mas não se preocupe, querida. Falarei com papai.

Acabei rindo também. O senso de humor de Elvis era contagiante. Ele ria de coisas que frequentemente não faziam sentido para mais ninguém; contudo, todos que o cercavam sempre terminavam rindo também.

Infelizmente, Elvis esqueceu de falar com o pai. Em vez de ficar pedindo, resolvi ganhar meu próprio dinheiro. Comecei a fazer modelos para uma butique perto de Graceland. Quando contei a Elvis sobre o emprego, ele declarou:

— Vai ter de desistir.

— Mas estou gostando muito!

— Tem de optar entre uma carreira e mim, baby. Pois quando eu procurar você, quero que esteja sempre disponível.

Larguei o trabalho no dia seguinte; agora, quase não me restava mais nada para fazer. Comecei a passar mais e mais tempo com Vovó. Gostava de sua companhia. Ela estava sempre em sua poltrona predileta, invariavelmente disposta a partilhar suas histórias sobre Elvis.

A maioria era dos primeiros anos de Elvis e da luta da família contra a pobreza. Sofrimentos e preocupações pareciam ser os elementos fundamentais das vidas dos Presley. Sempre que ele deixava de telefonar para casa por dois dias consecutivos, todos se preocupavam com a possibilidade de alguma coisa terrível lhe ter acontecido na Califórnia. O grande sucesso e a riqueza fabulosa de Elvis não impediam que a família acreditasse que algum infortúnio ainda arrebataria tudo. Havia ocasiões em que toda aquela conversa de privações me deixava deprimida.

Meu único alívio era Patsy Presley, e a procurava sempre que podia. Mas depois Vovó se queixava de que estava sendo negligenciada. Lembrou-me que as antigas namoradas de Elvis costumavam passar todas as noites em sua companhia, quando ele estava ausente. Angustiada, eu estava ansiosa para que Elvis voltasse logo.

Aguardava impacientemente por seu telefonema. Geralmente ocorria no início da noite.

— Oi, baby. Como está minha garota? — ele sempre perguntava, a voz jovial, transbordando de energia.

— Estou ótima, Elvis.

Uma noite, feliz em ouvi-lo, tentei explicar como me sentia solitária. Mas ele interrompeu-me:

— Não vai demorar muito tempo mais, baby. Só mais umas poucas semanas e estaremos juntos.

— Ainda bem. Não pode imaginar como ficarei feliz em ver você de novo.

— Pois então quero ouvir um pouco de animação em sua voz.

Ele começou a relatar um incidente insignificante que ocorrera naquele dia durante as filmagens, querendo me fazer rir.

Senti vontade de dizer: "Elvis, fale comigo, ajude-me a enfrentar estas novas experiências." Mas compreendi que ele não queria saber das minhas questões. Elvis já tinha seus próprios problemas em excesso. Quando ele me perguntou como estavam as coisas para o meu lado, procurei me mostrar animada e declarei:

— Está tudo maravilhoso, Elvis. Tudo correndo às mil maravilhas.

Mas depois que desligamos, eu ainda sentia um vazio terrível. E comecei a contar os dias que me separavam de sua volta para casa.

14

Depois de várias protelações, Elvis terminou *O seresteiro de Acapulco* e voltou para Graceland. Ainda com medo de voar, ele viajou com sua comitiva no enorme ônibus fabricado sob encomenda, o mesmo em que fôramos para Las Vegas no ano anterior. Em cada parada, ele telefonava para Graceland e apresentava um relatório de progresso:

— Estou em Flagstaff agora. Só mais uns poucos dias e chegarei em casa. Como vai a minha garota?

A cada telefonema, eu ficava ainda mais animada. Aguardava a chegada de Elvis com os braços estendidos e um sorriso enorme.

E finalmente, ao final de uma tarde, ele ligou para comunicar que chegaria por volta de meia-noite. Às dez horas as fãs já estavam esperando no portão. Foi um mistério como elas descobriram. Eu estava no pequeno grupo de amigos e parentes reunidos na sala de estar. Todos olhávamos, impacientes, pela janela grande que dava para o caminho circular na frente da casa.

Eu acalentara a esperança de que nosso reencontro fosse íntimo, romântico. Mas podia perceber agora que isso não aconteceria e especulava se Elvis ficaria aborrecido pela presença de tantas pessoas.

À meia-noite e meia as fãs no portão começaram a gritar estridentemente e os potentes faróis do ônibus varreram o caminho. Elvis estava ao volante e parou o ônibus suavemente. Foi o primeiro a saltar e correu pela porta.

— Onde está minha Cilla? — gritou ele, olhando ao redor, à minha procura.

— Olá — murmurei.

Parecia que haviam passado meses e não semanas desde que eu o vira pela última vez.

— Olá? — repetiu ele, em tom zombeteiro, aproximando-se. — Passei todo esse tempo longe e tudo o que você me diz é "olá"?

Ele me levantou, abraçando-me e beijando-me.

— Puxa, como é bom estar em casa!

Tornando a olhar ao redor, Elvis avistou a avó.

— Dodger, você também me esperou! Que Deus abençoe seu coração!

Ele abraçou-a, afagou sua cabeça. Depois, cumprimentou as outras pessoas. Elvis podia ser extremamente afetuoso, e naquela noite em particular tinha abraços para todos.

Com sua chegada, Graceland se agitou. As criadas se puseram a cozinhar, o resto da turma entrou na casa, saudando as esposas e namoradas. Logo trouxeram a bagagem e começaram a abrir as malas.

Depois de tanto tempo sozinha, eu descobria que aquela súbita intensidade e energia eram irresistíveis. Eu estava no meio do tumulto, observando Elvis subir a escada e gritar para Alberta:

— Ó Cinco, o que tem para jantar?

Eu não sabia se devia segui-lo ou esperar. Não queria parecer muito empolgada e por isso continuei lá embaixo, até que ele gritou:

— Cilla, dê um pulo aqui em cima!

E nesse momento não fui capaz de subir a escada com a pressa que desejava. Tivemos um instante de sossego em seu quarto. Elvis perguntou como eu estava indo, se gostava da escola, se seu pai estava me tratando bem. Comecei a lhe dizer tudo que não pudera falar ao telefone, a saudade que sentira, a solidão que me envolvera, que realmente queria trabalhar. Mas parei de falar abruptamente. Não era isso o que Elvis estava querendo ouvir.

Depois de alguns minutos de conversa sobre Vovó, Elvis me beijou e disse:

— Vamos nos juntar aos outros e comer.

Quando descemos, as salas que por semanas haviam se mantido silenciosas estavam repletas de convidados, rindo e gracejando.

Graceland — como George Klein disse — estava pronta para balançar.

Tivemos uma refeição simples de costeletas de porco, pão de milho, batatas fritas e ervilhas. Enquanto estávamos sentados à mesa, os amigos locais apareceram para uma visita, a fim de ouvirem as últimas histórias sobre o novo filme de Elvis.

— Ela era uma tremenda mulher — comentou Elvis, a respeito da estrela. — Sem quadris, os ombros tão largos quanto os meus. Fiquei sem graça ao tirar a camisa ao seu lado.

— Mas ela só tinha olhos para você, E — disse Alan Fortas, provocando-o.

— Não tinha a menor possibilidade... não com John Derek espreitando durante todo o tempo. A última coisa que eu poderia querer era iniciar uma conversa com ela e descobrir os olhos possessivos de Derek me fitando furiosos. Ele deu um carro a ela, gravando no volante: "Meu bem, você é indispensável." Está completamente apaixonado. Nunca vi nada parecido.

Fiquei surpresa ao ouvir as palavras de Elvis sobre Ursula Andress, a sedutora deusa sexual de *Dr. No*.

— Ela não é bonita? — indaguei.

— Bonita? — repetiu Elvis, soltando uma risada. — Tem uma estrutura óssea tão afiada que pode cortar a gente ao meio caso se vire muito depressa.

Todos caíram na gargalhada, inclusive eu. As histórias de Elvis foram se desenrolando por horas. Mais uma vez me senti deslocada na conversa e desejei ter minhas próprias histórias pitorescas. E não podia deixar de especular quando teríamos algum tempo a sós. Meu mundo consistia exclusivamente de Elvis. Permaneci em silêncio, observando-o, na maior felicidade. Sempre que ele me piscava ou me apertava a mão, eu retribuía o gesto, pensando: *agora?* Ele quer que eu me retire para poder me seguir? Mas no instante seguinte ele se recostava na cadeira e começava a contar outra história. Já estava quase amanhecendo quando Elvis finalmente bocejou e disse:

— É melhor dormirmos um pouco.

Todos nos levantamos. Ele olhou para mim, sorriu e acrescentou:

— Tenho de escrever um bilhete para a escola dizendo que você está doente hoje? Acha que eles acreditariam?

Todos riram... e eu corei.

Elvis passou o braço por minha cintura e subimos para o seu quarto. Se eu parecia calma e controlada, era porque me lembrava de uma coisa que Elvis me dissera certa ocasião: ele detestava as mulheres agressivas. Na verdade, porém, estava extasiada. Finalmente ficaria a sós com ele, pensei. Todos os telefonemas, a preocupação, expectativa e protelações haviam terminado.

Fiquei pronta para me deitar pelo menos quinze minutos antes de Elvis sair de seu banheiro. Ele contou o número habitual de pílulas para dormir e tomou-as de uma só vez.

— Por que está tomando essas pílulas agora? — indaguei. — Vai cair no sono.

Eu tinha planos e a última coisa que queria era que Elvis cochilasse.

— Não se preocupe. Vai demorar um pouco para fazer efeito. – Elvis me entregou uma pílula. — Tome isto e terá uma boa noite de sono. Não tem problema, já que você não vai à escola esta manhã. Mas eu não aconselharia a tomar quando tiver de ir à escola.

Contemplei o monstro vermelho, recordando minha experiência anterior.

— Não vai me deixar apagada por dez dias, não é mesmo?

Sorri para Elvis enquanto tomava a pílula. Proporcionou-me uma sensação agradável. Deixou meu corpo todo formigando. Por causa da pílula, senti que minhas inibições se dissolviam.

— Como está a minha garotinha? — Elvis falava agora com extrema suavidade. — Tenho sentido muita saudade. Ela está bem?

— Ela está ótima — murmurei. — Mas tem esperado por você com a maior ansiedade. Fica muito solitária aqui. Mal podia esperar para se jogar em seus braços e não pôde parar de pensar em você por um momento sequer.

— Não diga mais nada. Sei que tem sentido saudade. Agora, quero apenas que fique junto de mim e não pense em mais nada. Vamos nos divertir ao máximo.

Eu estava consciente do zumbido distante do ar-condicionado, a música do rádio, a claridade suave da iluminação noturna. Gentilmente, ternamente, Elvis começou a me acariciar.

Ele foi ardente e dava a impressão de estar mais uma vez compensando o tempo perdido. Tive certeza de que a noite acabaria com Elvis finalmente fazendo amor comigo. Eu estava inebriada de êxtase. Queria Elvis com grande intensidade. Fui me tornando mais ousada, procurando-o, aberta e franca em minha necessidade.

E depois, como já acontecera antes quando chegáramos àquele ponto, ele parou e sussurrou:

— Não se deixe arrebatar, baby. Deixe-me decidir quando deve acontecer. É uma coisa muito sagrada para mim. Sempre foi. Você sabe que eu quero ter alguma coisa por que aguardar. Mantém o desejo lá no alto. Consegue entender o que estou querendo dizer, não é mesmo?

Sentei na cama, furiosa.

— E o que me diz de Anita? — gritei. — Está querendo me dizer que não fez amor com ela durante os quatro anos em que namoraram?

— Só até certo ponto. E depois eu parava. Era difícil para ela também, mas era assim que eu queria.

— Era assim que você queria! Não pensa em mim? Quanto tempo acha que isso pode continuar? Meu Deus, Elvis, exige muita força de vontade! É pedir demais a outra pessoa... uma pessoa que está apaixonada e tem desejos intensos e saudáveis!

— Não me interprete de uma maneira errada. Não estou dizendo que não podemos fazer coisas um com o outro. O problema é apenas a consumação final. Quero reservar isso.

Com medo de não agradar-lhe — de destruir minha imagem como sua garotinha —, resignei-me à longa espera.

Em vez de consumar nosso amor, à maneira habitual, ele começou a me ensinar outros meios de agradar-lhe. Nossa ligação era muito forte, em grande parte sexual. Nós dois criamos algumas coisas excitantes e extremamente satisfatórias.

Era o tempo da Polaroid e o início do *videotape*. Elvis era o diretor, e eu a sua estrela nas fantasias. Nós nos vestíamos e nos despíamos, representávamos e nos engalfinhávamos, contávamos histórias, inventávamos cenas. Estávamos sempre inventando novas histórias: eu usava o uniforme da escola, bancando a estudante meiga e inocente; era uma secretária chegando em casa, de volta do trabalho, indo descansar na intimidade de seu quarto; ou era uma professora seduzindo seu aluno. Descobri que isso estimulava Elvis ao máximo.

Quase todas as noites eu fazia rápidas visitas à farmácia local para comprar grandes quantidades de filmes Polaroid. Alguns dos empregados já me conheciam e especulei se desconfiavam do que estávamos fazendo.

Eu punha os óculos escuros para me "disfarçar", mas acabava atraindo ainda mais atenção, ao pedir docemente doze caixas de filme Polaroid, apresentando desculpas como:

— Os outros devem estar com algum defeito, porque não consegui fazer com que saíssem direito.

Ou então:

— Não vai acreditar, mas alguém roubou todos os meus filmes.

Também não era fácil entrar e sair de Graceland. Eu tinha de passar pelo Sr. Stall no portão às horas mais insólitas da noite, sorrindo e acenando, voltando pouco depois com o mesmo sorriso e o mesmo aceno. Tinha certeza de que ele acalentava alguns pensamentos suspeitos a respeito de minhas saídas. Elvis riu quando lhe falei a respeito.

— Está tudo na sua imaginação, baby. Ele não pensa mais que um cachorro dormindo.

— E se ele começar a espalhar rumores sobre as minhas expedições noturnas?

— Pode criar alguma emoção por aqui, o que seria ótimo. Memphis é uma cidade morta. Preciso de um pouco de agitação.

Elvis e eu adorávamos criar essas fantasias sexuais, que pareciam nos unir ainda mais. Eu não tinha qualquer experiência anterior para comparar com sua inventividade sexual e sempre estava disposta a fazer tudo o que ele quisesse. Um homem de sucesso, ele estava exposto a todos os prazeres disponíveis na vida. As emoções normais às vezes não eram suficientes, sobretudo quando ele se encontrava sob a influência de drogas poderosas.

A princípio, eu me entregava totalmente a Elvis e suas ideias. Vivia para aqueles momentos em que estávamos a sós. Tinha o cuidado de dizer muito pouco que pudesse pôr em risco o nosso relacionamento. Satisfazia as necessidades de Elvis e suas convicções se tornaram as minhas. Suas ideias e diversões não eram absolutamente pervertidas ou prejudiciais de qualquer modo.

15

Poucos dias depois de sua volta, Elvis levou-me para sua limusine preta e partimos para uma incursão pelas butiques mais exclusivas de Memphis, na Union Street, a fim de fazermos compras depois do expediente, como acontecera em Las Vegas. Enquanto os rapazes se postavam em torno da loja e as vendedoras procuravam parecer indiferentes, Elvis sentia o maior prazer em me fazer experimentar dezenas de vestidos e casacos deslumbrantes, tão elegantes que eu duvidava se poderia usá-los. Afinal, ainda era uma adolescente insegura.

— Elvis — comentei um dia, usando um sensual vestido de lamê dourado, que aderia a todas as curvas do meu corpo —, estas roupas são sofisticadas demais para mim.

— Sofisticadas? — repetiu ele, com uma expressão de admiração. — O que é sofisticada? Você pode vestir apenas uma pena e ainda assim ser sofisticada.

— Pois então me providencie uma pena.

Passamos horas naquela loja e ali recebi uma aula personalizada do Curso de Moda Elvis Presley.

Enquanto eu experimentava um vestido depois de outro, Elvis fazia comentários sobre as cores. Gostava que eu usasse vermelho, azul-turquesa, verde-esmeralda e preto e branco — as mesmas cores que ele usava. Gostava apenas das cores lisas, declarando que os estampados grandes prejudicavam a minha aparência.

— Distrai a atenção — disse ele.

Ele detestava o marrom e o verde-oliva, cores que em sua mente estavam irremediavelmente vinculadas ao exército.

Exausta e um pouco confusa com a minha nova aparência, saí da loja vestindo um terninho preto de linho, com sapatos combinando, os saltos de dez centímetros. Com Elvis sentado ao meu lado, orgulhoso, enquanto os rapazes guardavam na mala da limusine todos os embrulhos, eu me senti muito especial.

De volta a Graceland, ele me fez modelar todas as minhas novas roupas novamente para a Vovó, que pacientemente passou longas duas horas trocando de roupa. Eu era a boneca de Elvis, uma boneca viva, que ele podia modelar como bem entendesse.

Era o início dos anos 1960, quando as roupas e a maquiagem chegavam a extremos. Os delineadores para os olhos das mulheres eram mais intensos, os cabelos mais armados e as saias mais curtas do que em qualquer outra ocasião anterior. Todas as regras que eu aprendera sobre vestir e maquiar (menos é mais, quanto mais simples, melhor) estavam sendo superadas... e os homens pareciam adorar. Não restava a menor dúvida de que Elvis adorava. Se eu passava pouca máscara ou delineador, ele me mandava subir para aplicar mais. Hoje, não posso deixar de rir quando olho para as fotografias daquele tempo. Mal consigo encontrar meus olhos por baixo daquela camuflagem.

Elvis gostava de cabelos compridos. Quando cortei os meus sem pedir permissão, ele ficou chocado.

— Como pôde cortar seus cabelos? Sabe que gosto de cabelos compridos. Os homens adoram cabelos compridos.

Ele queria que fossem sempre compridos e bem pretos, pintados para combinar com os seus. E explicava:

— Você tem olhos azuis, Cilla, como os meus. Os cabelos pretos farão seus olhos sobressaírem ainda mais.

Seu argumento fazia sentido e logo meus cabelos estavam pintados do preto mais preto.

Quanto mais tempo passávamos juntos, mais eu me parecia com ele, sob todos os aspectos. Seus gostos, inseguranças, problemas — tudo era meu também.

Por exemplo, os colarinhos altos constituíam uma espécie de marca registrada de Elvis, não porque os apreciasse especialmente, mas sim porque achava que seu pescoço era muito comprido. Ele não se sentia à vontade se não estivesse com uma camisa sob medida de colarinho alto, embora numa emergência pudesse levantar a gola de uma camisa comum, como fazia quando estava na escola.

Quando ele me disse que a gola de uma blusa que eu estava usando era pequena demais para meu "pescoço comprido e esquelético", também passei a usar golas altas. Por que não? Minha única ambição era agradar, ser recompensada com sua aprovação e afeição. Quando ele me criticava, eu ficava completamente desorientada.

A natureza de Pigmalião de nosso relacionamento era uma bênção mista. O elemento mais fundamental naquela altura de nossa vida comum era o fato de Elvis ser meu mentor, alguém que estudava cada gesto meu, escutava com uma posição crítica tudo o que eu dizia e era generoso, até em demasia, com os conselhos.

Eu era corrigida sempre que fazia qualquer coisa que não era do seu gosto. É muito difícil relaxar sob tamanho escrutínio. Pouco escapava a Elvis. Pouco exceto o mais importante de tudo — que eu era um vulcão prestes a entrar em erupção.

* * *

Havia noites em que ele me mandava subir de novo para trocar de roupa, porque achava que minha escolha era "insípida", "inconveniente" ou "pouco elegante". Até mesmo o jeito como eu andava foi criticado; ele me dizia para andar mais devagar, e por algum tempo, me fez circular pela casa com um livro na cabeça.

Eu apreciava seu interesse, mas detestava ser obrigada a ouvi-lo ressaltar minhas deficiências com tanta frequência, sempre tendo de lhe prometer que nunca mais precisaria me dizer aquilo.

Algum dia eu conseguiria corresponder à sua visão de como a mulher ideal deveria se comportar e parecer? Ela devia ser sensível, amorosa e extremamente compreensiva, atendendo a exigências excepcionais, que qualquer mulher normal teria rejeitado. Isso incluía ficar para trás quando ele realizava súbitas e duvidosas viagens de "negócios".

Ela devia ser linda e possuir um senso de humor extraordinário para sobreviver a todas as brincadeiras em Graceland. Muitas vezes eu aparecia nas reuniões das tardes de domingo para assistir a partidas de futebol americano e ouvia as piadinhas particulares sobre a atração das animadoras de torcida. A certa altura comecei a pensar como os homens. "Lindos peitos e um rabo sensacional", eu dizia a mim mesma. "As coxas são roliças demais, mas a cara compensa."

Elvis tinha uma forte aversão a usar jeans. Como um garoto pobre, ele não tivera opção senão usá-los. Agora que tinha dinheiro, não queria mais saber de jeans. E isso se aplicava a todos no grupo.

Suas opiniões firmes sobre o meu guarda-roupa praticamente me impossibilitavam de sair sozinha para comprar roupas. Certo dia voltei para casa animada com um vestido que acabara de comprar e mal podia esperar para vesti-lo. Sabia que Elvis não gostava de estampados, mas aquele era um vestido de seda florido, em preto e branco, e eu estava convencida de que era muito especial.

A primeira coisa que Elvis disse, ao me ver com o vestido, foi o seguinte:

— Esse vestido não combina com você. Não favorece em nada. Desvia a atenção de seu rosto, de seus olhos. Tudo o que se vê é o vestido.

Enquanto ele me criticava, comecei a chorar. Ao final, balbuciei:
— Já acabou?

Não lhe dei a chance de responder, correndo para o meu banheiro e batendo a porta. Poucos minutos depois ouvi sua voz no outro lado da porta:

— Tem de esquecer esses estampados grandes. É uma garotinha, Sattnin.

Abri a porta do banheiro e declarei bruscamente:
— Está certo, vou devolver a porra do vestido.

Elvis caiu no chão, às gargalhadas. Acabei acompanhando-o, incapaz de me controlar. Mais uma vez, eu fizera uma concessão em meu gosto.

Ele não ignorava nenhum aspecto da minha aparência, inclusive os dentes. Levou-me ao seu dentista, mandou-o limpar meus dentes e fazer um exame meticuloso. O dentista deveria procurar cáries e fazer todas as reparações somente com porcelana branca. Para Elvis, uma boca cheia de ouro ou prata era uma coisa horrível.

Ele era igualmente fanático com a postura. Se eu relaxava, ele me forçava a empertigar as costas. Quando eu o fitava com a testa franzida, ele a alisava — ou dava um peteleco — dizendo-me para não adquirir o hábito. Eu não gostava que ele me batesse e, assim, aprendi depressa a evitar isso.

Certa noite, ao voltarmos do cinema, fui me preparar para dormir, enquanto Elvis ia para o seu estúdio e começava a tocar piano. Entrei para escutar e apoiei o pé no banco em que ele sentava. Ele olhou para uma pequena falha no esmalte das unhas do pé, que retirei do banco no mesmo instante, passando a pedir desculpas pelo erro, inclusive prometendo:

— Chamarei a pedicure amanhã.
— Ainda bem, porque não gosto de ver os pezinhos da minha garotinha assim. Você deve estar sempre impecável.

* * *

Eu estava levando uma vida dupla — colegial durante o dia, uma *femme fatale* à noite. Quando descíamos, ao anoitecer, parecia sempre uma entrada em cena em grande estilo. Mesmo quando a intenção era apenas jantar, sempre nos vestíamos com todo esmero. Elvis podia usar um terno de colete com um chapéu Stetson. Sob o paletó, sempre usava um revólver. Ele me dera uma pequena pistola com cabo de madrepérola, e eu a levava no sutiã ou num coldre preso na cintura. Éramos Bonnie e Clyde dos tempos modernos.

Elvis adorava cinema e íamos ao Memphian quase todas as noites. Ele ainda alugava o cinema inteiro após a última sessão, já que não podia comparecer a uma sessão normal sem ser assediado. Um dos rapazes sempre providenciava para que houvesse vários filmes disponíveis, pois Elvis podia não gostar do primeiro ou resolver assistir a três ou quatro de uma vez só. Geralmente chegávamos por volta de meia-noite, a limusine parando nos fundos do Memphian. De lá, entrávamos por uma porta lateral, como um casal real presidindo a sua corte.

Já sentada no cinema estava a turma habitual de trinta a cinquenta pessoas, amigos e fãs. Elvis sempre sentava no mesmo lugar com Joe Esposito à direita, eu à esquerda.

Antes de ordenar que a projeção começasse, ele olhava ao redor, a fim de constatar se todos já estavam sentados. Era uma pessoa extremamente perceptiva e podia localizar num instante qualquer rosto desconhecido ou indesejável. Se rostos novos estavam sentados muito perto, Elvis sugeria que se mudassem para outros lugares. Era mais indulgente com as garotas. Não podia exigir que mudassem de lugar, mas queria saber quem eram; se elas se recusavam a dar a informação ou se esquivavam de alguma forma, Elvis não hesitava em pedir a um dos rapazes que as acompanhasse até a saída, dizendo-lhes que nunca mais voltassem.

Havia ocasiões em que Elvis alugava todo o Parque de Diversões Memphis depois do fechamento e passávamos horas ali nos divertindo. Fazíamos as maiores loucuras, apostando, por exemplo, quem conseguia, na montanha-russa, aguentar por mais tempo de pé e com os braços estendidos, enquanto os carros desciam e subiam vertiginosamente pelos trilhos.

Elvis adorava os carrinhos de bate-bate e formava uma equipe com seu séquito para enfrentar uma turma local. Passavam a noite tentando aparentemente matar uns aos outros, rindo e se machucando como garotinhos imprudentes, enquanto as garotas assistiam e aplaudiam. Depois de muitas horas, no entanto, meu entusiasmo sempre acabava definhando.

16

Elvis Presley criava o seu próprio mundo; somente em seu ambiente sentia-se seguro, à vontade e protegido. Havia um clima de camaradagem genuína em Graceland. Vivíamos como uma grande família, comendo, conversando, discutindo, gracejando, nos divertindo e viajando juntos.

Embora eu me tornasse amiga dos rapazes do círculo de Elvis, ele nunca me deixou esquecer — ou a qualquer outro — que eu era a sua garota. Nunca eu deveria ficar muito íntima de qualquer outro.

Certa noite, quando voltamos do cinema, nós nos despedimos de todos e subimos. Retornando à cozinha, poucos minutos depois, a fim de pegar alguma coisa para comer, encontrei Jerry Schilling, que estava começando a trabalhar para Elvis, fazendo um lanche. Começamos a conversar. Mais alguns minutos e Elvis apareceu.

— O que vocês dois estão fazendo aqui embaixo? — gritou ele.

Intimidado, Jerry murmurou:

— Ora, Elvis, estávamos apenas conversando. Perguntei a ela como se sentia, porque não estava passando muito bem esta tarde.

— Desci para comer alguma coisa — expliquei.

— Cilla, você não deve vaguear pela casa durante a madrugada — declarou Elvis, furioso, ordenando-me em seguida que subisse.

Enquanto me afastava, ouvi Elvis censurar Jerry:

— Se quer continuar neste emprego, filho, é melhor cuidar apenas de sua própria vida. Se alguém tem de perguntar como ela está se sentindo, sou eu. É melhor você nunca esquecer isso.

Eu gostava de Jerry. Ele era afetuoso, sincero e muito bem-apessoado; apenas dois anos mais velho do que eu, era uma das poucas pessoas ali com quem podia me relacionar. Daquele momento em diante, porém, passou a ser um jogo de esquiva cada vez que nos encontrávamos. Agora, Jerry e eu rimos quando recordamos "os bons tempos de antigamente".

A maioria dos que trabalhavam para Elvis estavam ali desde o início e sabiam de tudo a seu respeito — o senso de humor, a sensibilidade, o temperamento. Ele se revelava completamente na presença da turma, e todos aceitavam-no pelo que era.

Trabalhar para Elvis era um emprego de 24 horas por dia e todos estavam constantemente à sua disposição. Divertiam-se quando ele se divertia, dormiam quando ele dormia. Era preciso ter um certo tipo de personalidade para aturar suas exigências, quer fizessem sentido ou não.

— Vamos para Tupelo, no estado de Mississippi — disse ele uma tarde, não muito depois de acordarmos. — Quero lhe mostrar o lugar onde eu nasci.

Ele telefonou lá para baixo e disse a Alan que avisasse a todos que queria partir dentro de uma hora.

— Está certo, Chefe. Acho que Richard e Gene ainda estão dormindo. Vou ligar para eles e dizer que venham para cá imediatamente.

— Aqueles preguiçosos ainda estão dormindo? — disse Elvis. — E nós já estamos acordados há duas horas! Eles deveriam estar aqui há muito tempo. De hoje em diante, Alan, quando eu ligar para pedir o café da manhã avise à turma e mande que estejam aqui, prontos para qualquer coisa... o que pode incluir a possibilidade de eu nem descer. Mas quero que todos estejam sempre aqui.

Uma exigência absurda? É verdade, mas Elvis podia ser igualmente generoso. Pelos padrões de hoje, os salários até que não eram altos — em média, 250 dólares por semana —, mas se os rapazes estavam em dificuldades ao final do mês sempre podiam recorrer a Elvis. Pediam-lhe para ajudar na entrada de uma casa ou no primeiro e último pagamento de um apartamento. Elvis *sempre* ajudava, emprestando mil, 5 mil ou 10 mil dólares quando lhe pediam. Eles raramente pagavam, se é que alguma vez isso aconteceu.

Também não havia limites para os presentes dispendiosos que ele dava — aparelhos de televisão no Natal, cheques de gratificação, Cadillacs conversíveis, Mercedes-Benz. Se tomava conhecimento que alguém estava triste ou deprimido, adorava surpreendê-lo com um presente, geralmente um carro novo. E quando dava a um, quase sempre acabava dando a todos.

Vernon não tinha muito respeito pelos rapazes. Dizia que Elvis apenas dava e dava e dava, e eles tomavam e tomavam e tomavam. E insistia:

— Filho, precisamos economizar.

Enquanto Elvis respondia:

— É apenas dinheiro, papai. Basta eu sair e ganhar mais.

Vernon ressentia-se contra o fato dos frequentadores habituais se comportarem como se Graceland fosse seu clube particular. Entravam na cozinha a qualquer hora e pediam o que quisessem. É claro que cada um pedia alguma coisa diferente. As cozinheiras trabalhavam noite e dia para manter a todos felizes. Vernon protestava:

— Os rapazes que se danem. Só deveriam se preocupar com Elvis.

O pior de tudo era que os rapazes pediam filé ou vitela, enquanto Elvis comia hambúrgueres ou sanduíches de pasta de amendoim e banana.

Não fui muito popular em Graceland quando comecei a reorganizar a cozinha. Fixei a política de um cardápio por refeição; quem não gostasse, podia ir a um restaurante próximo. A nova ordem provocou muitos resmungos dos rapazes, mas as cozinheiras ficaram aliviadas e Vernon sancionou minha decisão, anunciando:

— Já estava na hora de alguém organizar as refeições. Começava a parecer que estávamos alimentando a metade da população de Memphis.

* * *

Elvis era o patrão, o provedor e o poder. Tanto os rapazes como eu tínhamos de protegê-lo das pessoas que o aborreciam ou irritavam, que não contavam mais com seu favor. Antes de descer para a noite, ele me mandava telefonar lá para baixo, a fim de saber quem estava presente. Eu repetia a lista, certa de que alguns nomes o deixariam contrariado.

— Mas que merda! — exclamava ele, desolado. — O que ele quer aqui? Trazer-me mais alguma péssima notícia?

Elvis preferia ficar em seu quarto a passar a noite em companhia de alguém de quem não gostava. Houve um rapaz do círculo íntimo que caiu em desgraça, e Elvis disse a todos que não o queria mais em Graceland.

— Não deixem que ele passe pelo portão! — ordenou Elvis. — Basta eu ver sua cara que fico deprimido!

Elvis proibiu seu acesso por alguns anos, declarando:

— Se ele mudar a sua atitude mórbida, talvez eu também mude de ideia.

Suas percepções eram corretas, já que esses "amigos" quase sempre acabavam por traí-lo.

Elvis e Vernon mantinham alguns parentes a distância. Elvis me explicou o motivo: eles desprezavam-no quando estava crescendo, chamando-o de maricas e filhinho da mamãe. Gladys sempre defendia o filho e dizia a seus algozes que fossem embora. Furiosa, ela protestava:

— Não nos incomodem com essas acusações!

E de repente Elvis conquistara a fama e a fortuna, todos os parentes se aproximaram, suplicando por empregos ou choramingando que precisavam de ajuda. Havia ocasiões em que Elvis ficava transtornado e acusava:

— Eles só me visitam com a mão estendida. Seria maravilhoso se viessem apenas para saber como eu estou. Mas isso nunca acontece. "Estou precisando de algum dinheiro extra, Elvis. Será que pode me ajudar?" Aposto que eles ainda vão querer se aproveitar depois que eu morrer.

Mas Elvis sempre acabava dando a cada um cem dólares, ou mais, sempre que apareciam. Se dependesse de Vernon, ele mandaria todos embora sem nada. Mas Elvis alegava:

— Não é possível, papai. Eles não têm qualquer outro lugar para onde possam ir. Não arrumariam emprego em outra parte. Vamos mantê-los por aqui.

Desde o início de seu sucesso, Elvis empregara muitas pessoas da família e todas tinham títulos. Vernon era o seu gerente de negócios; Patsy, a secretária pessoal; os tios Vester Presley, Johnny e Travis Smith e o primo Harold Lloyd eram guardas do portão; os primos Billy, Bobby e Gene eram assessores pessoais; e havia ainda Tracy Smith, que parecia passar de irmão para irmão em busca de apoio. Elvis sustentava a todos.

Lembro-me de uma noite em Graceland quando Elvis entrou na cozinha e se deparou com Tracy andando de um lado para outro.

— Ei, Tracy, o que está havendo com você?

As mãos nos bolsos, Tracy não foi capaz de fitar Elvis nos olhos, limitando-se a murmurar, com um suspiro:

— Não sei...

— Como não sabe? Todo mundo sabe o que está havendo consigo mesmo.

Tracy, balançando para a frente e para trás, balbuciou:

— Estou com os nervos no chão, Elvis.

Elvis desatou a rir.

— Os nervos no chão! Nunca ouvi ninguém falar assim! Precisa de algum dinheiro, Tracy?

Tracy tornou a balançar para a frente e para trás, sem dizer nada. Elvis chamou Joe e disse-lhe que desse uma nota a Tracy. Um sorriso feliz estampou-se no rosto vincado de Tracy quando pegou a nota de cem dólares e se retirou.

Elvis sabia que estar com os nervos no chão era a maneira de Tracy dizer que estava sem dinheiro... e preocupado demais com o problema. Ele nunca mais esqueceu.

— Terei sempre gravada na memória a expressão do velho e pobre Tracy naquela noite.

Assim era Elvis — sempre preocupado, sempre sensível às necessidades de todos, mesmo enquanto apresentava uma imagem machista aos amigos e fãs.

17

Qualquer coisa que eu podia pensar em fazer por Elvis, sempre fazia. Cuidava para que Graceland estivesse sempre aconchegante, com as luzes reduzidas, como ele preferia, a temperatura em seu quarto no nível em que gostava (congelando), a cozinha exalando o aroma de seus pratos prediletos.

Todas as noites, antes do jantar ser servido, eu descia primeiro, conferia com as criadas se a comida estava exatamente do jeito que ele apreciava — o purê de batata cremoso, bastante broa de milho, a carne bem passada, à perfeição. Sempre tinha velas na mesa de jantar para criar um clima romântico, apesar de sempre comermos com várias pessoas do círculo íntimo.

Eu adorava mimar Elvis. Ele possuía uma qualidade de menino que podia despertar o instinto maternal em qualquer mulher, um jeito fascinante de parecer totalmente dependente. Era esse aspecto de seu charme que me fazia querer abraçá-lo, enchê-lo de afeição, protegê-lo, lutar por ele, até mesmo morrer por ele. Eu ia a extremos nesses cuidados, cortando sua carne ao jantar e providenciando para que seu copo estivesse sempre cheio de água. Adorava mimá-lo e sentia ciúme quando outros disputavam a sua atenção e aprovação.

Mas nem sempre eu recebia sua aprovação. Se alguma coisa saía errada com o jantar, Elvis explodia:

— Por que este bife não está bom? Por que não cuidou para que as cozinheiras fizessem tudo direito? Se você tivesse feito seu trabalho, não estaria assim.

Era evidente que havia mais alguma coisa errada, só que na ocasião eu não percebia. Por causa das contínuas pressões e problemas na vida de Elvis, tudo agravado pelas drogas que ele tomava, as pequenas coisas podiam levá-lo a uma explosão. Eu assumia a responsabilidade por tudo em sua vida e sempre levava as coisas em caráter muito pessoal.

* * *

Eu queria estar junto de Elvis tanto quanto pudesse; ir ao cinema ou ao parque de diversões todas as noites podia ser uma maneira maravilhosa de ele relaxar, mas constituía um tremendo problema para mim. Muitas vezes só chegávamos em casa às cinco ou seis horas da manhã e duas horas depois eu tinha de estar na escola. Havia ocasiões em que eu nem dormia. E quando isso acontecia, mal conseguia sair da cama. Ficava deitada, tentando reunir a força necessária para enfrentar o dia. Elvis tornava a situação ainda pior ao sugerir que eu dormisse e não fosse à escola. Seria muito fácil aceitar a sugestão, mas não podia esquecer o acordo que fizera com meus pais. Eles confiavam em mim; embora não estivesse correspondendo ao que esperavam, ainda tinha de manter a fachada.

Dia após dia eu ia à escola, estudava até meio-dia, depois voltava a Graceland para me deitar e me aconchegar junto de Elvis, que ainda estava profundamente adormecido. Quando ele acordava, às três ou quatro horas da tarde, podia ter a impressão de que eu nunca saíra de seu lado. Estava sempre ali para providenciar seu suco de laranja, a omelete espanhola, batatas fritas, bacon e — acima de tudo e o mais importante — o café puro.

Todos os íntimos de Elvis sabiam que ele precisava de pelo menos duas ou três horas para acordar plenamente. Pedir-lhe para tomar uma decisão antes disso, até mesmo algo simples, como qual o filme que gostaria de assistir àquela noite, era uma imprudência. Ele ainda estava muito atordoado e irritado por conta das pílulas para dormir, que o faziam dormir até catorze horas por dia. Por isso parecia perfeitamente natural que ele tomasse Dexedrine para despertar por completo.

Eu estava sempre preocupada com a quantidade de pílulas para dormir que Elvis tomava. Seu horror à insônia, agravado pela história familiar de preocupação compulsiva, levava-o a tomar três ou quatro Placidyls, Seconals, Quaaludes ou Tuinals quase sempre todas as noites... muitas vezes até uma combinação de todas as quatro pílulas. Quando eu manifestei minha preocupação, ele pegou o dicionário médico, sempre à mão na mesinha de cabeceira, e disse:

— Aqui tem uma explicação para todos os tipos de pílulas no mercado, seus ingredientes, efeitos colaterais, curas, tudo enfim. Não há nada que eu não possa descobrir.

Era verdade. Elvis estava sempre lendo sobre remédios, sempre conferindo o que havia no mercado, quais as novas drogas que recebiam aprovação das autoridades competentes. Referia-se às pílulas por seus nomes médicos e conhecia todos os ingredientes. Como todas as pessoas que o cercavam, eu me impressionava com o seu conhecimento e estava convencida de que ele era um especialista. Podia-se até pensar que era formado em farmacologia. Elvis sempre me garantia que *não* precisava das pílulas, que nunca se tornaria dependente. Essa diferença de opiniões sempre resultava em confrontações sérias; e eu sempre acabava cedendo em minha integridade e aceitava seu ponto de vista.

Comecei a tomar pílulas para dormir e também pílulas de emagrecimento. Dois Placidyls para ele e um para mim. Um Dexedrine para ele e um para mim. O consumo de pílulas por Elvis acabou parecendo tão normal para mim quanto observá-lo comer uma enorme quantidade de bacon com sua omelete espanhola. Passei a tomar as pílulas rotineiramente, a fim de conseguir dormir, depois das incursões frenéticas ao parque de diversões ou *jam sessions* durante a madrugada. E rotineiramente tomava outras pílulas quando acordava, a fim de manter o ritmo vertiginoso e, o que era mais importante, estudar para os exames finais.

Durante o último mês antes das provas comecei a tomar mais Dexedrines do que antes. Pareciam me proporcionar a energia de que precisava para assistir às aulas e fazer os deveres de casa. Cada momento de folga era devotado a espremer em poucas semanas todo o trabalho de um semestre inteiro. Mas minha concentração era insuficiente; o ritmo de vida em Graceland finalmente cobrava o seu tributo.

Eu já fora informada pela Irmã Adrian que teria de passar em todas as matérias para me formar. Durante uma conversa em seu gabinete, senti vontade de lhe confidenciar, explicando que era impossível tirar boas notas quando dormia tão pouco. Mas como poderia contar isso a uma freira?

Eu não tinha objetivos concretos depois de me formar, mas às vezes sonhava em me tornar uma bailarina ou talvez me matricular numa academia de arte. Compreendo agora que estava profundamente influenciada pela atitude indiferente de Elvis em relação a meus estudos. Ele achava que eu não precisava continuar a estudar, obtendo a minha concordância. Apenas estar em sua companhia durante a maior parte do tempo já proporcionava uma instrução — para não falar em experiência — que nenhuma escola poderia oferecer. Elvis queria que eu lhe pertencesse totalmente, disponível para ir ao seu encontro num instante, se precisasse de mim.

Isso me parecia maravilhoso. Jamais planejara um futuro sem Elvis. Por isso, enquanto minhas colegas de turma decidiam para que universidades se candidatariam, eu estava preocupada com os sapatos que melhor combinariam com um vestido de lantejoulas. Sentia-me tentada a dizer à Irmã Adrian: "Por falar nisso, Irmã, acha que cinza-metálico combina com lantejoulas azuis?" Com essa atitude, não era de surpreender que eu ainda estivesse lamentavelmente despreparada para a mais odiada de todas as matérias, álgebra, na semana anterior às provas finais.

No dia da prova sentei na sala apinhada, ligada por causa do Dexedrine que tomara, tentando resolver os problemas. Apesar do meu esforço, sabia que não tinha a menor possibilidade de passar. Comecei a entrar em pânico. *Tinha* de me formar. Era uma obrigação para com Elvis e meus pais, que me tirariam de Graceland no instante em que eu fosse reprovada. Olhei para a garota ao meu lado... *e* para sua prova concluída. É o meu último recurso, pensei. E é o que vou fazer. Não estava disposta a enfrentar as consequências de ter de voltar para casa por ser reprovada naquela matéria.

O nome dela era Janet, uma das melhores alunas da turma. Bati em seu ombro e exibi meu sorriso mais cativante, sussurrando:

— Você é fã de Elvis?

Aturdida por minha pergunta, ela se limitou a balançar a cabeça afirmativamente. Acrescentei:

— Gostaria de ir a uma de suas festas?

— Está brincando? — murmurou ela. — Eu adoraria!

— Pois tenho um jeito de conseguir isso.

Olhei para sua prova e expliquei tudo. Janet compreendeu meu dilema no mesmo instante. Sem dizer mais nada, empurrou sua prova para a beira da mesa. Eu podia agora ver suas respostas. Passei o resto da hora copiando tudo. Não apenas fui aprovada, mas também tirei a nota máxima na prova.

18

Eu não esperava que Elvis desse muita importância para minha formatura. Sua atitude era radical:
— Um diploma não é tão importante; o que interessa são as experiências de vida.
Para minha surpresa, no entanto, ele estava extremamente satisfeito e promoveu uma grande festa para os nossos amigos, depois da cerimônia. Presenteou-me com um lindo Corvair vermelho, meu primeiro carro.
Na grande noite ele se comportou como um pai orgulhoso. Nervoso pela roupa que deveria usar na cerimônia, acabou escolhendo um terno azul-escuro, enquanto eu optava por meu vestido azul-marinho. Não conseguiria manter o capelo sobre aquela massa de cabelos armados.
Elvis mandara a limusine nos esperar na frente da casa. Mas havia um problema: eu não queria que ele fosse à cerimônia.

Atrairia muita atenção e todos os olhares se desviariam dos formandos.

Finalmente tomei coragem suficiente para pedir-lhe que esperasse lá fora e expliquei o motivo. Exibindo o seu sorriso irônico, o que sempre fazia quando estava perturbado ou magoado, ele concordou sem a menor hesitação.

— Eu não tinha pensado nisso. Você tem razão. Não vou entrar. Ficarei esperando no carro. Dessa forma, estarei mais ou menos com você lá dentro.

E foi o que aconteceu. Recebi o diploma com emoções confusas. Teria adorado que Elvis estivesse assistindo, mas somente eu sabia o quanto aquele pedaço de papel me custara em termos de esforço físico, emocional e mental. Para mim, representava a liberdade... liberdade de ficar acordada até o amanhecer, se quisesse, liberdade para dormir o dia inteiro, se quisesse. Representava ficar livre do uniforme da escola e das brincadeiras do círculo íntimo sempre que me via a usá-lo em Graceland. Eu era agora uma garota crescida, passando a jogar no time principal.

Assim que pude, corri para fora. Na frente da igreja, Elvis e os rapazes estavam parados em torno da limusine, parecendo a Máfia de Chicago, com seus ternos e óculos escuros, todos armados com um 38. Um grupo de freiras cercava Elvis, todas pedindo seu autógrafo.

Quando ele me viu, começou a aplaudir, no que foi acompanhado pelos rapazes. Abraçando-me, ele declarou que estava muito orgulhoso. Pediu-me para desenrolar o diploma, a fim de se certificar de que eu realmente me formara.

* * *

A partir daquele momento, eu podia passar cada minuto em companhia de Elvis. Havia ocasiões em que nos isolávamos do resto do mundo por dias a fio. Elvis avisava que não atenderia nenhum telefonema, "a menos que seja papai ou uma ligação de emergência do Coronel". Era o meu momento e ninguém podia interferir. Ele era todo meu.

Quando tínhamos fome, eu ligava para a cozinha e pedia comida, que era deixada do lado de fora da porta do quarto. Depois de comermos, empilhávamos as travessas vazias no mesmo lugar.

Não víamos ninguém... nem mesmo a luz do dia. As janelas estavam isoladas por papel-laminado e cobertas por cortinas grossas e escuras, a fim de impedir que qualquer claridade entrasse. O tempo era todo nosso, para fazermos o que quiséssemos, enquanto bem entendêssemos. Elvis tinha alguns meses de folga no intervalo entre filmes, e não havia qualquer pressão para o seu retorno a Hollywood.

Sempre parecíamos estar mais apaixonados quando ficávamos a sós. Eu adorava aqueles momentos em que ele era apenas Elvis, sem tentar corresponder a uma imagem ou um mito. Éramos simplesmente duas pessoas tentando descobrir uma à outra.

Somente na privacidade de nossos aposentos é que Elvis me mostrava um lado seu que raramente era visto pelos outros, se é que alguma vez. Sem o Coronel, sem roteiros, sem filmes ou música, sem os problemas dos outros, Elvis podia se tornar outra vez um garotinho, escapando das responsabilidades com a família, amigos, fãs, imprensa e o mundo. Ali, comigo, ele podia ser vulnerável e infantil, um garoto alegre, que passava dias a fio de pijama.

Um dia ele era o dominante e me tratava como uma criança, muitas vezes me repreendendo por qualquer ação inconsequente. Em outros, eu era a mais forte, cuidando dele como uma mãe amorosa, cuidando para que comesse tudo em seu prato, tomasse todas as vitaminas e não perdesse qualquer dos seus programas de televisão prediletos, como *Laugh-In*, *Os intocáveis*, *James West*, *The Tonight Show* e *Papa-Léguas*.

Escutávamos o canto do evangelho pela televisão nas manhãs de domingo — nossos prediletos eram os Stamps, Happy Goodman Family e Jake Hess — e assistíamos aos velhos filmes clássicos, que Elvis adorava, como *O morro dos ventos uivantes*, *De ilusão também se vive* e *A felicidade não se compra*.

Choramos até cair no sono por causa de *Tortura da carne,* a história de um banqueiro que planeja levar uma quantia enorme para fora do estado, apenas para descobrir ao acordar na manhã seguinte que foi roubado. Perdendo tudo, ele passa a vaguear pelas ruas, entre os mendigos, um pária. Anos depois, numa noite de Natal, ele chega à sua cidade natal e espia pela janela para ver a esposa e os filhos, agora crescidos, abrindo os seus presentes. Percebendo a sua presença, mas sem reconhecê-lo, a esposa se compadece do velho solitário e o convida a partilhar a noite com a família. Ele recusa, afastando-se sozinho pela rua coberta de neve. Elvis identificava-se tão profundamente com a história que pensava em produzir uma refilmagem. Pretendia lançar Vernon no papel principal.

Havia outros filmes que também assistíamos com frequência. — *Vaidosa*, com Bette Davis e Claude Rains, *Os miseráveis,* com Charles Laughton, Fredric March e Rochelle Hudson, e *Carta de uma desconhecida,* com Joan Fontaine.

Quando não estávamos assistindo a um filme, fazíamos brincadeiras tolas, como esconde-esconde, ou então nos empenhávamos em brigas de travesseiro, que muitas vezes terminavam em acaloradas discussões sobre quem batera com mais força. As discussões eram geralmente joviais, mas percebi que podiam se tornar sérias, ainda mais depois que tomávamos pílulas para emagrecer.

Certa noite tomamos estimulantes e começamos a brigar, de brincadeira. Joguei um travesseiro em Elvis. Ele se esquivou e, rindo, jogou-o de volta. Joguei outro e mais outro e depois, sem lhe dar tempo de se recuperar, atirei um terceiro. O último acertou-o no rosto. Seus olhos faiscaram de raiva.

— Mas que merda! — explodiu ele. — Não tão forte! Não quero brincar com um homem!

Ele me agarrou pelo braço e me puxou para a cama. Enquanto explicava como eu atirara os travesseiros com força demais, Elvis acidentalmente atingiu-me no olho. Desviei a cabeça para o lado e levantei-me de um pulo, acusando-o de ter me agredido de propósito.

— Você não sabe brincar sem ganhar, nem mesmo comigo! — gritei. — Começou a bater cada vez com mais força. O que esperava que eu fizesse?

Fui para o meu quarto de vestir e bati a porta, enquanto o ouvia berrando:

— Você não é um homem!

Naquela noite fomos ao cinema. Meu braço tinha um hematoma no lugar em que ele agarrara, o olho estava inchado, escuro. Para agravar a situação — e para me certificar de que ele se sentisse arrependido — usei uma venda sobre o olho. Todos brincaram comigo, e Elvis gracejou:

— Não pude evitar. Ela tentou bancar a durona comigo e eu tinha de mostrar quem é que mandava.

Naquela noite ganhei um apelido: "Toughie", a durona. Apesar das brincadeiras, Elvis lamentou profundamente o incidente. Pediu-me desculpas na ocasião e inúmeras outras vezes depois daquele dia.

— Sinto muito, baby. Sabe que eu nunca a machucaria de forma alguma, nunca poria a mão em você, não mesmo? Foi um acidente.

Mas a verdade é que o incidente deixou-me assustada.

Daquele momento em diante, passei a tomar cada vez menos pílulas, até que parei por completo. Tentei persuadir Elvis a fazer a mesma coisa. Comecei a questionar as quantidades, embora soubesse que ele tinha várias doenças que exigiam medicamentos. Fiz tudo o que podia por Elvis e partilhamos muitos momentos maravilhosos. Contudo, a sua objeção inflexível a parar de tomar as pílulas levou-me a concluir que podia haver um problema. Mas presumi que ele sabia o que era melhor para si mesmo.

19

A teoria do Coronel Parker era simples: "Se você quer ver Elvis Presley, compre um ingresso." A partir do momento em que se começava a distribuir entradas gratuitas, perdia-se uma receita considerável. Ele apegou-se a essa política até o dia em que Elvis morreu.

Elvis concordava plenamente, convencido de que o Coronel sabia o que era melhor. E dizia:

— O Coronel não se importa de arcar com a culpa.

Quando a vida começava a se tornar tediosa, podia-se contar com Elvis para inventar uma nova aventura. Ele era extraordinariamente inventivo. Num dia particularmente melancólico, ele decidiu de repente que não gostava da aparência de uma velha casa localizada nos fundos da propriedade, por trás da mansão. Seu tio Travis ocupara no passado a casa, que agora era usada como depósito. Elvis contemplou-a em silêncio por um longo tempo, depois chamou o pai e disse-lhe que providenciasse um trator para demoli-la.

Pude imaginar o que se passou pela cabeça de Vernon: Santo Deus, o que ele está querendo agora? Vernon sabia que se Elvis ficava em casa entediado, nos intervalos entre os filmes, qualquer coisa podia acontecer.

Quando o trator apareceu, Elvis insistiu que poderia guiá-lo, convencendo o pai — e os representantes do departamento de demolições e do corpo de bombeiros — de que poderia realizar todo o trabalho pessoalmente.

Usando seu capacete de futebol americano e um casaco peludo de esquimó, Elvis entrou em ação, sob as aclamações do círculo íntimo, derrubando a casa e depois incendiando-a. Isso atraiu os caminhões dos bombeiros aos portões, com as sirenes ligadas.

— Chegaram um pouco atrasados — disse-lhes Elvis, com um sorriso feliz e malicioso.

Em outra ocasião, ele ordenou que seus karts fossem aprontados para uma corrida. Elvis, é claro, detinha o recorde da volta mais rápida pelo caminho circular.

Tentando provar que era tão boa quanto os rapazes, eu me esforcei em igualar o seu tempo. Apavorada, fui aumentando a velocidade, enquanto Elvis marcava o tempo com um cronômetro, concedendo-me um sorriso de aprovação quando alcancei a velocidade de 25 quilômetros por hora.

Ele transformava Graceland num parque de diversões para nós. Promovia concursos de tiro ao alvo e também "corridas da emoção", em que várias pessoas se amontoavam em seu carrinho de golfe fabricado sob encomenda e disparavam pelo terreno, em alta velocidade.

O quintal dos fundos de Graceland tinha mais buracos do que a lua tem crateras — tudo das lutas de pistolões. No Quatro de

Julho, Elvis sempre gastava uma fortuna em fogos de artifício, que chegavam de caminhão. Os rapazes se dividiam em dois grupos e miravam os rojões uns nos outros.

Embora houvesse baixas — dedos queimados, cabelos chamuscados —, ninguém parecia se importar. O próprio Elvis se mostrava tão despreocupado quanto um garotinho, escondendo-se e depois esgueirando-se contra o grupo adversário em ataque de surpresa. Elvis sabia como se divertir. E eu adorava aqueles momentos.

* * *

Infelizmente, chegou a hora em que ele tinha de voltar a Hollywood. Deveria iniciar seu novo filme, *Amor a toda velocidade*. O ônibus foi estacionado na frente dos leões brancos de pedra que flanqueavam os degraus da frente de Graceland, devidamente carregado e pronto para partir.

Eu detestava a ideia de vê-lo partir. De braços dados, saímos pela porta.

Subitamente, puxei-o para trás e tentei dizer o que estava sentindo, mas havia muitas distrações ao redor — pessoas se despedindo, a música tocando alta no interior do ônibus, Alan gritando para George Klein aumentar o volume.

Pensei: Se ao menos fosse um pouco mais sossegado, se Elvis pudesse me levar para um canto e tivéssemos alguma privacidade.

Mas a atenção de Elvis se concentrava em toda a atividade, e ele estava contagiado pelo entusiasmo de voltar ao trabalho.

— O que é, baby? — perguntou ele.

— Eu apenas gostaria que você não partisse tão cedo — murmurei, ainda incapaz de dizer o que estava realmente pensando. — Logo agora que estávamos começando a nos acostumar um ao outro, você tem de ir embora. Eu gostaria que tivéssemos mais tempo.

— Sei disso, garotinha. Dê-me duas semanas para iniciar o filme e talvez você possa passar algum tempo comigo em Hollywood. Agora, seja uma boa menina. Telefonarei amanhã.

Ele me deu um beijo rápido nos lábios e embarcou no ônibus, a porta se fechando no instante seguinte. E logo ouvi o grito familiar:

— Muito bem, vamos embora!

O ônibus desceu a encosta e passou pelo Portão da Música, onde suas fãs, como sempre, lealmente acenavam em despedida e o exortavam a "voltar depressa para casa".

Fiquei observando até que não podia mais ver as luzes vermelhas traseiras, desaparecendo na Rodovia 51.

Censurando-me, especulei por que não fora capaz de lhe dizer o que temia. Estava transtornada desde que soubera que a estrela do novo filme seria Ann-Margret, a *starlet* em ascensão mais rápida de Hollywood. Ann-Margret fizera apenas uns poucos filmes, inclusive *Adeus, amor,* mas já fora apelidada de "Elvis Presley de saia". Elvis estava curioso em relação a ela, tendo comentado que "a imitação é a forma mais sincera de lisonja".

Compreendi que se lhe revelasse meus temores, ele podia não dizer nada para me tranquilizar. Uma noite ele cometera o erro de me falar sobre os seus romances com diversas estrelas de seus filmes. Tentando escutar calmamente as histórias, justificara seu comportamento dizendo a mim mesma que eu residia na Alemanha na ocasião e não havia vínculos reais entre nós.

Agora, no entanto, eu me encontrava em seu próprio território, morando em sua casa, com os amigos, a família e as lembranças do passado. Não me ocorreu então, mas estava vivendo justamente como Elvis queria — longe da sociedade de Hollywood, a namoradinha que ele deixava em casa. Tratei de me adaptar. Não estava em sua companhia, mas de certa forma continuava ao seu lado. E presumi que Elvis seria tão fiel a mim quanto eu era a ele.

Por que então tinha tanta certeza de que no instante em que Elvis estivesse longe de mim — e perto de Ann-Margret — surgiria um romance entre os dois?

20

Cada vez que eu me aprontava para ir ao encontro de Elvis em Los Angeles, ele apresentava uma alegação qualquer para adiar a visita.

— Este não é o momento mais conveniente, baby. Estamos com um problema nas filmagens.

— Que problema?

— O caos por aqui é total. Tenho um diretor maluco que está perdidamente apaixonado por Ann. Pela maneira como ele está dirigindo, dá para pensar que o filme é todo dela. Ele está favorecendo Ann em todos os closes. — Elvis fez uma pausa, sua raiva aumentando. — E não é só isso: querem também que ela cante algumas canções comigo. O Coronel ficou furioso. Disse que eles terão de me pagar um extra para cantar com ela.

Enquanto escutava a arenga de Elvis, tentei me compadecer de sua situação. Mas, emocionalmente, estava mais preocupada com a estrela do filme do que com o diretor.

— Como está se dando com Ann-Margret? — perguntei.
— Acho que ela é uma boa garota.

Elvis descartou o assunto com a expressão "uma típica *starlet* de Hollywood". Minha preocupação foi temporariamente atenuada. Eu sabia que ele sempre encarava as atrizes de maneira desfavorável, chegando mesmo a comentar:

— Elas estão mais interessadas em suas carreiras e o homem fica em segundo plano. Não quero ser o segundo para qualquer coisa ou qualquer pessoa. É por isso que você não precisa se preocupar com a possibilidade de eu me apaixonar pelas atrizes que trabalham comigo.

Eu queria acreditar, mas não podia ignorar as notícias na imprensa sobre o romance ardente que estava havendo na filmagem de *Amor a toda velocidade*. Só que o romance, segundo os rumores, não era entre Ann-Margret e o diretor, mas sim entre Ann-Margret e Elvis.

Certa noite em que estávamos conversando pelo telefone perguntei abruptamente:

— Tem algum fundo de verdade?

— Claro que não — respondeu Elvis, caindo na defensiva no mesmo instante. — Você sabe como são esses repórteres. Adoram ampliar qualquer coisa. Ela apenas aparece por aqui nos fins de semana, em sua motocicleta. Brinca um pouco com a turma e depois vai embora. Isso é tudo.

Mas era o suficiente para mim: Ann-Margret estava lá e eu não. Enfurecida, declarei:

— Quero ir para aí agora!

— Agora não é possível. Estamos terminando o filme e voltarei para casa dentro de uma ou duas semanas. Mantenha-se aí e trate de conservar aceso o fogo da paixão.

— A chama está ardendo muito baixa. É melhor alguém voltar logo para casa e atiçar o fogo.

Elvis soltou uma risada.

— Você está começando a parecer comigo, baby, é melhor eu tomar cuidado. Não pode haver dois de nós neste mundo. Voltarei em breve, querida. Mantenha tudo pronto.

Ao final do telefonema, comecei a planejar ansiosamente os preparativos para o seu retorno.

Peguei minha agenda, contei os dias que faltavam para sua volta, passei a riscar um de cada vez. Ameaçada por dúvidas e apreensões, eu fazia tudo o que podia para agradar-lhe, de instruir-me sobre a música evangélica que ele adorava a cuidar de Graceland da melhor forma possível.

Minha ansiedade em agradar a Elvis era tão intensa que quase o irritava. Ele sempre tinha uma desculpa para que os seus outros relacionamentos não tivessem dado certo:

— Elas eram muito simples e não podiam se adaptar ao meu estilo de vida em Hollywood ou então atrizes muito preocupadas com suas carreiras.

Mas como ele podia escapar de um relacionamento com uma parceira tão submissa como eu?

Muitas vezes sentia pena de mim mesma e ficava com raiva de Elvis por me deixar numa situação em que era forçada a ficar sozinha por semanas a fio.

Entediada, resolvi explorar o sótão de Graceland. Eu perguntara um dia a Vovó o que havia lá em cima, e ela respondera:

— Nada de mais, meu bem, apenas algumas velharias. Há séculos que não subo lá. Não há como saber o que tem lá em cima... ou quem.

Não podia haver a menor dúvida de que algo estranho ocorria no sótão. Muitas noites se podia ouvir ruídos estranhos por cima da cozinha. Vovó dizia que também ouvira os ruídos, permanecendo acordada, orando para a manhã chegar logo, antes de fechar os olhos para dormir.

Ela imaginava que podia ser o espírito de Gladys, velando por Elvis.

— Acredita em espíritos, Vovó?

— Claro, meu bem. Às vezes, vagueio pela casa e posso sentir os espíritos ao redor. Pergunte a Hattie. Ela sabe. Também já sentiu a presença dos espíritos.

Hattie era uma mulher negra robusta, nossa fiel e devotada companheira. Ficava com Vovó e comigo à noite, quando Elvis estava ausente, guardando-nos com sua própria vida... e com uma pequena pistola que punha debaixo da cama todas as noites.

Certa noite, depois que Hattie apagara as luzes, perguntei-lhe abruptamente:

— Hattie, também acha, como a Vovó, que há espíritos lá em cima?

— Tudo o que posso dizer, Srta. Priscilla, é que escuto vozes estranhas, como nunca ouvi antes em todas as casas em que já estive. E às vezes fica tudo muito quieto por aqui, um silêncio como também nunca conheci antes. Mas não precisa se preocupar, menina. Se há espíritos nesta casa, não vão lhe fazer mal algum.

— Amém — disse Vovó.

No dia seguinte resolvi subir ao sótão, a fim de descobrir o que havia lá em cima. Enquanto subia, com a mão no corrimão dourado, percebi que a tinta estava lascada e gritei:

— Não acha que devemos pintar isto aqui, Dodger?

Vovó, parada na base da escada, levantou os óculos escuros para ver melhor.

— Tem razão, meu bem. É melhor falarmos com Vernon. Está mesmo horrível.

— Talvez fosse melhor providenciar a pintura antes de Elvis voltar, a fim de lhe fazer uma surpresa. Falarei com o Sr. Presley amanhã de manhã.

Terminei de subir a escada e entrei no sótão, descobrindo o mundo de Elvis.

Havia vários baús com os seus equipamentos militares. Havia velhos aparelhos de televisão e móveis antigos, que ficavam em seu quarto anos antes. Passei a mão por um sofá, especulando quem teria sentado ali. Invadida pelo ciúme, afastei-me.

Encontrei dois armários, lado a lado. Abri um. Estava repleto com roupas velhas de Elvis — blusões de couro, quepes de motociclista, uma camisa rosa que eu vira em fotografias. Adorava a maneira como ele ficara com aquela camisa rosa e desejei que a usasse de novo.

Com uma curiosidade crescente, vasculhei tudo. Sentia-me mais próxima de Elvis apenas por tocar em seus pertences. Mas, durante todo o tempo, pensava numa coisa: quem estava com ele na ocasião, Dixie, Judy, Anita, Bonnie? Eu era muito possessiva, precisava saber.

E depois encontrei algumas cartas, escondidas por baixo de um suéter velho. Eram cartas de Anita, escritas quando Elvis se encontrava na Alemanha. Arrumei-as pelas datas, desde a chegada de Elvis à Alemanha até sua partida. Passei horas sentada ali, lendo uma a uma.

Anita escrevera pelo menos duas cartas por semana, todas dizendo basicamente a mesma coisa: ela o amava, sentia muita saudade e estava contando os dias para sua volta... exatamente como eu fizera. Ela estava no processo de conquistá-lo como um amante na ocasião em que eu o perdia. Parecia evidente que Elvis lhe dizia que era a única mulher em sua vida. Confusa e magoada, compreendi que ele escrevera durante todo o tempo para sua "Little Bit", como a chamava, dizendo que estava ansioso em voltar e revê-la, ao mesmo tempo que me abraçava ternamente e me assegurava que não podia suportar a ideia de deixar a sua "Little Girl", a sua garotinha.

Senti-me traída, como tenho certeza de que também aconteceu com Anita, ao tomar conhecimento da minha existência.

Voltando ao sótão no dia seguinte para investigar o outro armário, encontrei os pertences de Gladys: suas roupas, fotografias antigas e papéis. Era estranho contemplar todos aqueles trajes pendurados com extremo cuidado. Eu sabia que fora Elvis quem os pusera ali. Ele não fora capaz de se desfazer de qualquer dos pertences da mãe.

Experimentei um dos vestidos e compreendi que ela gostava de tecidos macios sobre a pele, como eu também gostava. Pelo tamanho, percebi que era uma mulher grande; pela textura, conclui que estava mais preocupada com o conforto do vestido do que com a moda ou elegância. Ela gostava de se vestir com simplicidade e conforto. Senti-me culpada em seu vestido, mas isso também me proporcionou uma noção melhor de Gladys Presley: uma mulher, como Vovó a descrevera, de coração de ouro... mas que era melhor nunca irritar. Quando ficava furiosa, "podia praguejar como um marinheiro e exibia a ira de Deus".

Senti-me triste — por Elvis, por Gladys, por todos nós — porque tínhamos de enfrentar a morte. A vida poderia ser muito diferente se Gladys ainda estivesse viva, pensei, chorando como se ela fosse minha própria mãe. Podia sentir a presença de Gladys naquele sótão, assim como seu sofrimento e solidão. Talvez fosse o espírito dela que Vovó e Hattie sentiam.

Subitamente, o rosto de Hattie apareceu na porta do sótão. Nós duas soltamos um grito de susto e indagamos ao mesmo tempo:

— O que *você* está fazendo aqui em cima?

— Criança, não deveria vir aqui. Tem muitas lembranças tristes. Além do mais, é escuro e assustador. Só subi porque Minnie estava preocupada com você.

Depois, enquanto se afastava, acenando com as mãos por cima da cabeça, Hattie murmurou:

— Não gosto nada deste lugar.

21

Na próxima vez que Elvis foi para Los Angeles, onde estava começando a filmar *Com caipira não se brinca*, fui em sua companhia. Eu adorava Los Angeles. Era uma cidade emocionante, em comparação com o ritmo lento a que me acostumara em Memphis. E o melhor de tudo: eu me sentia parte do mundo de Elvis. Sua programação frenética e a intensa atividade cotidiana eram agora realidades para mim, não mais apenas acontecimentos remotos, relatados em nossas conversas pelo telefone à noite.

O problema era que a vida de Elvis ainda incluía Ann-Margret, apesar do filme que haviam feito juntos, *Amor a toda velocidade*, ter sido concluído seis semanas antes. Os jornais noticiavam todos os dias que o romance entre os dois estava "desabrochando", cada artigo me atingindo como uma bofetada. Pensei: Quando tudo isso vai acabar... as notícias, fofocas, manchetes, o romance?

Certa tarde, Elvis voltou do estúdio com um jornal na mão, furioso.

— Não posso acreditar que ela tenha feito isso! — Ele jogou o jornal contra a parede, num acesso de raiva. — Teve a audácia de anunciar que estamos noivos!

Eu tinha certeza absoluta da resposta, mas mesmo assim perguntei:

— Quem?

— Ann-Margret. Todos os grandes jornais dos Estados Unidos deram a notícia. O rumor espalhou-se como uma doença contagiosa.

Virando-se para mim, ele acrescentou:

— Vou ter de pedir a você para ir embora, meu bem. A imprensa ficará de vigia no portão e me seguirá por toda parte, à espera de uma declaração. O Coronel sugere que talvez seja melhor você voltar para Memphis, até que as coisas esfriem.

Eu não podia acreditar no que estava ouvindo. Subitamente, todos os meses de silêncio insuportável afloraram e gritei:

— O que está acontecendo por aqui? Já não aguento mais esses segredos! Telefonemas! Bilhetes! Jornais! — Peguei um vaso com flores e joguei para o outro lado do quarto, espatifando-o contra a parede. — Eu a odeio! Por que ela não continua na Suécia, que é o seu lugar?

Elvis agarrou-me pelo braço e puxou-me para a cama.

— Pare com isso! Eu não sabia que a situação ia escapar ao controle. Quero uma mulher que compreenda que essas coisas sempre podem acontecer. — Ele me lançou um olhar duro, penetrante. — Você vai ser essa mulher... ou não?

Sustentei seu olhar, furiosa, desafiadora, odiando-o por tudo o que estava me obrigando a suportar.

Depois de uma pausa prolongada, nós dois nos acalmamos. Mais uma vez ansiosa em agradar, murmurei:

— Partirei amanhã. Ficarei em Memphis à sua espera.

Elvis voltou duas semanas depois. Pouco falamos na noite de seu retorno. Trocamos alguns sorrisos forçados. Por sorte, havia muitos rostos familiares presentes, o que ajudou a disfarçar o constrangimento do momento.

Depois que todos foram embora, Elvis e eu finalmente tivemos de nos encarar. Ele se aproximou, pegou meu rosto entre as mãos, fitou-me nos olhos e murmurou:

— Está tudo acabado, Cilla. Juro para você. Acabou.

Não falei nada. Apenas escutei com toda a atenção enquanto ele continuava:

— Acho que fui envolvido por uma situação que escapou do controle desde o início. Ela e eu vínhamos de dois mundos diferentes. Não gosto de ser explorado. Não posso viver assim. Não me interprete mal. Ela é uma boa garota, mas não é para mim.

Eu não queria ouvir mais nada. Fitei-o, apenas meio escutando o que ele dizia, ao mesmo tempo que me perguntava como poderia continuar sabendo que o futuro só lhe traria mais tentações. O amor era muito mais complicado do que eu jamais imaginara.

Houve um silêncio entre nós, que persistiu até que Elvis não pôde mais suportar e disse:

— Vamos esquecer tudo. Perdoe-me, por favor. — Depois, com a expressão de garotinho que parecia sempre conquistar meu coração, ele acrescentou: — Acho que foi o diabo que me levou a fazer isso.

Concordei.

Seria um pouco mais cética agora.

E ainda havia mais um problema a resolver. Fui para o banheiro de Elvis, revistei seu estojo de maquiagem e tirei um telegrama que sabia que ele recebera antes. Dizia simplesmente: NÃO POSSO ENTENDER — SCOOBIE. Era de Ann-Margret. Tive certeza. Scoobie era um apelido que ela dera a si mesma, como Elvis me confessou depois. A frase era também o título do primeiro disco de sucesso que ela gravara, no início dos anos 1960. Era evidente que Elvis se dissociara totalmente de Ann-Margret, cortando os vínculos entre os dois.

— Incomoda-me saber que está aqui — murmurei.

Rasguei o telegrama em pedacinhos, joguei no vaso e puxei a descarga, com a maior satisfação.

— Não deixa passar muita coisa, não é mesmo, baby? Para uma garotinha, você é uma mulher típica. — Ele estava rindo. — Acho que é melhor eu tomar cuidado.

Retribuí o sorriso, mas pensei: Nada disso. Sou eu quem precisa tomar cuidado. A amizade mútua e o respeito profissional entre Ann-Margret e Elvis persistiriam até o dia de sua morte.

* * *

Depois da provação com Ann-Margret, eu ainda desconfiava que havia outras mulheres.

De vez em quando eu lia ou ouvia falar de um romance de Elvis com a estrela de seu filme mais recente. Via fotografias dos dois passeando pelo Sunset Boulevard na nova motocicleta de Elvis, era informada de que ele comprara um carro novo para uma jovem *starlet* com quem começara a fazer um filme. Havia sempre margem para dúvida. Era difícil diferenciar entre rumor e fato, e eu ficava desesperada de tanta preocupação.

Antes de começar a viajar com Elvis em caráter permanente, descobri bilhetes e cartões escondidos no fundo de uma prateleira em seu armário. Diziam: "Foi maravilhoso, querido. Obrigada pela noite." Ou então: "Quando vamos nos encontrar de novo? Já se passaram dois dias e sinto muita saudade." Quando manifestei minhas suspeitas, Elvis negou tudo e alegou que eu estava "imaginando coisas". Disse-me que estava sendo ridícula por acreditar nos colunistas de fofocas. Contudo, eu não podia deixar de lembrar que ele me dissera a mesma coisa quando eu o interrogara a respeito de Ann-Margret.

Se eu o contestasse com firmeza, corria o risco de ele ameaçar me mandar de volta para a casa dos meus pais. Elvis sabia que essa tática sempre funcionava. Na primeira vez em que aconteceu, ele estava filmando *Minhas três noivas* e conversávamos sobre a estrela do filme, Shelley Fabares. Sugeri que eu podia ir ao cenário para conhecê-la.

— Seria melhor que você não fosse — respondera Elvis.

— Por que não? Afinal, não estou fazendo nada. Podia ir e depois almoçar com você.

Ficara evidente que eu dissera a coisa errada. Elvis me lançara um olhar ameaçador e dissera suavemente:

— Já chega, mulher! Não quero ouvir mais nada!

Fora tolice de minha parte, mas eu não ligara para sua advertência.

— Há alguma coisa que você está escondendo e não quer que eu veja?

Ele tivera um acesso de raiva.

— Não tenho nada para esconder! Você está sendo agressiva e exigente demais. Talvez fosse uma boa ideia você ir visitar seus pais por algum tempo.

Chocada, eu berrara:

— Não vou de jeito nenhum!

— Acho que deve ir. E vou até ajudá-la.

Elvis fora ao meu armário e começara a tirar todas as minhas roupas, jogando-as no chão, com os cabides inclusive. Pegara minha mala e largara em cima das roupas.

— Muito bem, mulher, comece a arrumar suas coisas!

Eu não podia acreditar naquela reação exagerada. Só podia ser uma de quatro coisas: Ele era inocente, eu o fizera sentir-se culpado, ele era culpado e eu o fizera sentir-se ainda mais ou simplesmente ele estava irritado com o roteiro insípido de seu filme e me escolhera para descarregar sua raiva.

Chorando, eu começara a arrumar a mala, enquanto ele se virava e saía do quarto. Momentos depois, eu o ouvira gritar para Joe que fizesse uma reserva no avião.

— Arrume uma vaga no primeiro voo! Ela vai voltar para a casa dos pais!

Havia uma determinação em sua voz que eu nunca ouvira antes. Histérica, eu me pusera a dobrar as roupas, enquanto ele continuava a berrar lá fora. Arrumara tudo devagar, atordoada pelo golpe.

Eu me sentia humilhada quando ele voltara ao quarto. Continuara a arrumar as roupas, chorando incontrolavelmente.

— Você é exigente demais — dissera Elvis, depois de me fitar em silêncio por algum tempo. — Apresse-se. Está na hora de partir.

Eu me levantara lentamente e me encaminhara para a porta.

No instante em que lá chegava, sentira a mão de Elvis em meu ombro, virando-me. Depois, milagrosamente, eu estava em seus braços, ele me apertava com força.

— Está compreendendo agora? — Enquanto ele falava, eu chorava contra o seu ombro. — Percebe que precisa disso? Precisa de alguém para levar você a este ponto e pô-la em seu lugar.

Eu me sentira aliviada e feliz por estar de volta a seus braços. Qualquer coisa que ele dissesse teria feito sentido para mim naquele momento. O que só compreendi depois foi que aquela era a técnica de Elvis para me manter sob controle.

22

Eu estava agora vivendo com Elvis havia dois anos e viajando em sua companhia regularmente. Meus pais, de volta da Alemanha, estavam agora morando temporariamente com meu Tio Ray, em Connecticut, antes de irem para a Base Travis, da Força Aérea, perto de Sacramento. Eu estava ansiosa em vê-los, mas detestava a ideia de deixar Graceland. Além daqueles portões, o cordão estava cortado. Tinha medo de que o momento em que eu saísse do mundo de Elvis seria o instante que outra poderia aproveitar para entrar.

Mas eu precisava ver meus pais. Sentia muita saudade. Sabia muito bem que minha aparência — um vestido bem justo, saltos altos, maquiagem intensa e os cabelos pintados de preto, empilhados no alto da cabeça num penteado que parecia uma colmeia — não lhes arrancaria uma reação das mais satisfeitas, mas estava decidida a não alterar nada do estilo que Elvis criara com tanto esmero.

Voei para Connecticut e minhas expectativas estavam corretas. Meus pais ficaram tão chocados ao me verem que mal conseguiram falar. Mais tarde, papai me disse que por baixo de toda aquela maquiagem meus olhos pareciam "dois buracos escuros na neve".

O resto do fim de semana não trouxe qualquer melhoria na situação. Eu estava sendo franca sobre meu relacionamento e estilo de vida. Querendo evitar perguntas constrangedoras sobre o meu futuro, passava a maior parte do tempo no quarto. Mas as perguntas vieram assim mesmo.

— Como é viver em Graceland?

— É verdade que Elvis nunca vai a parte alguma?

Eu achava que a sondagem era uma invasão da minha privacidade, de minha vida pessoal; por isso, dei respostas cautelosas.

Meus pais não gostaram da minha atitude e posição defensiva. Estavam apenas demonstrando um interesse natural por mim e uma preocupação com meu bem-estar quando perguntavam como eu me saíra na escola, as notas que tirara, se trouxera o boletim. Também queriam saber se eu planejava cursar uma universidade. Embora meu único plano fosse o de acompanhar Elvis a qualquer lugar que ele fosse, respondi que pretendia me matricular. Tentei dizer-lhes o que desejavam ouvir e falar o mínimo possível, convencida de que me mandariam voltar para casa se declarasse alguma coisa errada.

Depois desse fim de semana, tentei evitar meus pais. Mas eles sabiam que eu ia me encontrar com Elvis quando ele filmava em Los Angeles e insistiam que fosse passar o fim de semana em sua nova casa, em Sacramento. Isso criava um problema. Eu não podia admitir partilhar meu tempo com qualquer outra pessoa além de Elvis, especialmente os fins de semana, quando ele não trabalhava. Mesmo assim, faria viagens ocasionais a Sacramento; afinal, se não visitasse meus pais, eles viriam nos visitar. Eu sabia que Elvis era muito melindroso e nunca se tinha a menor ideia do que podia provocá-lo.

Fiquei particularmente nervosa quando meus pais decidiram levar minha irmã e meus irmãos à Disneylândia no fim de semana... passando por Bel Air para nos visitar. Persuadi-os que Bel Air ficava muito fora de mão e que seria melhor eu ir encontrá-los na Disneylândia. Passei o fim de semana com eles, mas no domingo meus pais insistiram em me levar em casa. E é claro que eu tinha de convidá-los para o jantar.

Eles me deixaram em casa e seguiram para um hotel próximo, a fim de tomarem um banho e mudarem de roupa. Entrei correndo em casa, dominada pelo pânico, porque sabia que teria de lhes mostrar toda a casa. Não podia dizer a meus pais que dormia com Elvis e decidi tentar enganá-los, fazendo-os pensar que tinha um quarto só meu.

Perguntei a Charlie Hodge, um dos empregados, se podia me emprestar seu quarto. Subi correndo, fui pegar minhas coisas no quarto de Elvis e levei para o de Charlie. Espalhei os vidros de perfume, pendurei algumas roupas no armário, deixando estrategicamente a porta entreaberta, e finalmente ajeitei na cama todos os cachorros e ursos de pelúcia que adorava colecionar.

Naquela noite, ao jantar, Elvis mostrou-se encantador e maravilhoso, mas eu me sentia apavorada demais para comer. Ficava angustiada sempre que Elvis e papai se reuniam, pois nunca sabia o que papai poderia lhe perguntar. Elvis costumava ficar bastante aborrecido porque as pessoas sempre se mostravam curiosas sobre os que costumavam frequentar sua casa, indagando o que este ou aquele fazia, por que precisava de tanta gente. Quando eu exortava papai para ser menos curioso, isso só servia para torná-lo ainda *mais* curioso.

— Por que não posso fazer perguntas? — indagou ele. — O que há para esconder?

Depois do jantar, ofereci à minha família uma excursão pela casa. Tentei mostrar-lhes o "meu" quarto de forma tão casual quanto fizera com os outros, comentando calmamente:

— Como podem ver, dá para o pátio. E agora vou mostrar o quarto de Elvis.

Abri a porta do quarto rezando para que ninguém quisesse ver os enormes closets, pois então todas as minhas coisas seriam reveladas. Descobri horrorizada que um dos meus sapatos ficara perto da cama. Consegui empurrá-lo com o pé para longe das vistas.

Por mais espantoso que possa parecer, a noite transcorreu sem qualquer contratempo. Meus pais jamais questionaram a história do meu quarto, mas tenho certeza de que nunca acreditaram.

Naquela noite, ao dar uma olhada no quarto de Charlie, vendo todos os bichos na cama, Elvis desatou a rir.

Continuei a resguardar meu estilo de vida. Estava sempre com medo de que meus pais investigassem muito atentamente meu relacionamento com Elvis. E como não podia deixar de acontecer, eles acabaram interrogando-me sobre o nosso futuro.

— Por quanto tempo mais vai continuar assim? Quais são as intenções de Elvis? Há planos para alguma coisa? Se não, por que você não faz as malas e volta para casa? Achamos que já está na hora.

Ouvir isso era o meu maior temor. E eu disse a eles:

— Nosso relacionamento é maravilhoso. E tenho certeza de que tudo vai acabar bem.

Eu lhes servi sorvete de baunilha com creme e uma cereja por cima... e, assim, tudo parecia promissor.

23

Nem tudo era tão promissor quanto eu levara meus pais a acreditarem. Elvis e eu não podíamos ser realmente felizes juntos porque ele se sentia muito infeliz com sua carreira. À primeira vista, ele conseguira tudo: era o ator mais bem pago de Hollywood, com um contrato de três filmes por ano, e um salário fabuloso mais cinquenta por cento dos lucros. Mas, na verdade, sua carreira brilhante perdera o lustro. Por volta de 1965 o público só tinha acesso a Elvis através dos filmes e discos. Ele não se apresentava na televisão desde o especial com Frank Sinatra em 1960 e não oferecia um concerto ao vivo desde a primavera de 1961.

As vendas de seus discos indicavam que sua popularidade enorme estava declinando. Os compactos não estavam mais incluídos automaticamente entre os Dez Mais, e ele não conquistava um Primeiro Lugar no *long-playing* desde a primavera de 1962.

Atribuía o declínio da popularidade à monotonia de seus filmes. Detestava os enredos banais e os prazos curtos para as filmagens. Mas sempre que se queixava, o Coronel lembrava que estavam ganhando milhões e que o fato de seus dois últimos filmes sérios, *Estrela de fogo* e *Coração rebelde*, terem sido fracassos de bilheteria provava que os fãs queriam vê-lo apenas em musicais.

Ele poderia exigir roteiros melhores, mais substanciais, só que nunca o fez. Um dos motivos para isso era o estilo de vida suntuoso a que se acostumara. O principal motivo, porém, era sua incapacidade de resistir ao Coronel. Na vida pessoal, Elvis não hesitava em proclamar a todos que conhecia como ou o que sentia. Mas quando se tratava de enfrentar o Coronel Parker, ele sempre recuava. Elvis detestava o aspecto comercial de sua carreira. Assinava um contrato sem ler.

Era um artista para quem o ato de criação era tudo. Ele e o Coronel tinham um acordo tácito: Elvis cuidava do lado artístico, e o Coronel se encarregava de toda a parte comercial. Com isso, o Coronel impunha um filme medíocre depois de outro. A posição do Coronel era simples: se tais filmes haviam sido sucesso no passado, por que mudar a tendência?

Elvis também estava se tornando desiludido com sua música. Nunca tivera uma aula na vida, mas sua musicalidade era extraordinária e adorava todos os tipos de música — evangélica, ópera, blues, country e rock. O único tipo de música que não apreciava muito era o jazz.

Durante anos, Elvis permanecera no topo das listas de sucessos porque lhe fora oferecida uma boa seleção de músicas para escolher e pudera gravá-las em seu próprio estilo, à sua maneira, e ainda não se decepcionara com a indústria da música.

No estúdio, Elvis trabalhava bem com as pessoas com que se sentia à vontade e sabia exatamente o som que queria. Escolhia pessoalmente os músicos e o coro; se gostava do som que faziam, sua própria voz alcançava novas culminâncias. Adorava misturar vozes e admirava a fusão de tenor e baixo. Durante uma gravação, ele parava de repente, aproximava-se do coro, harmonizava a canção com eles, rindo e gracejando, desafiando cada um a subir ou descer mais, tentando acompanhá-los. Na maior parte do tempo, quando sua voz se encontrava em plena forma, conseguia fazê-lo.

Quando estava fascinado pelo material, adorava as gravações. Gostava de trabalhar como uma equipe — sua voz, o coro e os instrumentos sendo gravados no mesmo volume. Não queria que sua voz se projetasse sozinha. Gostava do impacto do grupo inteiro. Era o seu som e um som fabuloso, até o dia em que o Coronel disse que havia queixas dos fãs e da RCA de que não podiam ouvir Elvis direito. Se era ou não verdade, o fato é que ele sugeriu que a voz de Elvis fosse mais destacada.

Foi uma das poucas ocasiões em que Elvis decidiu enfrentá-lo, declarando:

— Venho cantando assim por toda a minha vida. O que algumas cabeças na RCA sabem sobre música? Cantarei as canções da maneira como as ouço.

O técnico de gravação, no entanto, trabalhava para a RCA e não para Elvis, começando a sufocar o coro.

— O velho está interferindo com as minhas trilhas sonoras — ele queixou-se a Red West e a mim, uma noite, na limusine, a caminho do Memphian. — Não tenho a menor chance. A RCA só escuta a ele. As fãs não vão querer ouvir minha voz na frente. Afinal, meu estilo sempre foi outro. Mal podia ser compreendido. E deixava a pessoa com vontade de escutar mais. As canções que são sucesso hoje... mal se consegue ouvir o que estão cantando. O homem deveria ficar com os seus negócios e me deixar cuidar da minha música.

Elvis só podia ir até certo ponto na resistência e depois perdia o ânimo. Já tinha de suportar os filmes horríveis e agora, ainda por cima, estavam interferindo com sua música.

O Coronel não tramou intencionalmente para fazer Elvis parecer ruim ou para assumir o controle artístico. Seu único interesse era lançar o produto no mercado, a fim de que o dinheiro entrasse. Mas quando ele começou a cruzar a fronteira das negociações comerciais para o lado artístico, Elvis começou a entrar em declínio lentamente.

Eu queria desesperadamente ajudá-lo, mas não sabia como. Em minha inocência, tentava convencê-lo a argumentar com o Coronel. Mas ele só ficava furioso, dizendo que eu não sabia do que estava falando.

Eu não compreendia sua dificuldade em me revelar suas fraquezas. Só mais tarde é que percebi como era importante para Elvis sempre parecer estar no controle em minha presença. Cada vez que eu enunciava minhas opiniões com bastante firmeza, especialmente se divergiam das suas, ele me lembrava de que o seu era o sexo forte e eu, como mulher, devia permanecer em meu lugar. Ele gostava de dizer que a função da mulher era ficar do lado esquerdo do homem, perto do coração, dando-lhe força através de seu apoio.

O papel de Elvis em relação a mim era o de amante e pai; assim, ele não podia baixar a guarda, tornar-se falível ou realmente íntimo. Eu ansiava por isso e, como mulher, também precisava.

Havia noites em que o sono de Elvis era agitado, atormentado por preocupações e medos. Eu me deitava em silêncio ao seu lado, angustiada com o que ele poderia estar pensando, especulando se haveria um lugar em sua vida para mim. Perdidos em nossas aflições separadas, éramos incapazes de proporcionar força e apoio um ao outro. Elvis era dominado por sua incapacidade de assumir responsabilidade por sua própria vida e por fazer concessões em seus padrões... e eu era dominada por ele, fazendo concessões nos meus.

Quando as coisas estavam ruins, Elvis ligava para Vernon e conversavam por horas a fio sobre seus problemas. Ele dizia ao pai que estava solitário e deprimido, que ninguém o compreendia.

Quando eu ouvia tais comentários, encarava-os como algo pessoal, novamente pensando que estava falhando com ele.

Vestia então meu vestido mais bonito, exibia o sorriso mais jovial — e minha personalidade mais falsa — e tentava animá-lo. Quando eu não conseguia arrancá-lo da depressão, ele passava o dia inteiro trancado em seu quarto. O que me deixava arrasada. Com medo de dizer ou fazer a coisa errada, eu reprimia meus verdadeiros sentimentos e acabei desenvolvendo uma úlcera.

Quanto mais as frustrações aumentavam, quanto mais pressão ele sentia, mais os problemas se manifestavam em males físicos. Especificamente para controlar a depressão, ele passou a tomar antidepressivos. Seus enormes talentos criativos estavam sendo desperdiçados e isso era uma coisa que ele não podia suportar.

O Coronel Parker sabia do seu estado, mas tinha um acordo antigo com Elvis de que não se intrometeria em sua vida pessoal. Em vez de confrontar Elvis, ele tentou fazer com que os rapazes o denunciassem. Era uma situação extremamente delicada e os rapazes procuraram se esquivar. O Coronel costumava recrutar Sonny West e Jerry Schilling para levá-lo de carro a Palm Springs e trazê-lo de volta, nos fins de semana. Durante a viagem, ele tentava arrancar-lhes informações. Eles precisavam tomar muito cuidado. Se dissessem alguma coisa errada, estariam traindo Elvis.

Era particularmente difícil para Joe Esposito, que passava muito tempo com o Coronel, já que era uma espécie de capataz do grupo. Quando Elvis começava a cancelar reuniões ou a se comportar de maneira estranha no estúdio, o Coronel indagava:

— O que está acontecendo com Elvis, Joe? Ele parece se encontrar em péssimo estado. Não podemos permitir que o vejam assim.

Joe estava dividido entre sua lealdade ao Coronel e a Elvis. Gostava de Elvis e respeitava os seus desejos, mas compreendia que era o Coronel quem fechava os negócios e tinha de entregar o "produto": Elvis.

Quando o Coronel atribuiu a Joe a responsabilidade de informá-lo sobre o "estado mental e emocional" de Elvis, um eufemismo para o consumo de drogas, Elvis descobriu e disse:

— Não quero nenhum filho da puta por aqui dizendo ao Coronel o que eu faço ou o que acontece nesta casa.

Ele despediu Joe sumariamente. Perdoou-lhe seis meses depois e aceitou-o de volta. Era típico de Elvis explodir furiosamente e em seguida perdoar a todos.

Desde a minha chegada a Graceland, comecei a notar uma mudança gradativa na personalidade de Elvis. Nos primeiros dias de nosso relacionamento, ele parecia estar mais no controle de suas emoções.

Era um homem capaz de desfrutar a vida ao máximo, ainda mais durante os nossos momentos especiais. Adorávamos passear ao final da tarde, pouco antes do escurecer. Geralmente terminávamos na casa de seu pai, assistindo à televisão, pai e filho relaxando, fumando charutos e discutindo os problemas do mundo.

Frequentemente o assunto era a intenção de Vernon de trocar seu carro, um rebuscado Cadillac que Elvis lhe dera de presente, por um Olds 1950, com o qual se sentia mais à vontade. Vernon adorava caminhões e carros antigos, trocando-os a intervalos de poucos meses, deliciado a cada nova transação.

Voltando a pé para casa com Elvis, conversávamos sobre o destino — como nos reunira, como éramos feitos um para o outro, como Deus operava por caminhos estranhos, unindo duas pessoas de partes diferentes do mundo.

Eu adorava quando Elvis conversava assim. Ele tinha planos para nossas vidas, dizendo que estava destinado a viver comigo e não poderia ter qualquer outra. Nesse clima afetuoso, eu descobria que podia me abrir e expressar livremente minhas opiniões.

Olho para trás agora e compreendo que nosso romance era dependente dos rumos de sua carreira. Durante períodos prolongados de não criatividade, Elvis tinha acessos de fúria frequentes.

Houve uma ocasião em que examinamos uma pilha de discos de demonstração para um álbum da RCA; sua aversão a cada canção foi se tornando cada vez mais patente. Antes de um disco chegar ao meio, ele já estava passando para o seguinte, cada vez mais desanimado. Finalmente encontrou uma canção que prendeu sua atenção e perguntou minha opinião. Lembrando aquele primeiro incidente em Las Vegas, senti que nosso relacionamento se desenvolvera a um ponto em que ele queria minha opinião sincera.

— Não gosto muito.
— Como assim?
— Não sei direito... Tem alguma coisa que está faltando... um ponto de atração...

Para meu horror, uma cadeira voou pelo ar em minha direção. Consegui me desviar no último instante, mas havia pilhas de discos em cima da cadeira e um deles me atingiu no rosto.

Poucos segundos depois, Elvis estava me abraçando, pedindo desculpa, freneticamente. Todos diziam que ele herdara seu temperamento explosivo dos pais. Eu já ouvira a história da ocasião em que Gladys tivera um acesso de raiva, pegara uma frigideira e jogara em Vernon. Também já testemunhara as palavras duras de Vernon quando ficava furioso. Essa característica genética era inerente ao temperamento de Elvis.

Podia-se sentir a vibração quando ele estava com raiva. A tensão aumentava a um ponto explosivo, e ninguém queria estar por perto no momento da erupção. Mas se alguém resolvia se retirar, tornava-se automaticamente o alvo de toda a ira, inclusive eu. Como na ocasião em que ele desceu a escada furioso porque seu terno preto — que usara no dia anterior — fora mandado para a lavanderia.

— Por que ainda não voltou, Cilla? — gritou ele. — Onde está a porra do meu terno?

Ele tinha outros dois ternos idênticos ao que estava na lavanderia, mas queria justamente *aquele*.

Quando Elvis estava furioso, era como uma trovoada. Ninguém podia contestar suas palavras mordazes; só podíamos esperar que a tempestade passasse. Depois que se acalmava, Elvis pedia desculpas... não dormira o suficiente, dormira demais ou ainda não tomara o seu café naquela manhã.

Às vezes ele esbravejava só para firmar um argumento. Se achava que podia nos dar uma lição, ampliava um problema de menor importância a proporções absurdas; e mesmo enquanto estava gritando, podia piscar para alguém próximo. Dez minutos depois ele estava muito bem, deixando-nos aturdidos e esgotados emocionalmente. Havia também ocasiões em que ele nos animava emocionalmente. Era realmente um mestre na arte de manipular as pessoas.

24

Elvis era um homem repleto de complexidades e contradições. Passávamos uma noite discutindo a vida espiritual e depois ele ia assistir a um filme de horror.

Uma noite, quando assistíamos ao clássico de horror *As diabólicas*, Elvis inclinou-se e indagou se eu estava disposta a uma ousadia.

— Claro.

Eu não tinha a menor ideia do que ele planejava, mas a aventura sempre me atraía.

— Vou levar você a um lugar que vai deixá-la apavorada... foi o que me aconteceu na primeira vez em que estive lá.

Depois que o filme terminou, ele pegou-me pela mão e fomos todos para a limusine. Elvis determinou ao motorista:

— Leve-nos ao necrotério de Memphis.

— Como?

Não pude acreditar no que acabara de ouvir.

— Vamos ao necrotério. Tem um cara lá que toma conta do lugar. Já estive lá uma vez. Eu estava andando pelas salas, vendo os cadáveres, quando esbarramos um no outro. E nós dois ficamos apavorados.

— Está querendo dizer que vamos *entrar*?

— É proibido, mas posso dar um jeito.

— Está certo. Eu topo.

Sua fama era a chave mestra. Era meio fantástico andar pelos corredores, entrar em cada sala. Era tudo silencioso, solene, mal iluminado. Eu apertava a mão de Elvis. A princípio, não queria olhar, mas Elvis garantiu que os cadáveres estavam em paz e depois da primeira olhada não seria tão ruim assim.

Vagueamos de uma sala para outra. Fiquei espantada ao descobrir como era fácil me acostumar àquela visão insólita. Era um lugar sereno, quase como se estivéssemos na igreja.

Estava tudo muito bem até que olhei para uma mesa e avistei um bebê que devia ter dois ou três meses. Ficamos olhando em silêncio, até que murmurei:

— Puxa, Sattnin, ele é tão pequeno, tão inocente... O que terá acontecido? Não há cicatrizes.

As lágrimas escorriam por meu rosto. Uma pausa e Elvis disse, suavemente:

— Não sei... Às vezes Deus opera de maneiras estranhas. Acho que o bebê estava destinado a ir ao seu encontro.

Seguramos a mão do bebê, e Elvis disse uma oração. Poucos minutos depois encontramos o cadáver de uma mulher de meia-idade, que acabara de ser embalsamado. Desviei os olhos.

— Isso é bom para você — comentou Elvis. — Precisa ver coisas assim de vez em quando. É a verdade nua e crua... a realidade. Quando se olha para um cadáver, compreende-se que tudo é temporário, como pode acabar numa questão de minutos.

* * *

O lado espiritual de Elvis era um aspecto dominante em sua natureza. Como uma criança criada em Tupelo, Mississippi, ele e a família frequentavam a igreja regularmente, na Primeira Assembleia de Deus. Foi criado com a pregação do inferno que incutia o temor de Deus e a música que levava aos Portões do Paraíso. Elvis, Vernon e Gladys integravam o coro, e foi então que a música embalou pela primeira vez a sua alma. Ele era capaz de efetuar a cura espiritual: um toque de suas mãos nas minhas têmporas e a mais dolorosa dor de cabeça desaparecia.

Ele sempre mantinha a Bíblia na mesinha de cabeceira e a lia com frequência. Agora, confrontando um desespero cada vez mais profundo, ele começou a ler outros livros filosóficos, à procura de respostas e orientação. Leu as obras de Khalil Gibran. Um livro em particular, *O profeta*, muito o inspirou. Também leu *Sidarta*, de Hermann Hesse, e *A vida impessoal*, de Joseph Benner. Tornou-se tão apaixonado por esses livros que os presenteava a amigos, colegas de profissão e fãs. Apelavam para sua natureza religiosa, e ele adorava reunir as pessoas "no espírito da única força permanente — Deus Todo-Poderoso".

Quando a mãe, Gladys, estava viva, Elvis contava com uma pessoa para lhe dar as respostas, uma pessoa a quem respeitava e que constantemente o lembrava de seus valores e raízes. Era Gladys quem mantinha Elvis consciente da diferença entre o certo e o errado, os males da tentação e o perigo da vida em ritmo vertiginoso.

— Mamãe, quero você e papai em Hollywood comigo — dizia ele. — Há muitos executivos por lá, tomando decisões, gente com uma conversa suave que não posso entender.

Nos primeiros tempos, Vernon e Gladys acompanhavam Elvis na maioria de suas excursões pelo Sul e nas idas a Hollywood, quando ele fez seus primeiros filmes. Era o bom senso de Gladys que contrabalançava as inseguranças de Elvis na juventude.

Mas desde a morte de Gladys, não houvera mais limites para Elvis. Ela fora a força que o mantivera na linha. Agora que ela não estava mais ali, Elvis vivia num conflito permanente entre sua ética pessoal e as tentações que o cercavam.

Em meados dos anos 1960 ele estava sempre lendo a Bíblia em seu estúdio em Bel Air. Uma noite sentei ao seu lado, enquanto ele lia passagens com a maior veemência. À nossa frente, havia várias de suas admiradoras, usando as blusas mais decotadas e as mais curtas minissaias. Todas escutavam atentamente, discípulas extasiadas na presença de "seu" senhor. O sermão estendeu-se por horas, seguindo-se uma sessão de perguntas e respostas, durante a qual as garotas disputaram sua atenção.

Sentada aos pés de Elvis, estava uma garota atraente e bem-dotada, com a blusa desabotoada até o umbigo. Inclinando-se, sedutora, ela perguntou em voz insinuante:

— Elvis, acha que a mulher no poço era virgem?

Como eu estava ao seu lado, ele evitou se aproveitar do espetáculo que obviamente lhe era oferecido.

— É uma coisa sobre a qual terá de tirar as suas próprias conclusões, meu bem — respondeu Elvis. — Pessoalmente, acho que Jesus sentiu-se atraído por ela. Mas é apenas a minha opinião, não estou afirmando que é um fato incontestável.

Fiquei observando Elvis e as garotas conversarem, sentindo-me abalada e furiosa. Que estupidez!, pensei. Será que Elvis não percebe o que ela está fazendo? É tão óbvio! Ele aspirou fundo e indagou:

— Gosto do seu perfume, meu bem. Qual é?

— Chanel Nº 5 — respondeu ela.

Chanel Nº 5? Mas era o perfume que *eu* estava usando! Por que Elvis não percebia em mim? Levantei-me devagar e fui para o meu quarto de vestir, que ficava ao lado do estúdio. Determinada a atrair sua atenção, vesti a roupa que ele mais apreciava — um vestido preto bem justo que Elvis escolhera pessoalmente.

Voltei alguns minutos depois e tornei a ocupar meu lugar a seu lado, mas ele estava tão absorvido em pregar às suas devotas que ignorara totalmente a minha ausência. Para agravar a situação, Elvis também não percebeu que eu trocara de roupa. Consegui esconder minha aflição por trás de um falso sorriso e um olhar atento, mas não pude deixar de perceber que ele reagia às garotas com uma piscadela ou um sorriso ocasionais.

Fiz perguntas como elas, mas meu coração não estava nisso; sabia que todas aquelas garotas queriam tomar o meu lugar. "Não há outro jeito", pensei. "Se não sou apreciada, amada ou desejada, acabarei com tudo. Assim, será mais fácil para todos."

Levantei-me e fui para o nosso quarto. Pegando um vidro de Placidyls pela metade, idealizei um plano para criar um efeito dramático, que pela minha imaginação haveria de conquistar sua atenção. Fiquei olhando fixamente para as pílulas e refleti: E se eu sufocar até a morte? Resolvi tomar duas pílulas, para começar. Assim, poderia tomar um banho de chuveiro rápido, refazer a maquiagem, vestir a camisola mais atraente e me ajeitar dramaticamente na cama, antes de engolir o resto do vidro.

Engoli as pílulas e comecei a me preparar para o fim. Em lágrimas, pensei em deixar-lhe um bilhete, escrevendo tudo o que não fora capaz de dizer. Diria como desejara que nós dois pudéssemos ficar a sós de novo, como acontecera durante as longas horas que passáramos juntos em seu quarto na Alemanha. Confessaria que tinha ciúme de qualquer mulher que atraía sua atenção e detestava as ocasiões em que havia apenas silêncio entre nós, apesar de ele alegar que tinha muitos problemas na cabeça. Diria como temia suas explosões violentas, que me privavam da liberdade de expressão; e como gostaria que ele tentasse me compreender, enquanto eu desesperadamente tentava compreendê-lo.

Talvez ele sentisse minha falta a esta altura, pensei. Corri para a porta e encostei meu ouvido. Ouvi-o rir. Ele estava se divertindo. As garotas também.

Descobri que estava cansada de tudo aquilo. Não entraria ali agora nem que ele me pedisse. Além do mais, estava exausta.

Mas não estava exausta demais para lembrar como queria ser encontrada. Deitei-me na cama, os cabelos pretos compridos espalhados sobre os travesseiros brancos, os lábios brilhando. Em minha ingênua fantasia, Elvis abraçava meu corpo inerte e dizia o quanto me amava, beijando-me ardentemente para me fazer voltar à vida.

Forcei-me a tomar mais uma pílula e fiquei absolutamente imóvel na posição em que queria ser descoberta. Esperei pelo que pareceram horas para que o sono me dominasse. Quanto mais ficava deitada ali, no entanto, menos sono sentia. Quanto mais ouvia o riso de Elvis, mais furiosa ficava. A fúria de adrenalina estava se sobrepondo ao efeito das pílulas. E não demorou muito para que começasse a me sentir uma tola.

Depois, ouvi Elvis despedir-se das garotas e encaminhar-se para a porta. Peguei o livro mais próximo e ajeitei-o ao meu lado, para dar a impressão de que estava lendo e caíra no sono. Ouvi-o entrar, aproximar-se da cama suavemente, pegar o livro. Ele sussurrou o título, *O ouvinte*. Pude imaginá-lo ao sorrir, satisfeito por eu estar lendo livros filosóficos. Elvis inclinou-se por cima de mim por um instante, provavelmente pensando como eu parecia doce e como devia estar cansada para me retirar tão cedo.

Ele me cobriu com um cobertor carinhosamente e tornou a se inclinar para dar um beijo em meus lábios entreabertos. Toda a minha ira e ciúme se desvaneceram. Compreendi como até mesmo um pouco de sua atenção podia me fazer feliz.

25

Em abril de 1964, Larry Geller foi contratado para substituir o barbeiro de Elvis, Sal Orfice. Não podíamos imaginar na ocasião que o novo relacionamento não apenas acarretaria uma mudança drástica em Elvis, mas também criaria tensão, ciúme e medo no grupo.

Eu estava em Memphis quando ele conheceu Larry, mas soube de tudo a seu respeito através de nossas conversas pelo telefone à noite. O entusiasmo de Elvis por seu novo amigo era contagiante.

— Você não vai acreditar no cara, Sattnin — disse ele. — Larry sabe mais sobre o mundo espiritual do que todos os pregadores, padres católicos e fanáticos religiosos juntos. Temos discussões que se prolongam por horas, falando sobre os grandes mestres e o propósito da minha presença neste mundo. Estou convidando-o a ir para Graceland. Ele vai aprofundar o seu desenvolvimento espiritual.

Quando Larry e a esposa, Stevie Geller, se juntaram a nós, fiquei surpresa ao descobrir que eram jovens e atraentes. Ele era jovial e gentil. Ela era doce, tranquila e retraída.

Contudo, muitos do grupo, inclusive eu, ficaram desconfiados. Todos estávamos ameaçados pelo envolvimento de Elvis com Larry. Estava afastando-o de nós. Parecia que Elvis estava sempre apartado, lendo livros esotéricos ou absorvido em conversas com ele sobre o plano de Deus para o universo.

Elvis descobriu que havia muitos grandes mestres além de Jesus. Havia Buda, Maomé, Moisés e outros, "escolhidos por Deus para servirem a um propósito". O que eu testemunhava agora em Elvis era o afloramento da parte de sua natureza ansiosa por respostas para todas as questões fundamentais da vida.

Ele perguntou a Larry por que, entre todas as pessoas do universo, fora escolhido para influenciar milhões de almas. Instalado nessa posição singular, como ele podia contribuir para salvar um mundo assoberbado pela fome, doença e pobreza? E, antes de mais nada, por que havia tanto sofrimento humano? E por que ele não era feliz, quando tinha mais do que qualquer um podia querer? Achava que estava faltando alguma coisa em sua vida. Através da percepção de Larry, ele esperava encontrar o caminho que o levaria às respostas.

Elvis estava ansioso que todos nós — especialmente eu — absorvêssemos o conhecimento que ele estava consumindo. Feliz em partilhar tudo, exatamente como fizera com as análises da Bíblia em Los Angeles, ele lia para nós por horas a fio, distribuindo os livros que julgava que nos interessariam. Anunciou que eu teria de acompanhá-lo na busca das respostas para o universo, a fim de que pudéssemos nos tornar perfeitas almas gêmeas. Para ajudar-me, ele deu-me vários livros, inclusive *A iniciação do mundo*, de Vera Stanley Adler.

Ele sugeriu que eu assistisse às conferências do filósofo e autor metafísico Manly P. Hall. Foi o que fiz. Achei que as conferências eram difíceis de compreender e penosas de suportar, mas consegui sobreviver, com a esperança de que "isto também vai passar".

Depois, Elvis interessou-se pelo *Livro dos números*, de Cheiro, que definia as características das personalidades das pessoas de acordo com o dia do mês em que haviam nascido. A fim de descobrir quem era compatível com quem, Elvis calculou os números dos dias de nascimento de todos no grupo. Fiquei apavorada, rezando para que meu número fosse seis, sete ou oito, a fim de ser compatível com Elvis, que era um oito. Felizmente, meu número combinava com o dele.

* * *

Embora eu estivesse me esforçando para ser a alma gêmea de Elvis e sutilmente me tornasse cada vez mais consciente de mim mesma como um ser espiritual, meu coração ansiava pelas próprias tentações que ele se empenhava em dominar.

Enquanto eu esperava pacientemente em Graceland por suas voltas, planejando interlúdios românticos, Elvis tentava superar as tentações do mundo e estava convencido de que passava por um período de purificação, física e espiritual. Quaisquer tentações sexuais eram contra tudo o que ele estava buscando e não desejava me trair, a garota que o esperava em casa, preparando-se para ser sua esposa.

Elvis sentia-se culpado e confuso por sua reação natural aos avanços femininos, e creio que esse era o seu maior medo no casamento. Ele me amava e queria muito ser fiel a mim, mas nunca teve certeza de que poderia resistir às tentações. Era uma batalha persistente, e ele chegou a um ponto em que estava convencido de que devia resistir até a mim. Uma noite, antes de nos deitarmos, ele disse:

— Cilla, você terá de ser muito compreensiva nas próximas semanas ou por quanto tempo mais for necessário. Sinto que devo me afastar das tentações do sexo.

— Mas por quê? E por que comigo?
Ele estava absolutamente solene.
— Temos de controlar nossos desejos, a fim de podermos nos controlar. Se pudermos controlar o sexo, então poderemos dominar todos os outros desejos.

Quando nos deitamos, ele tomou a sua dose habitual de pílulas para dormir, entregou a minha e depois, lutando contra a sonolência, pôs-se a ler seus livros metafísicos.

Como sua alma gêmea, eu deveria procurar as respostas tão fervorosamente quanto ele, mas não suportava ler os livros empolados que nos cercavam na cama todas as noites. De um modo geral, cinco minutos depois de abrir um eu já estava profundamente adormecida. Irritado com meu desinteresse óbvio, Elvis me acordava para partilhar uma passagem profunda. Se eu manifestasse o menor protesto, ele dizia:

— As coisas entre nós nunca darão certo, Cilla, porque você não demonstra o menor interesse por mim ou minha filosofia. — E depois, ele acrescentava, incisivo: — Há muitas mulheres por aí que gostariam de partilhar essas coisas comigo.

Confrontada com essa ameaça, eu me forçava a sentar na cama e tentava ler a passagem. As letras se embaralhavam diante de meus olhos, borradas.

Eu queria partilhar com ele inspirações românticas e não religiosas. Tentava me aconchegar o mais perto possível dele, sentindo o calor de seu corpo. Ele me mandava sentar direito e escutar, lia outro trecho, repetindo-o várias vezes, para ter certeza de que eu apreendia o seu significado. Uma noite, perdi o controle e comecei a gritar:

— Não aguento mais! Não quero ouvir mais nada! Estou cansada de sua voz falando interminavelmente! Está me levando à loucura!

Eu estava nervosa, puxando os cabelos como alguém fora de si.

— O que você está vendo, Elvis? Vamos, *responda*: o que está vendo?

Ele fitou-me, os olhos parcialmente fechados.

— Uma louca, uma louca delirante — respondeu, a voz meio engrolada por causa das pílulas para dormir.

Fiquei de joelhos ao seu lado, gritando:

— Não, Elvis, não é uma louca, mas sim uma mulher que precisa fazer amor e se sentir desejada por seu homem. Elvis, você pode ter seus livros e a mim também. Por favor, não me faça suplicar. Juro que preciso de você e quero você.

Quando eu concluí a tirada, tudo o que podia ouvir era o som suave de música religiosa tocando no rádio. Olhei para Elvis. Ele mergulhara num sono profundo.

26

Elvis não era um homem de moderação. Quer fosse motocicletas, carros, cavalos, parques de diversões, rinques de patinação, sexo ou até mesmo comer o mesmo jantar dia após dia, se ele gostava, entregava-se de corpo e alma.

Uma noite dei-lhe de presente um autorama, com carrinhos de controle remoto. Poucas semanas depois ele acrescentara uma sala inteira à casa, com uma enorme pista profissional. Brincava ali noite após noite, só voltando muito tarde para seu quarto, até que acabou cansando e o anexo foi convertido numa sala de troféus, ocupada por seus discos de ouro e prêmios diversos.

* * *

À medida que a fascinação de Elvis pelos fenômenos ocultos e metafísicos aumentou, Larry levou-o ao Centro de Autocompreensão, em Mount Washington, onde ele conheceu Daya Mata, a diretora. Era uma mulher atraente, com uma semelhança extraordinária com Gladys Presley. Elvis ficou cativado por sua serenidade e presença espiritual. Ela simbolizava tudo o que ele procurava.

Elvis fez várias viagens a Mount Washington, no alto das colinas de Hollywood, para sessões com Daya Mata, na esperança de alcançar o *kriya*, que é a forma mais elevada de meditação na autocompreensão. Sentia-se especialmente atraído por Paramahansa Yogananda, o falecido fundador do centro e autor de *Autobiografia de um iogue*.

Leu que Yogananda alcançara um estado de percepção tão elevado que seu espírito podia controlar o corpo, mesmo depois da morte. O corpo de Yogananda ficara num caixão aberto no Cemitério Forest Lawn por mais de vinte dias sem apresentar qualquer sinal de decomposição. Era esse tipo de estado superior de percepção que Elvis esperava alcançar.

Por mais relaxado e pacífico que ele estivesse ao deixar a área sossegada do centro, havia uma coisa a que não podia resistir: uma boa briga. Voltávamos uma tarde de Mount Washington quando a limusine passou por um posto de gasolina em que dois atendentes estavam brigando.

— Pare o carro — ordenou Elvis ao motorista. — Alguém está em dificuldade.

Ele saltou do carro, seguido por Jerry e Sonny. Aproximou-se de um dos homens e disse:

— Se você quer brigar com alguém, estou às suas ordens.

— Ei, cara, não tenho nada contra você! — protestou o homem, mal podendo acreditar que era mesmo Elvis. — Nem mesmo estou discutindo com você!

— Se quer um motivo para brigar, então vou lhe dar um!

Elvis desferiu um golpe de caratê, e para sua surpresa — e de todos nós — arrancou um maço de cigarros do bolso do homem. No nosso grupo, Elvis não se destacava pela precisão no caratê.

Muito tempo depois da confusão no posto de gasolina ainda gracejávamos a respeito:

— O Senhor estava ao lado de E naquele dia. O cara não soube a sorte que teve.

É claro que Elvis agira como se pudesse fazer aquilo sempre que quisesse. Depois de desferir o chute, ele se afastou com um sorriso arrogante, advertindo o homem de que não comprasse outras brigas ou aprenderia uma lição para valer.

Quando chegamos em casa, Elvis relatou o incidente, dando a impressão de que liquidara meio batalhão. E nós confirmamos a sua fantasia.

* * *

Ele estava ansioso por um filme, *Feriado no harém*, considerando-o a sua grande oportunidade de criar um personagem realmente interessante. Identificava seu papel com o de Rodolfo Valentino em *O sheik*. Achava que tinha finalmente um papel que podia explorar. Estava convencido de que tinha uma semelhança física com Valentino, especialmente de perfil.

Durante os preparativos para a produção, ele chegou um dia em casa escurecido pela maquiagem, vestindo uma calça branca de harém, um turbante branco na cabeça. Estava excepcionalmente bonito, muito mais do que Valentino, em minha opinião. Inclinando a cabeça, com um olhar penetrante, as narinas dilatadas, ele perguntou, enfaticamente:

— Não é impressionante como pareço com ele? Qual é a sua reação?

Ele me pegou em seus braços, ao melhor estilo de Valentino, inclinou-me, como no melhor cartaz do filme.

Noite após noite ele manteve a maquiagem e o turbante, durante o jantar e até a hora de dormir.

Embora estivesse muito animado com o filme quando começaram as filmagens, no entanto, seu ânimo foi declinando a cada dia que passava. O enredo de *Feriado no harém* era uma piada, seu personagem não passava de um idiota, as canções que apresentava eram desastrosas. O filme tornou-se mais um desapontamento, e dos mais vergonhosos.

Ainda empenhado no filme, mas humilhado por sua mediocridade, Elvis procurava uma válvula de escape em incursões de motocicleta — onze Triumphs e uma Harley; as Triumphs para os assistentes e a Harley para o chefe. Vestidos de couro da cabeça aos pés e nos sentindo como um bando de arruaceiros dos Hell's Angels, partíamos em disparada pelos portões da mansão de Bel Air, acelerando os motores, a qualquer hora da madrugada.

Nos fins de semana fazíamos excursões às montanhas de Santa Mônica, parando pelo caminho para tomarmos refrigerantes ou cerveja. Era divertido e desenfreado. Eu gostava tanto que queria ter minha própria motocicleta. Apesar da preocupação com minha segurança, Elvis acabou me comprando, relutante, uma Honda Dream 350.

Enquanto ele estava no estúdio, eu saía sozinha às vezes, fugindo de Bel Air, Beverly Hills, Hollywood, MGM e todas as minhas preocupações.

* * *

Durante esse período, quando Elvis ainda procurava "um estado de consciência superior", experimentamos as drogas que expandiam a percepção. Experimentamos a *marijuana* e não gostamos muito. Sentíamo-nos cansados e grogues, com uma fome voraz. Depois de várias excursões à geladeira — e os quilos a mais resultantes —, resolvemos nos manter a distância da erva.

Embora detestasse as drogas mais fortes, Elvis estava curioso com o LSD, querendo experimentá-lo uma vez. Quando iniciamos a experiência, providenciamos para que Sonny West permanecesse na supervisão durante todo o tempo. Lamar, Jerry, Larry, Elvis e eu sentamos à noite em torno da mesa de reunião no escritório de Elvis, no segundo andar de Graceland.

Elvis e eu tomamos meio tablete. A princípio, nada aconteceu. Depois, começamos a nos fitar atentamente e a rir, pois os rostos começavam a ficar distorcidos.

Fiquei absorvida pela camisa multicolorida de Elvis. Começou a aumentar, cada vez maior, até que pensei que ele ia explodir. Era fascinante, mas a sensação não me agradava. Pensei: isso não é real, tome cuidado, está perdendo o controle. Tentei me apegar à sanidade.

Todos nos concentramos em torno do aquário, no lado de fora do quarto principal, fascinados pelos peixinhos tropicais. Muito estranho — havia apenas dois ou três, mas de repente eu contemplava um oceano de peixes de cores brilhantes. Afastei-me e, um momento depois, descobri-me no imenso closet de Elvis, ronronando como uma gatinha.

Já era de manhã quando Elvis e eu descemos e saímos da casa. O orvalho criava arco-íris na névoa, rebrilhava nas árvores e no gramado. Estudamos as folhas, tentando contar cada gota de orvalho. Os veios na relva tornaram-se visíveis, respirando lentamente, em ritmo. Fomos de árvore em árvore, observando a natureza em detalhes.

Foi uma experiência extraordinária. Contudo, compreendendo que era uma droga muito perigosa para se brincar, nunca mais experimentamos o LSD.

27

Em 1966 a longa busca de Elvis pelas respostas para o mistério da vida envolveu a todos nós em estranhos jogos, que ele adorava criar.

    Ele ia para o quintal dos fundos da casa em Bel Air e ficava olhando "os planetas se deslocarem pelo céu", por longos períodos, na escuridão da madrugada. Elvis estava convencido — e quase nos convenceu também — de que havia ondas de energia tão poderosas que faziam as estrelas deslizarem pelo universo. Durante horas todos contemplávamos, maravilhados, interrogando um ao outro sobre o que víamos, com medo de formular a única indagação apropriada: "Será possível?"

    A imaginação de Elvis atingiu o auge quando estávamos todos no jardim, olhando para o Bel Air Country Club, cujo gramado estava sendo regado por um sistema de aspersão automático.

    — Estão vendo? — perguntou Elvis, olhando atentamente para o terreno.

— Vendo o quê? — indaguei, sem perceber coisa alguma.
— Os anjos.
— Anjos?

Olhei para o gramado. *Queria* muito acreditar em Elvis, assim como os outros. E todos concordamos que também estávamos vendo.

Como num transe, Elvis continuou a olhar para a água por mais alguns minutos. Depois, começou a se adiantar, murmurando:

— Tenho de ir. Vocês devem ficar aqui. Eles estão querendo me dizer alguma coisa.

Ele encaminhou-se para o campo de golfe, no encalço de sua visão. Sonny seguiu-o, a fim de garantir sua segurança, enquanto os demais continuaram onde estavam, aturdidos.

Em outras ocasiões, Elvis nos fazia olhar por horas a fio para um teto branco, tentando divisar os rostos que ele dizia que estava fazendo aparecer ali.

Depois de sua morte, alguns de nós conversamos sobre aqueles tempos, aventando a possibilidade de um colapso nervoso — e depois descartando-a. Era mais provável que fosse apenas um jogo que ele inventara por tédio e depressão, no momento mais baixo de sua carreira. Elvis tomava as pílulas para dormir a fim de escapar; enquanto resistia ao efeito, criava as suas "imagens" — seus exercícios místicos.

* * *

A ocasião em que vi Elvis mais feliz foi quando desenvolveu uma paixão por cavalos. Tudo começou quando eu comentei que gostaria de ter um cavalo. Sempre adorara cavalos, desde a infância, e Graceland tinha um lindo estábulo antigo nos fundos, onde Vernon costumava guardar móveis velhos. Estava equipado com uma sala de arreios, palheiro e diversas baias.

Cerca de duas semanas depois eu estava em meu quarto de vestir quando Elvis, que se ausentara por algumas horas, voltou e bateu à porta.

— Sattnin, quero que você desça agora pois tenho uma coisa para lhe mostrar.

Os olhos dele brilhavam. Levou-me pela porta dos fundos, tapando-me os olhos com a mão. Quando ele a retirou, deparei com a coisa mais linda que já vira — um cavalo preto, de meias brancas.

— O nome dele deve ser Dominó! — exclamei, afagando o fogoso animal de quatro anos. — De quem é?

— É seu — respondeu Elvis, sorrindo. — Vi um garoto montando-o e perguntei se queria me vender. Pude imaginar você montada nele.

— Jura que é mesmo meu? — gritei, pulando de alegria e abraçando Elvis.

Eu queria montar Dominó imediatamente e foi o que fiz.

— Vá com calma — advertiu Elvis. — Não quero que se machuque.

Ele ficou me observando com uma expressão preocupada, enquanto eu dava uma volta pelo campo e depois me encaminhava para o quarto de Vovó.

— Dodger! Dodger! — gritei. — Olhe só o que eu ganhei! Meu cavalo! Não é lindo? Elvis acaba de comprar para mim!

— Santo Deus! — exclamou Dodger. — Saia de cima dessa coisa, Priscilla! Vai acabar se matando! Vou brigar com aquele menino por dar um presente assim a você! Não pode montar essa criatura!

— Não se preocupe, Vovó! — gritei, alegre, antes de me afastar a galope. — Posso controlá-lo muito bem!

Dominó era um cavalo fogoso. Quando eu o montava, ao final da tarde, sentia-me em meu mundo particular. Era uma libertação maravilhosa. Muitas vezes Elvis me observava de sua janela no segundo andar e eu lhe gritava:

— Desça para passear comigo!

Elvis não montava muito bem na ocasião. Só tivera experiência de equitação em alguns de seus filmes e jamais gostara. Sentia-se um pouco intimidado com os animais grandes; mesmo assim, aceitou meu convite e experimentou montar Dominó. Adorou e declarou:

— Também quero um cavalo e vai ser um palomino dourado.

Jerry Schilling encontrou Rising Sun num estábulo próximo. Era o mais lindo palomino que se podia imaginar, grande e vigoroso. Fora treinado para shows e nunca vi um animal que exigisse tanta atenção e tanto a apreciasse como Rising Sun. Não podia haver qualquer dúvida de que era o cavalo para Elvis.

Mas ele permaneceu cético e mandou que Jerry testasse o cavalo primeiro.

— Ele é lindo, cara, um cavalo sensacional. Mas dê uma volta nele antes, Jerry.

Jerry tinha pouca — se é que alguma — experiência de montaria e ficou apavorado com a ideia. Mesmo assim, montou Rising Sun, parecendo completamente deslocado.

O cavalo disparou como uma bala, com Jerry mal conseguindo se manter na sela. O magnífico animal parecia estar estudando Elvis, tanto quanto Elvis o estudava. Correu de volta, seguindo direto para o lugar em que Elvis estava parado.

— Puxe-o de volta! — gritou Elvis.

— Estou tentando, E, estou tentando! — berrou Jerry em resposta.

Elvis foi conquistado. Agora, todos desenvolvemos a paixão por cavalos. Cavalgávamos todas as tardes, entrando pela noite. Como acontecia com tudo o que apreciava, Elvis queria que todos aderissem à diversão. Assim, começou a nossa busca de cavalos para o grupo, inclusive as esposas. Compramos cavalos para Billy e Joe Smith, Joe Esposito, Jerry e Sandy Schilling, Lamar, Charlie, Red, Sonny, Richard... todos, enfim. Compramos as melhores selas, mantas, freios, rédeas, baldes de forragem. Comprávamos qualquer coisa que se relacionasse com um cavalo.

Todas as tardes saíamos a passear, à vista de cerca de duzentas fãs locais, ao longo das cercas. Trajado ao estilo do Velho Oeste, Elvis oferecia um espetáculo e tanto. Descia a galope pela encosta comprida na frente de Graceland e voltava, mostrando-se para as fãs. Disputava corridas com os outros, sob os aplausos delas.

O espetáculo tornou-se ainda mais sensacional quando Elvis comprou seu Tennessee Walker, um zaino premiado, chamado Bear, que montava em grande estilo. Ele e Bear ofereciam um show sensacional; se fosse cobrada a entrada, provavelmente daria a mesma renda de seu show em Las Vegas.

Seus outros hobbies — os karts e carrinhos — eram apenas máquinas. Aquele era o primeiro hobby que envolvia uma criatura viva. Os cavalos reagiam ao seu amor e era comovente observar a afeição de Elvis pelos animais.

Foi um momento de grande intimidade para todos nós, pois tínhamos algo em comum. Mas depois que Elvis demonstrou sua generosidade, presenteando a todos com cavalos, Graceland mostrou que não era grande o bastante para a manada. Ainda não sabíamos, mas estávamos prestes a nos tornar rancheiros.

28

Uma noite, pouco antes do Natal de 1966, Elvis bateu de leve à minha porta e disse:

— Sattnin, preciso falar com você.

Tínhamos uma senha. Provocante, eu lhe disse que teria de pronunciá-la antes que eu o deixasse entrar. Ele riu e disse "Olhos de Fogo" — o apelido que eu lhe dava quando estava furioso.

Elvis estava com seu sorriso infantil e as mãos nas costas.

— Sente-se e feche os olhos, Sattnin.

Obedeci. Quando abri os olhos, deparei com Elvis ajoelhado à minha frente, estendendo uma caixinha de veludo preto.

— Sattnin — murmurou ele.

Abri a caixa para descobrir o mais lindo anel de diamante que já vira. Era de três e meio quilates, cercado por diamantes menores, destacáveis — eu poderia usá-los separadamente.

— Vamos casar — anunciou Elvis. — Você vai ser minha. Eu lhe disse que saberia quando o momento chegasse. Pois o momento chegou.

Ele enfiou o anel em meu dedo. Eu estava emocionada demais para falar; foi o momento mais lindo e romântico da minha vida.

Nosso amor não seria mais um segredo. Eu poderia viajar abertamente como a Sra. Elvis Presley, sem o receio de inspirar alguma manchete escandalosa. E o melhor de tudo, os anos de angústias e medos de perdê-lo para uma das muitas mulheres que disputavam o meu lugar estavam terminados.

Elvis estava ansioso em mostrar o anel ao pai e a Vovó, informando-os de que estávamos oficialmente noivos. Nem mesmo tive a chance de me vestir. Levando em consideração nosso estilo de vida irregular, ficar noiva no meu quarto de vestir e mostrar o lindo anel de diamante num roupão não parecia absolutamente estranho.

Eu queria partilhar a grande notícia com meus pais, mas Elvis sugeriu que esperássemos até a nossa volta para Los Angeles, poucas semanas depois. Poderíamos então anunciar pessoalmente; eles mereciam essa consideração. Naquela noite ligamos para meus pais e os convidamos para passar um fim de semana conosco em Bel Air.

Elvis estava mais nervoso do que em qualquer outra ocasião anterior no dia em que eles deveriam chegar. Olhava a todo instante pela janela, à espera do carro. Estava ansioso em lhes mostrar o anel e quase o fez no instante mesmo em que passaram pela porta, mas eu consegui manter a mão nas costas até que todos sentamos. Estendi então a mão e disse:

— Só queríamos mostrar isto a vocês.

— E o que isso significa? — perguntou papai, olhando para a minha mão.

— É um anel de noivado, senhor — informou Elvis.

As lágrimas afloraram aos olhos de mamãe.

— Meu Deus, é lindo! — murmurou ela.

Os dois estavam extasiados. Adoramos informá-los de que finalmente ocorria o que esperavam havia tanto tempo e pelo que muito tinham rezado. Ressaltamos a importância de manter o noivado em segredo, pedindo que mantivessem um sigilo absoluto, mesmo para a família, já que os garotos poderiam comentar na escola e a notícia se espalharia depressa. Queríamos um casamento íntimo, não um evento de celebridade. Meus pais concordaram com todos os planos. Não podiam estar mais felizes e durante todo o fim de semana se mostraram radiantes de prazer.

Durante os cinco anos em que eu vivia com Elvis raramente lhes permitira discutir o meu casamento. A possibilidade da família ser magoada era a preocupação maior de meus pais. Agora, não tinham mais de se preocupar se haviam tomado a decisão acertada ao deixarem que a filha tão jovem saísse de casa.

Sei que o Coronel Parker pedira a Elvis que analisasse o nosso relacionamento e decidisse o que julgava melhor. A atitude de Elvis em relação ao casamento era de que se tratava de algo *definitivo*. Embora ele fosse monógamo por natureza, adorava as opções.

Apesar disso, não estava disposto a me largar. Curiosamente, depois da conversa com o Coronel Parker, Elvis não levou muito tempo para chegar à conclusão de que era o momento certo.

A decisão foi sua e somente sua.

Em meio ao entusiasmo, fizemos o resto dos planos para a cerimônia de casamento. A primeira sugestão foi de que eu providenciasse o vestido imediatamente; se a notícia vazasse, poderíamos casar de um momento para outro. Mas minha busca por um vestido de noiva acabou se prolongando por meses. Disfarçada com óculos e um chapéu, visitei todas as butiques exclusivas de Memphis a Los Angeles; apesar do disfarce, era paranoica bastante para pensar que todos me reconheciam. Cheguei a conversar com diversas costureiras sobre modelos, mas não confiava o bastante nelas para dizer que seria para um vestido de noiva.

Finalmente alguém indicou uma loja pouco conhecida de Los Angeles. Charlie acompanhou-me, apresentando-se como meu noivo. Foi ali que encontrei meu vestido de noiva. Não era extravagante, nada tinha de excepcional — era simples e, para mim, maravilhoso.

Saí da cabine para mostrá-lo a Charlie. Ao me ver, Charlie ficou com os olhos cheios de lágrimas e murmurou:

— Você está linda, Beau. Ele vai ficar muito orgulhoso.

* * *

Era o mês de fevereiro, depois de nosso noivado. Estávamos passando de carro perto de Horn Lake, Mississippi, quando avistamos um lindo rancho – 160 acres de colinas ondulantes. Um rebanho de gado Santa Gertrudes pastava. Havia uma ponte sobre um pequeno lago, um estábulo com baias para cavalos e uma casa encantadora, numa posição privilegiada. Estava à venda.

Era a casa dos meus sonhos. Apaixonei-me no mesmo instante e comecei a imaginar Elvis e eu vivendo ali, sozinhos. Era pequena o suficiente para eu cuidar sozinha. Faria toda limpeza e tomaria conta de Elvis, levando seu café da manhã na cama, enquanto ele contemplaria Rising Sun pastando numa colina.

Pensei naquele rancho como um meio maravilhoso de escaparmos de Graceland de vez em quando. Imaginei nós dois a selarmos nossos cavalos, partindo a galope, de manhã bem cedo ou ao entardecer. As imagens eram apenas de nós dois, sem o séquito.

Estávamos decididos a comprar o rancho, sem prever o fardo excessivo que se tornaria. Elvis queria o lugar tanto quanto eu, embora Vernon alegasse que meio milhão de dólares era um preço absurdo. Ele achava que o proprietário poderia se contentar com menos e tentou nos persuadir que financeiramente não era um bom negócio. Os filmes de Elvis continuavam a perder popularidade e as vendas de seus discos ainda estavam caindo. Ele ganhava em média um milhão de dólares por filme e o dinheiro saía tão depressa quanto entrava. Contudo, Elvis tomara sua decisão. Queria o rancho de qualquer maneira.

Com a maior relutância, Vernon foi ao banco para tomar o dinheiro emprestado, oferecendo Graceland como garantia. Compramos o rancho inteiro, inclusive o gado e equipamentos, batizamos com o nome de Círculo G, por Graceland.

Tínhamos dezoito cavalos nessa ocasião e todos foram transferidos para o rancho, mas Elvis tinha ideias próprias sobre a maneira como queria que todos nós vivêssemos. Como a casa do rancho era pequena, ele comprou trailers e distribuiu um para cada família. Vernon se esforçou com a maior diligência para obter permissão da prefeitura para fazer a ligação de água e gás no rancho.

— Faça qualquer coisa que seja necessária — autorizou-o Elvis.

Não demorou muito para que estivessem sendo despejadas toneladas de cimento, que seriam as fundações de concreto dos trailers. Não parou por aí. Elvis comprou picapes El Caminos ou Rancheros para cada família, até mesmo uma para o bombeiro e outra para o pintor. Gastou pelo menos cem mil dólares só nos veículos.

Elvis continuou a gastar dinheiro a rodo. Alarmado, Vernon literalmente suplicou-lhe que parasse, mas Elvis disse:

— Estou me divertindo, papai, pela primeira vez em muito e muito tempo. Tenho um hobby, uma coisa pela qual me sinto satisfeito por acordar de manhã.

Era comum vê-lo circulando pela propriedade, batendo em portas, acordando todo mundo, indo verificar como estavam os cavalos ao amanhecer. Estava na maior animação e havia ocasiões em que nem mesmo queria fazer uma pausa para comer — andava com um pão debaixo do braço, a fim de aliviar as pontadas de fome que por acaso surgissem. Adorava fazer compras no porão da Sears, levando para o rancho e exibindo orgulhoso ferramentas, facas, lanternas e outros equipamentos.

Naquela primavera de 1967 passamos muito tempo lá, às vezes ficando até por duas semanas, sem retornar a Graceland. Aos domingos fazíamos piqueniques e todas as mulheres levavam alguma comida simples, como frango frito, biscoitos e saladas. Andávamos a cavalo, promovíamos concursos de tiro ao prato, vasculhávamos o lago à procura de tartarugas e cobras. Havia muita diversão, risos e uma grande camaradagem. Mais uma vez, nossa vida era coletiva, com todos participando.

Mesmo em minha pequena casa havia convidados para o jantar todas as noites, geralmente os solteiros, como Lamar e Charlie. Cozinhar para Elvis era fácil: bastava eu pegar qualquer coisa que tivéssemos para comer e deixar quase queimado. Mas havia tantos outros para alimentar que muitas vezes sua prima Patsy vinha me ajudar. Os casados jantavam em suas casas e depois vinham para a sobremesa, passando o resto da noite em nossa companhia.

Havia sempre muitas sessões musicais. Elvis, Lamar Fike e Charlie Hodge se reuniam no meio da sala e cantavam suas músicas prediletas. Quando estavam indo muito bem, Elvis gritava:

— Puxa, está demais! Mais uma vez!

Às vezes ele passava uma hora repetindo um final, porque tinha o "*pique*... os ingredientes de uma obra-prima".

Assim como o círculo íntimo nos seguiu até o rancho, o mesmo aconteceu com os curiosos. As pessoas que se reuniam em Graceland começaram a aparecer no Círculo G. Não demorou muito para que dezenas de pessoas, dia e noite, se espalhassem ao longo da cerca. Como nossa casa ficava à vista da estrada, Elvis mandou erguer um muro de três metros de altura. Mas nada detinha as pessoas, que passaram a subir em carros e nos telhados das casas próximas. Não podíamos escapar e tínhamos receio de sair pelo portão.

O sonho estava pouco a pouco se transformando num pesadelo. As esposas queriam voltar para suas casas e as crianças queriam voltar para seus amigos e escolas.

Elvis gostava quando todos estavam juntos — em termos que somente ele especificava — e sentia-se contrariado quando queriam partir.

— Comprei uma porção de coisas e agora todo mundo quer ir embora — queixou-se ele.

Ressentia-se com as deserções; dera tudo a seus empregados e parecia que eles não apreciavam. Elvis descobriu que alguns dos que costumavam frequentar sua casa estavam vendendo os veículos que lhes dera de presente. Precisavam mais de dinheiro do que de El Caminos. Elvis nunca foi capaz de conceber os problemas financeiros que a maioria das pessoas enfrenta e jamais compreendeu que os "amigos" casados tinham de levar em consideração suas responsabilidades com as esposas e filhos.

Apesar de tudo, porém, ele adorava dar e partilhar, embora sua conta bancária estivesse minguando de maneira drástica. Um hobby dispendioso, o rancho já lhe custara quase um milhão de dólares, criando um problema sério de fluxo de caixa. Em telefonemas diários, Vernon suplicava ao Coronel que providenciasse algum trabalho, a fim de desviar Elvis de sua orgia de gastos. O Coronel logo arrumou outro filme, *O barco do amor*. Elvis leu o roteiro, mais uma história de praia e biquíni, e detestou, mas Vernon convenceu-o de que não tinha opção:

— Precisamos do dinheiro, filho.

E não havia mesmo alternativa. Mas Elvis ainda protestou:

— Não quero sair daqui, Cilla. Não quero deixar você, o rancho, Sun. Nenhum filho da puta vai me manter longe por muito tempo. Isso inclui papai, o Coronel, o estúdio... todo mundo. A conspiração para me impedir de gastar dinheiro não vai dar certo. Se eu precisar de dinheiro, irei a Nashville e gravarei algumas canções. Será muito melhor do que fazer esses filmes nojentos.

Nem Elvis nem Vernon jamais consideraram a possibilidade de transformar o Círculo G numa operação lucrativa. Todos os elementos para um negócio bem-sucedido estavam ali — tratores, pastagens e o melhor gado Santa Gertrudes, criado no Rancho Rockefeller. Mas ele vendeu o gado, depois que Vernon advertiu-o de que a manutenção era muito cara. Com alguma assessoria financeira profissional, Elvis poderia realizar negócios legítimos, que seriam benéficos a ele e seu hobby.

Infelizmente, Vernon e Elvis eram desconfiados demais em negócios que exigiam assessoria financeira. Vernon operava por puro instinto, recusando qualquer sugestão de aproveitar benefícios fiscais, algo que considerava complicado demais para ao menos considerar. Deixava que a Receita Federal calculasse os impostos de Elvis e assim agia desde que houve um levantamento meticuloso quando ele estava no exército, calculando-se que devia oitenta mil dólares em impostos atrasados. O próprio Elvis recomendava:

— Vamos pagar os impostos que eles estão cobrando, papai. Ganho bastante dinheiro. Farei um milhão de dólares e entregarei a metade.

Foi durante a filmagem de *O barco do amor* que expirou o contrato de locação da casa em Perugia Way, em Los Angeles. Tínhamos de procurar uma nova casa. Depois da experiência no Círculo G, estávamos preocupados em proteger nossa privacidade. Descobrimos uma casa isolada, aninhada numa colina em Bel Air, pensamos que finalmente encontráramos um santuário. Mas ali também não teríamos privacidade.

Não demorou muito para que centenas de pessoas começassem a subir para a estrada por cima da casa, observando tudo lá embaixo, através de binóculos e teleobjetivas. Não podíamos mais usar a piscina, o pátio ou o jardim sem posar para uma audiência enorme, inclusive repórteres e fotógrafos que passavam o dia lá em cima à espera de fotos reveladoras ou furos.

A situação escapava do controle de vez em quando. Uma noite, quando Elvis fora a Mount Washington para conversar com Daya Mata, saí para uma visita a Joan Esposito. Notei um carro com os faróis altos me seguindo. Era uma das fãs mais ardorosas de Elvis, uma mulher de quase cem quilos, acompanhada por outra e por um homem. Sentindo-me insegura, resolvi voltar para casa. Ela continuou a me seguir. Ao passar pelo portão, eu estava furiosa.

Observando-a subir para a estrada sem saída por cima da casa, fui em seu encalço e parei o carro atravessado, bloqueando-a. A mulher estava de pé ao lado do carro quando saltei e perguntei:

— O que está fazendo aqui? Por que está me seguindo? — Ela permaneceu em silêncio e insisti: — Por que está me seguindo?

— Sua puta! — gritou ela.

Enfurecida, cerrei o punho e acertei um soco em sua cara. Ela caiu no chão, atordoada. Pulei em cima dela e nós duas nos engalfinhamos, berrando e puxando os cabelos uma da outra. Compreendi que precisava de ajuda. Voltei correndo ao portão da casa e gritei pelo interfone:

— Alguém... Sonny, Jerry... venha me ajudar!

Poucos segundos depois, Elvis saiu correndo da casa, acompanhado pelos rapazes.

— O que foi, baby?

Quando expliquei o que acontecera, apontando para o local, Elvis saiu em disparada. Vendo-o se aproximar, a garota e seus amigos se trancaram no carro. Elvis estava furioso, começou a balançar o carro nas molas. Socou o para-brisa, ameaçando matar todo mundo se encostassem a mão em mim de novo.

— Eu sou menor! Eu sou menor! — gritava a garota. — Vou processá-lo se tocar em mim!

Foi preciso muita persuasão de Sonny de que ela poderia acarretar mais problema do que valia a pena para que Elvis a deixasse ir embora.

29

Elvis ficou tão desolado com *O barco do amor* que seu peso subiu dos 75 quilos habituais para noventa, quando se apresentou para o trabalho. O estúdio ordenou-lhe que emagrecesse... e depressa. Ele começou a tomar remédios para emagrecer, a única maneira de inibir o apetite e perder peso em tão curto prazo. O Coronel conseguiu apaziguar os chefões do estúdio.

Na manhã em que devia começar as filmagens ele acordou meio grogue e foi para o banheiro, enquanto eu continuava na cama. Ouvi um baque alto e depois os seus gritos:

— Mas que merda! Quem pôs este fio aqui?

Pulei da cama e corri para o banheiro, indagando:

— O que aconteceu?

Elvis estava caído no chão, esfregando a cabeça.

— Tropecei no fio da televisão. Estava tão escuro aqui que não vi nada. Ajude-me a levantar... tenho de ir para a cama.

Embora ele estivesse tonto, sem equilíbrio, conseguimos chegar à cama. Sentindo um caroço em sua cabeça, liguei no mesmo instante para Joe Esposito, que chamou o Coronel e um médico. Poucos minutos depois o quarto estava cheio de gente — o médico, sua enfermeira, o Coronel Parker e diversos executivos nervosos do estúdio. O Coronel sugeriu que todos, menos ele, esperassem lá fora, enquanto o médico fazia o diagnóstico.

Algumas horas depois foi anunciado que Elvis tinha uma grave concussão cerebral e que o início das filmagens estava adiado por prazo indeterminado. O Coronel resolveu aproveitar o acidente para cortar algumas das outras atividades de Elvis. Queria que ele abandonasse o envolvimento com as filosofias esotéricas, que em sua opinião eram irrelevantes para a carreira de Elvis e prejudiciais a seu pensamento objetivo.

A busca espiritual de Elvis não passara despercebida. Todas as pessoas, do círculo íntimo à turma das filmagens, estavam conscientes de uma mudança em sua personalidade, ao longo dos anos em que ele vinha estudando com Larry Geller. A personalidade antes vibrante de Elvis se tornara agora passiva, ele era cada vez mais introvertido. As brincadeiras travessas que outrora fazia no estúdio haviam sido suplantadas por suas buscas diligentes. Elvis passava cada momento de folga absorvido nos livros que levava para o estúdio.

A pessoa mais preocupada com essa mudança era o Coronel Parker. Ele achava que Larry hipnotizara Elvis, cuja carreira de ator e cantor estava sofrendo em consequência. A "concussão" de Elvis era uma oportunidade para acabar com a "exploração da alma".

Poucos dias depois do acidente ele reuniu Elvis e os rapazes. Disse que eles estavam sobrecarregando Elvis com problemas demais, comentando:

— Lidar com uma pessoa é uma coisa, mas cuidar de onze e mais os próprios problemas pessoais é suficiente para fazer qualquer homem vergar.

O Coronel acrescentou que haveria algumas mudanças, da redução da folha de pagamento à determinação de que todos os problemas fossem encaminhados a Joe Esposito, em vez de Elvis. Sua mensagem básica foi a seguinte: Deixem Elvis em paz.

— Elvis deve se concentrar em sua carreira. É um artista, não um ombro amigo para os outros chorarem. Deixem-no em paz, para que ele possa realizar o seu trabalho. — O Coronel olhou para Larry; era evidente que ali estava o principal alvo de sua mensagem. — Não quero que ele leia mais livros e se envolva com coisas que deixam sua mente confusa.

Elvis permaneceu sentado a escutar como um menino obediente, parecendo abatido, sem dizer nada. Não assumiu a defesa de Larry; ninguém o fez.

Mais tarde, o Coronel disse a Elvis que deveria afastar Larry de sua vida, que o sujeito usava alguma técnica para manipular o pensamento dele. Elvis alegou que isso não acontecia; estava realmente interessado em suas leituras.

— Você não estaria nesse estado se sua cabeça estivesse em ordem! — gritou o Coronel. — Posso lhe garantir, Elvis: Larry está interferindo em sua mente!

Fiquei surpresa ao observar como Elvis escutava atentamente. Ele sempre discutira com qualquer um, até mesmo comigo, que se atrevesse a falar alguma coisa contra Larry. Mas naquele momento Elvis prometeu ao Coronel que não passaria mais tempo do que o necessário com Larry. E cumpriu a promessa. Só usava Larry para arrumar seus cabelos e nunca mais tornou a ficar a sós com ele.

Depois dessa reunião, os rapazes passaram a ser abertamente hostis com Larry, e até mesmo Elvis fazia alguns comentários mordazes a seu respeito. Larry se tornou uma espécie de pária e acabou indo embora. O Coronel Parker ficou exultante. Recuperava seu pupilo.

Elvis estava pronto para uma grande mudança e já era tempo que ocorresse. O Coronel disse que seus filmes estavam indo muito mal e que ele precisava revitalizar sua carreira. Estaria casando em breve e antes disso tinha de repor sua carreira e sua vida no caminho certo. Depois que Larry partiu, Elvis guardou muitos dos seus livros. Eu disse a ele que me sentia contente por isso, pois aqueles livros estavam literalmente nos destruindo. Estávamos noivos, íamos casar.

— Você se sentiria ainda melhor se eu me livrasse de todos os livros? — perguntou Elvis.

Acenei com a cabeça afirmativamente. Naquele dia, às 3h da madrugada, Elvis e eu fizemos uma pilha enorme com seus livros e revistas, dentro de uma caixa grande, e fomos jogar tudo num poço abandonado, atrás de Graceland. Despejamos gasolina por cima, Elvis riscou um fósforo e jogou-o, despedindo-se do passado.

30

Minha atitude em relação às formalidades normais do casamento era ingênua, sem qualquer sofisticação. Se não fosse por minha boa amiga Joan Esposito, não posso imaginar o que teria feito. Joanie foi sensacional. Fora criada no Missouri, onde a mãe estava de alguma forma metida em política. Joanie sabia de tudo sobre etiqueta social.

Antes do casamento, nunca houvera uma ocasião para formalidades — as mesmas pessoas nos visitavam havia anos e estavam sempre presentes quando havia uma festa especial, como o réveillon num clube local, ou as guerras de fogos de artifício em Graceland.

Ela me lembrou de encomendar meu papel de carta personalizado, a fim de enviar bilhetes de agradecimento posteriores. Enviou nossos nomes para as melhores lojas de prataria e cristal da cidade, para que fosse mais conveniente a compra de presentes de casamento pela família e amigos.

Eu jamais comparecera a qualquer casamento tão grande quanto o nosso... nem de longe. Sentia-me muito nervosa. Fui tomada de surpresa pela generosidade dos chás de panela. Sempre me parecera que Graceland tinha tudo o que uma pessoa podia desejar. Estávamos satisfeitos com o que havia ali, mais algumas coisinhas que eu comprara ao longo dos anos, como pratos lisos e copos simples (para o caso de reposição).

— O que há de errado com estas coisas? — indaguei.

Fora criada para ser prática e isso estava se tornando evidente. Joanie introduziu-me aos aparelhos de luxo, o que havia de melhor em prata, cristal e porcelana — Baccarat, Lenox, Steuben.

A cerimônia de casamento foi em 1º de maio de 1967. O Coronel Parker cuidou de tudo. Seu plano era que Elvis e eu seguíssemos de carro de Los Angeles para nossa casa alugada em Palm Springs no dia anterior ao casamento, a fim de que quaisquer repórteres inquisitivos que suspeitassem do evento pensassem que a cerimônia ocorreria lá.

Na verdade, planejávamos nos levantar antes do amanhecer no dia do casamento e voar de Palm Springs para Las Vegas, onde passaríamos pelo cartório às 7h, a fim de pegar a licença para o casamento. De lá seguiríamos imediatamente para o Aladdin Hotel. Ali trocaríamos de roupa, faríamos uma pequena cerimônia na suíte do proprietário do hotel e depois — era o que esperávamos — deixaríamos a cidade antes que a notícia se espalhasse.

O tempo era essencial. Sabíamos que a notícia se espalharia pelo mundo assim que solicitássemos a licença para o casamento. Foi justamente o que aconteceu. Poucas horas depois de obtermos a licença, o escritório de Rona Barrett começou a telefonar para indagar se os rumores sobre o casamento eram verdadeiros.

Elvis e eu seguimos o plano do Coronel, mas enquanto corríamos de um lado para outro, durante o dia, não pudemos deixar de pensar que nos daríamos mais tempo se tivéssemos de fazer tudo de novo. Ficamos particularmente aborrecidos pela maneira como nossos amigos e parentes acabaram sendo afastados. O Coronel até disse a alguns dos rapazes que a sala era muito pequena para caber a maioria deles e suas esposas e não havia tempo de mudar para uma sala maior. Infelizmente, já era tarde demais para alterar qualquer coisa quando Elvis descobriu.

Agora, recordo às vezes a confusão daquela semana e me pergunto como foi possível que as coisas escapassem inteiramente do nosso controle. Eu gostaria de ter tido a força para declarar na ocasião: "Vamos com calma. Este é o *nosso* casamento, com ou sem fãs, com ou sem imprensa. Vamos convidar quem quisermos e realizá-lo onde quisermos!"

A impressão foi de que a cerimônia acabou um instante depois de começar. Fizemos as promessas. Éramos agora marido e mulher. Lembro-me dos flashes espocando, os parabéns de papai, as lágrimas de felicidade de mamãe.

Eu daria qualquer coisa por um momento a sós com meu marido. Mas fomos imediatamente levados a uma sessão fotográfica, depois a uma entrevista coletiva e, finalmente, a uma recepção, com mais fotógrafos.

* * *

Sra. Elvis Presley. Era diferente, soava muito melhor que os rótulos anteriores, como "companheira constante", "namorada adolescente", "Lolita de plantão", "amante". Pela primeira vez, eu era aceita por todos os nossos conhecidos e pela maioria do público. Havia exceções, é claro, as que acalentavam alguma esperança de que poderiam um dia conquistar Elvis. Eu não podia compreender isso na ocasião. Estava apaixonada e imaginava que todas seriam felizes por nós.

Senti-me orgulhosa quando li nos jornais que eu fora o segredo mais bem guardado de Hollywood; era maravilhoso ser reconhecida. Estavam encerrados os anos de dúvida e insegurança, sem saber se eu pertencia e a que lugar.

Eu estava ao mesmo tempo exausta e aliviada quando finalmente voltamos a Palm Springs, no Learjet de Frank Sinatra, o *Christina*. Havia mais fotógrafos e repórteres à nossa espera quando desembarcamos e outros se postavam diante de nossa casa.

Fiquei surpresa ao constatar que Elvis estava se comportando muito bem, levando em consideração o nervosismo que demonstrara por aquele compromisso supremo. Contudo, ele foi simpático com a imprensa e enfrentou, tranquilo, os intermináveis pedidos de poses dos fotógrafos, algo que normalmente só podia suportar por curtos períodos. Além de todo o resto, não dormíamos havia quase 48 horas.

À sua maneira, Elvis estava determinado a fazer com que o dia do casamento fosse especial para nós. Ele brincou com Joe Esposito, indagando:

— É assim que se faz?

Ele carregou-me no colo pelo limiar da casa, cantando "The Hawaiian Wedding Song". Parou e deu-me um beijo longo e apaixonado, depois subiu a escada e levou-me para o quarto, com toda a turma rindo e aplaudindo.

Ainda era dia e o sol brilhava forte pelas janelas do quarto quando Elvis colocou-me no meio da cama enorme, com extremo cuidado.

Tenho a impressão de que ele não sabia realmente o que fazer comigo. Afinal, Elvis me protegera e salvara por muito tempo. Estava agora compreensivelmente hesitante em consumar todas as promessas sobre a excelência daquele momento.

Recordando agora, não posso deixar de rir ao pensar como nós dois estávamos nervosos. Poderia até imaginar que era a primeira vez em que ficávamos juntos em circunstâncias tão íntimas.

Gentilmente, os lábios de Elvis se encontraram com os meus. Depois, ele me fitou fundo nos olhos e disse, a voz suave, enquanto me puxava contra o seu corpo:

— Minha esposa... amo você, Cilla...

Ele cobriu meu corpo com o seu. A intensidade da emoção que eu experimentava era eletrizante. O desejo e ansiedade que haviam se acumulado em mim ao longo dos anos explodiram num frenesi de paixão.

Ele teria imaginado como seria para mim? Planejara durante todo o tempo? Jamais saberei. Mas sei com certeza que, ao passar de moça para mulher, toda a longa, romântica e ao mesmo tempo frustrante aventura que Elvis e eu partilháramos parecia ter valido a pena. Tão antiquado quanto isso possa parecer, éramos agora um só. Era algo especial. *Ele* fez com que fosse especial, como acontecia com qualquer coisa de que se orgulhasse.

31

Poucos dias depois estávamos em Memphis, onde Dee Presley ofereceu-me um pequeno chá de panela. Ao final de maio, demos uma grande festa em Graceland para todos os *nossos* amigos e parentes... e algumas fãs. Elvis e eu usamos as roupas do casamento, cumprimentamos a todos, tomamos champanhe, cortamos o bolo, exatamente como se a festa estivesse ocorrendo logo depois da cerimônia de casamento. Foi muito mais agradável e relaxado do que em Las Vegas.

Rindo e um pouco altos do champanhe, podíamos nos divertir de verdade. Não havia fotógrafos ou estranhos observando cada movimento nosso.

Era divertido ver Vernon se largar.

— Quer mais champanhe, papai? — Elvis perguntava a todo instante, os olhos faiscando.

— Espero que não se importe se eu quiser, filho. Este negócio está muito bom.

— Está, sim. Mas não beba demais. Não quero ver meu pai metido numa encrenca. Já percebi que está olhando muito para aquela loura.

Vernon lançou um olhar rápido para a garota e respondeu, piscando um olho:

— Ela não é nada má, não acha? Vou ver se está precisando de alguma coisa.

Elvis virou-se para mim e comentou:

— Gosto de ver papai feliz. O pobre coitado não anda muito satisfeito ultimamente.

A recepção em Graceland foi a nossa maneira de tentar deixar todos felizes — os que não haviam tomado conhecimento da cerimônia de casamento, os que sabiam, mas não puderam comparecer e os que sabiam, mas não foram convidados. Era um jeito de incluir a todos, de compensar os sentimentos por acaso magoados durante aquelas horas precipitadas em Las Vegas.

Uma pessoa que ficara bastante aborrecida fora Red West. Não havia sido convidado à cerimônia de casamento na suíte, apenas para a recepção depois. Creio que o motivo para Red ficar tão magoado foi o fato de Elvis não exigir a sua presença, não enfrentar a decisão do Coronel Parker de que somente a família imediata e o padrinho comparecessem. Creio também que Red queria ser o padrinho. Afinal, era quem conhecia Elvis havia mais tempo, desde os tempos da Humes High. Ao descobrir que não poderia testemunhar a cerimônia, Red se recusara a comparecer.

Elvis soube da decisão de Red, mas estava determinado a não permitir que qualquer coisa estragasse o casamento. Compreendi isso, mas jamais pude imaginar como Marty Lacker foi incluído na cerimônia. Numa decisão de última hora, Elvis convidou-o também para padrinho, juntamente com Joe Esposito.

Passou muito tempo para que Red desse a volta por cima e aparecesse sem demonstrar ressentimento. Isso deixou Elvis consternado e ele discutiu o assunto com muitos de nós, justificando-se e culpando o Coronel por deixá-lo numa situação tão difícil.

— Não foi você quem tomou a decisão, mas eu — o Coronel teria dito. — Não importa quem você escolhesse, sempre haveria alguém que ficaria furioso. Tem muita gente ao seu redor. Devia dar mais atenção às minhas palavras e se livrar de algumas dessas pessoas. Essas coisas não se repetiriam.

* * *

Há um antigo ditado sulista de que a mulher entra no casamento pensando em mudar seu homem, enquanto o homem quer que a mulher continue como era na ocasião em que casou. Eu não queria mudar Elvis, mas tinha a ilusão romântica de que poderia mudar seu estilo de vida depois de casarmos.

Durante os primeiros dias, depois do casamento, pensei que meu sonho se convertera em realidade. Dividíamos nosso tempo entre Graceland e o rancho, onde Elvis e eu nos instaláramos num trailer grande, de três quartos.

Era típico de Elvis preferir o trailer à casa pequena e aconchegante. Ele nunca vivera num trailer antes e isso o atraía. Era completamente mobiliado, incluindo uma máquina de lavar roupa, uma secadora e uma cozinha moderna. E tornou-se muito romântico.

Eu adorava bancar a dona de casa. Lavava pessoalmente as roupas de Elvis, assim como as toalhas e lençóis, orgulhava-me de passar suas camisas e enrolar as meias exatamente da maneira como mamãe me ensinara. Ali estava a oportunidade de cuidar de Elvis pessoalmente. Não havia criadas para nos mimar. Não havia quartos para abrigar todo o círculo íntimo.

Eu me levantava cedo, passava o café, começava a preparar seu café da manhã, com meio quilo de bacon e três ovos, depois o servia, orgulhosa, no momento em que ele acordava.

— Se ficássemos isolados em algum lugar, só nós dois, eu poderia cuidar bem de você.

Devia ser difícil para Elvis comer no instante em que abria os olhos... mas ele não ia desapontar sua esposa.

Embora o resto do grupo viajasse conosco, todos respeitavam nossa privacidade como recém-casados e nos deixavam a sós durante a maior parte do tempo.

Eu compreendia a necessidade de camaradagem que Elvis tinha e que o círculo íntimo proporcionava; não queria afastá-lo das pessoas que ele amava, ainda mais agora que estávamos casados. Elvis sempre criticara as esposas que tentavam mudar a situação. Ele me disse uma vez a respeito de uma esposa:

— Ela não gosta que o marido ande com a turma. Vai causar problemas no grupo.

A última coisa que eu queria era que Elvis pensasse que eu seria esse tipo de esposa, que se interpunha entre o marido e seus amigos.

Decidi uma noite demonstrar minhas habilidades culinárias ao preparar para todos um dos pratos prediletos de Elvis: lasanha. Convidei os amigos de sempre, gabando-me que sabia fazer muito bem essa especialidade italiana. Apesar da confiança exterior, eu devo ter ligado pelo menos dez vezes para minha mãe em Nova Jersey, conferindo e reconferindo as quantidades e medidas. Era importante para mim alcançar o sucesso. Joe Esposito, nosso único italiano e um *chef gourmet*, caçoou de mim durante toda a semana, dizendo que minha lasanha nunca seria tão boa quanto a sua. As brincadeiras me deixaram ainda mais nervosa. Não parava de pensar: O que sei sobre massas? Nem mesmo sou italiana.

Finalmente chegou a noite do jantar. Todos sentaram à mesa, observando-me na maior expectativa. Tentei parecer calma e confiante ao trazer a travessa arrumada com todo capricho e começar a cortar os quadrados individuais para os convidados. Notei que a lasanha parecia um pouco dura quando comecei a cortar, mas achei que a faca devia estar cega e continuei. Depois sentei, sorri ansiosa e disse:

— Por favor, comecem a comer.

Todos deram uma mordida e... pronto! Havia uma expressão chocada nos rostos de todos. Olhei para meu prato e fiquei mortificada quando compreendi que esquecera de cozinhar a massa.

Elvis desatou a rir, mas quando percebeu que eu estava à beira das lágrimas tornou a pegar o garfo e pôs-se a comer, apesar da massa muito dura. Todos seguiram seu exemplo. Joe Esposito ainda ri com frequência pelo incidente, dizendo:

— Não quer fazer outra lasanha, Cilla?

32

Elvis e eu conversávamos com frequência sobre filhos, mas não planejávamos nenhum imediatamente. E veio aquele dia no rancho. Era o início da tarde, e Elvis estava profundamente adormecido. Deitada na cama, experimentei uma estranha sensação na barriga, algo que nunca sentira antes. Fiquei olhando fixamente para o teto. Não... não era possível. A sensação se repetiu. Saí da cama. Vou falar com Patsy, pensei. Ela saberia. Fui para o telefone na sala.

— Patsy, você se sentiu esquisita quando descobriu que estava grávida?

— Esquisita como?

— Você sabe. O que sentiu?

— Minha menstruação não desceu.

— Mas não sentiu alguma coisa no corpo... algo estranho?

— Não me lembro, Priscilla. Por quê?

— Porque acho que estou grávida. Sei que estou. Nunca me senti assim antes.

— Talvez sejam os nervos.

— Não... apenas tenho uma sensação esquisita. Tornarei a falar com você mais tarde.

Não contei a Elvis imediatamente; não podia. Mas ele percebeu que eu andava muito quieta e preocupada.

Se eu estivesse grávida, sabia que nossos planos de viajar teriam de ser adiados. Não seria capaz de ir para algum lugar exótico e deixar meu bebê aos cuidados de babás. Durante o primeiro ano, queria ficar a sós com Elvis, sem responsabilidades ou obrigações.

Por alguns dias senti raiva de Elvis. Antes do casamento, eu lhe perguntara se deveria começar a tomar pílulas anticoncepcionais, mas ele se mostrara intransigentemente contra.

— Não são boas para você, baby. Não quero que as tome. Ainda não foram aperfeiçoadas e há muitos efeitos colaterais.

Uma semana transcorreu antes que eu revelasse minhas suspeitas a Elvis. Esperava que sua reação fosse tão contraditória quanto a minha, mas Elvis ficou extasiado. Marcou imediatamente uma consulta com um médico, acompanhou-me ao consultório e ficou sentado nervoso na sala de espera, enquanto eu era examinada. Quando saí, abracei-o e disse:

— Adivinhe!

— O que é? O que é?

Ele mal conseguia se controlar.

— Você vai ser papai!

Elvis ficou na maior felicidade e queria contar a todo mundo o mais depressa possível. Foi nesse momento que Vernon, que nos acompanhara, entrou na sala. Elvis agarrou-o pelo braço.

— Não vai acreditar, papai! Cilla vai ter um filho! Você vai ser avô!

— Deus Todo-Poderoso! — exclamou Vernon, atordoado. — Está brincando!

— Não estou, não, papai. É a pura verdade. — Uma pausa e Elvis acrescentou, zombando: — Você vai virar um vovô de cabeça branca.

Adorei ver Elvis tão feliz, mas ainda estava incerta sobre a maneira como aquela gravidez inesperada afetaria nosso casamento. Aquele deveria ser o tempo em que ficaríamos a sós. Eu queria ser linda para Elvis; em vez disso, minha estreia como esposa de Elvis seria prejudicada por uma barriga estufada, o rosto e os pés inchados.

Para mim, quanto menos as pessoas comentassem que eu parecia grávida, melhor seria. Pretendia provar que uma mulher grávida não precisa ganhar muito peso. Queria refutar a afirmação de Elvis de que "as mulheres usam a desculpa da gravidez para relaxarem". Embora o médico dissesse que um ganho de doze quilos seria ótimo, baixei imediatamente do meu peso normal de 50 quilos para 45. Durante os quatro meses seguintes recuperei cerca de dois quilos e somente mais outros quatro por ocasião do parto. Comendo apenas uma refeição por dia e matando a fome no resto do tempo com maçãs e ovos cozidos, eu me orgulhava de jamais precisar comprar uma bata. O médico aconselhou-me a consumir muitos laticínios, além de vitaminas múltiplas. Sendo vaidosa, resolvi alterar as instruções do médico e reduzi o consumo de laticínios. Não queria engordar e depois ficar com estrias. Como uma precaução adicional, resolvi passar manteiga de cacau na pele pelos oito meses seguintes.

Poucos dias depois de eu saber que estava grávida, deixamos Memphis e seguimos para Los Angeles, onde Elvis iniciaria a pré-produção de um novo filme, *O bacana do volante*. Seria a última viagem em nosso ônibus fabricado sob encomenda, antes de ser vendido. Durante a viagem, Elvis e os rapazes se divertiram muito, socando-se a todo instante, fazendo uma porção de brincadeiras. Embora eu não parasse de rir, sentia-me ambivalente em relação à gravidez. Queria um filho, mas não tão cedo.

Elvis era extremamente sensível ao meu ânimo. Sentia falta dos "olhos faiscantes" de sua garotinha, o "rosto iluminado e risonho". Finalmente, em Flagstaff, Arizona, num hotelzinho à beira da estrada, ele me sentou e indagou:

— O que você quer fazer, baby?

Desatei a chorar e balbuciei:

— Não sei. O que posso fazer?

— O que você acha? Apoiarei qualquer coisa que você queira fazer.

Compreendi do que ele estava falando. A decisão teria de ser minha. E murmurei, ainda chorando:

— É nosso filho... eu nunca poderia me perdoar... e você também não...

Elvis não disse nada, apenas me ofereceu um sorriso de aprovação. Abraçou-me firmemente, enquanto eu chorava. Nós dois, unidos pelo amor, aceitávamos nossa pequena criação com a maior satisfação.

33

Quando senti o bebê mexer pela primeira vez compreendi plenamente a alegria intensa de carregar nosso filho. Meu sorriso voltou quando Elvis pôs a mão em minha barriga um pouco estufada e murmurou:

— Como pode uma criatura tão pequena como você gerar outra criaturinha?

A gravidez estava nos unindo ainda mais. Ele me ligava do estúdio todos os dias, apenas para dizer olá e saber se eu estava bem. Foi por causa do bebê que decidimos comprar nossa primeira casa em Los Angeles, ao invés de alugar, como sempre fizéramos antes. Enquanto ele filmava, eu percorria a área de Beverly Hills a Bel Air, à procura de uma casa conveniente.

Mais tarde, naquele outono, quando estávamos no Arizona para as filmagens em locação de *Joe é muito vivo*, encontrei na *Variety* o anúncio de uma casa que parecia perfeita: em Trousdale Estates, completamente mobiliada, três quartos, um chalé para hóspedes, piscina e uma boa segurança.

Voei de volta a Los Angeles. A casa pertencia a um eminente proprietário de terras que se divorciara recentemente. Com um bar embutido, móveis antigos e uma coleção de obras de arte, era muito diferente de Rocca Place, onde cada quarto era decorado de acordo com as especificações de cada empregado — um tapete diferente, uma cor diferente, um estilo diferente em cada quarto. Infelizmente, eu tentara satisfazer os gostos de todos e o resultado fora a indigestão arquitetônica. Desta vez, poderia viver da maneira como gostava.

Mudamos para a casa nova assim que Elvis voltou do Arizona e começamos a arrumar o quarto do bebê. Eu só pensava como era feliz, como a vida era maravilhosa.

Como não podia deixar de ser, recebi muitos conselhos sobre o que deveria e o que não deveria fazer durante a gravidez. Dominada pelas superstições sulistas, Vovó foi especialmente solícita, dizendo-me que não podia escovar os cabelos para não enrolar o cordão umbilical em torno do bebê. Também disse que eu não deveria ficar de pé por muito tempo ou minhas pernas inchariam e nunca mais conseguiria andar. Ela estava tão preocupada quanto uma mãe afetuosa, e algumas de minhas atividades lhe davam plenos motivos para isso. Eu continuava com as aulas de balé, andava de motocicleta e montava Dominó, até o oitavo mês de gravidez. Elvis achava que eu era extraordinária por acompanhá-lo em tudo. Isso me fazia feliz. Eu lhe agradava e me mantinha a seu lado todos os dias.

Foi nessa ocasião que comecei a ouvir rumores sobre Elvis e Nancy Sinatra, os mesmos rumores que ouvira quando ainda estava na Alemanha: que ela estava apaixonada por Elvis, que os dois mantinham um romance. Eu andava extremamente sensível e chorava por qualquer coisa. Elvis garantiu-me que eu estava apenas sendo supersensível por causa da gravidez. Aceitei a alegação. Com seis meses de gravidez, Nancy me telefonou e disse que gostaria de me oferecer um chá de bebê. Eu não a conhecia muito bem e estranhei que se mostrasse tão gentil. Mas Elvis assegurou-me que ela era uma pessoa ótima e que eu devia conhecê-la melhor. Ficou combinado que eu iria à festa com uma condição, sugerida pelo Coronel: todas as fotografias tiradas na ocasião deveriam me ser entregues. Assim, não haveria fotos inesperadas saindo nas revistas. Tudo correu muito bem. Nancy foi muito simpática e me deu todo apoio. Descobri que gostava muito dela e decidi ignorar os rumores.

A vida dá voltas surpreendentes. No instante em que a pessoa está se tornando confiante, acontece o inesperado. Eu estava no segundo andar de Graceland quando Elvis me chamou a seu escritório, que ficava ao lado de meu quarto de vestir.

— Cilla, tenho pensado muito. As coisas não estão indo muito bem. Seria melhor se nós dois tirássemos umas pequenas férias, como uma separação experimental. Vamos ficar longe um do outro por algum tempo.

Senti vontade de morrer. Estava com sete meses de gravidez e não podia acreditar no que acabara de ouvir. Só podia ser uma brincadeira.

— Mas o que aconteceu? O que foi que eu fiz?

— Você não fez nada, baby. Não pode compreender. O problema não é você. Acontece apenas que estou passando por um momento difícil. Acho que seria melhor se tirássemos uma folga.

Fitei-o em silêncio, sentindo uma nova força. Se ele me excluía numa ocasião como aquela, então absolutamente não me merecia. Levantei-me e disse:

— Está certo. Basta me avisar quando devo partir.

Fui para o meu quarto de vestir e fechei a porta. Estava atordoada. Aquele não era o homem que eu conhecia. Afastei-me instintivamente, a afeição entorpecida, os pensamentos desconfiados, o coração angustiado.

Não creio que Elvis pretendesse realmente me deixar. Não era o seu estilo. Mais tarde, compreendi que ele também tinha dúvida sobre a maneira como um bebê afetaria nossas vidas. Seu público o aceitaria como um pai? Ele nem mesmo tinha certeza se as fãs haviam aceitado o fato de ele se tornar um marido. Até que ponto continuariam leais?

Não demorou muito para que a natureza sensível de Elvis o levasse a recuperar o bom senso. Dois dias passaram. A ideia de uma separação experimental não voltou a ser mencionada. Ambos nos comportávamos como se nada a respeito fosse dito. Era em ocasiões assim que eu gostaria que nós dois tivéssemos a capacidade de nos comunicar um com o outro realmente, confrontando nossas inseguranças, medos e frustrações, em vez de pretender que os sentimentos não existissem. Provavelmente ficaríamos surpresos ao descobrir como éramos capazes de uma profunda compreensão. Não pude escapar do impacto que suas palavras tiveram em mim, deixando-me com um sentimento de dúvida.

* * *

Enquanto minha gravidez prosseguia, ainda nos empenhávamos em brincadeiras brutas. Fomos para o rancho naquele Natal, andando a cavalo, fazendo guerrinhas de bolas de neve e saindo em excursões em carroças cheias de feno. Elvis sentava lá na frente e gritava para mim:

— Como está indo, Cilla? Tudo bem aí atrás? Minha garota está direitinho?

Eu gritava em resposta:

— Sua garota vai muito bem. Eu estou ótima.

Se saíamos a cavalo, ele sempre me perguntava:

— Tem certeza de que pode fazer isso? O médico disse que podia andar a cavalo?

— Claro que posso.

Eu estava determinada a não pedir um tratamento especial.

Foi somente no último mês, mais ou menos, que reduzi minhas atividades. Em vez de passar a noite inteira sentado, assistindo a dois ou três filmes, Elvis me levava para casa depois de ver apenas um.

Ele arrumou sua programação a fim de poder permanecer em Graceland comigo durante o último mês. A fim de estarmos completamente preparados para o grande dia, chegamos a realizar exercícios de prática para a viagem até o Hospital Memorial Batista. À medida que a data se aproximava, Elvis foi se tornando mais e mais nervoso.

No dia 1º de fevereiro de 1968 acordei por volta das 8h e descobri que os lençóis por baixo de meu corpo estavam encharcados. Assustada, liguei para mamãe, em Nova Jersey. Ela sugeriu que eu telefonasse imediatamente para o médico. Ele mandou que eu fosse para o hospital. Gentilmente, acordei Elvis e informei-o de que o grande dia chegara. Grogue de sono, ele indagou se eu tinha mesmo certeza. Quando confirmei, ele ligou para o pai e disse-lhe que avisasse a todos, depois gritou lá para baixo:

— Ela está pronta! Cilla vai ter o bebê!

Ignorando seu frenesi, fui calmamente para o banheiro, passei maquiagem no rosto, ajeitei meus cabelos pretos. Mais tarde, no hospital, solicitei uma permissão especial para ficar com os cílios postiços.

Havia um verdadeiro pandemônio no primeiro andar de Graceland. Conforme o planejado, os carros-chamarizes partiram primeiro, Lamar e Joe acenando freneticamente para que as fãs os seguissem. Depois, nós saímos. Apesar de todos os ensaios, porém, seguimos diretamente para o hospital errado. Trocáramos o hospital, mas obviamente Jerry, que estava ao volante, não fora informado. Charlie Hodge consertou a situação, convencendo Jerry de que era o Memorial Batista e não o Metodista. Felizmente, chegamos a tempo.

Nossa filha, Lisa Marie, nasceu às 17h01 daquela tarde. A enfermeira levou-a ao quarto e aninhei-a em meus braços. Não podia acreditar que era minha, que eu gerara aquela criança. Ela era tão pequena, tão linda... Elvis entrou no quarto e beijou-me, emocionado porque tínhamos um bebê absolutamente normal e saudável. Já estava apaixonado pela filha. Observou-me a aninhá-la e seus olhos ficaram marejados de lágrimas de felicidade. Depois, ele abraçou a nós duas, murmurando:

— Temos uma garotinha...

— Uma garotinha linda — acrescentei.

Perguntei-lhe se queria segurar a filha no colo. A princípio, ele ficou apavorado, mas depois começou a tocá-la. Brincou com suas mãos, seus pés. Estava reverente, sussurrando:

— Não posso acreditar que fiz parte dessa criança linda...

Elvis sabia que eu quisera que o bebê tivesse cabelos escuros como os seus e a criança nascera com cabelos pretos. E ele comentou:

— Ela é perfeita... até mesmo a cor de seus cabelos é a certa.

Ficamos abraçados por muito tempo, acariciando nossa filha e um ao outro, um jovem casal partilhando os primeiros prazeres da prole.

O homem que esteve no quarto de hospital naquele dia foi o homem que eu amava e sempre amarei. Ele não precisava tentar se mostrar forte, determinado ou sensual, não tinha medo de exibir seu afeto e vulnerabilidade. Não precisava se comportar como Elvis Presley, superastro. Era apenas um homem, meu marido.

34

Em meu diário, com data de 5 de abril, escrevi: "A neném está ficando mais linda a cada dia que passa. O Dr. Turman disse que ela é saudável e está progredindo muito bem. Elvis acompanhou-me ao pediatra, esperando lá fora, no carro. Também me acompanhou ao ginecologista. Está insistindo que eu faça exames regulares — cuidando de nós duas como um pai amoroso. Mas tenho me sentido solitária desde o nascimento da criança; Elvis continua retraído. Já se passaram dois meses e ele ainda não me tocou. Estou ficando preocupada."

E no dia seguinte escrevi: "Perguntei a Elvis se há alguma coisa errada, se ele perdeu o desejo por mim. Percebi que ele ficou um pouco alterado. Disse que quer ter certeza de que meu organismo voltou ao normal — que não quer me machucar. Isso me fez sentir um pouco melhor. Trouxemos Lisa para o quarto e a pusemos na cama conosco. É uma criança maravilhosa — não posso acreditar que é nossa."

* * *

Elvis e eu começamos a voltar à nossa rotina regular. Depois do nascimento de Lisa começamos a passar mais tempo em Graceland e acabamos trazendo todos os cavalos de volta aos estábulos originais. Vernon vendeu a maior parte do equipamento e, mais tarde, o próprio Círculo G.

Elvis aceitou a paternidade com muita alegria, mas o fato de que eu era mãe agora teve um efeito inquietante sobre ele. Não compreendi na ocasião, mas posteriormente saberia mais sobre os homens que são muito ligados às mães. Não sou uma defensora da teoria freudiana. Creio que o primeiro amor incondicional de um homem, ao entrar neste mundo, é a própria mãe. É ela quem o aninha, alimenta e cuida de todas as suas necessidades. Nenhum desses sentimentos tem uma conotação sexual. Mais tarde, quando sua própria esposa se torna mãe, esse banco de memórias é rompido e sua paixão pode arrefecer.

Quando a mãe de Elvis estava viva, os dois eram excepcionalmente ligados. Elvis até lhe contava suas aventuras amorosas; muitas noites, quando ela estava doente, ele dormia ao seu lado. Todas as garotas que ele namorou a sério tinham de preencher os requisitos de Gladys para a mulher ideal. E como aconteceu comigo, Elvis punha a garota num pedestal, "guardando-a" até que o momento fosse sagrado e certo. Ele tinha as suas aventuras desenfreadas, mas achava que devia respeitar qualquer garota que levasse à sua casa.

Agora que eu era mãe, ele não sabia direito como me tratar. Comentara antes do casamento que jamais fora capaz de fazer amor com uma mulher que tivera um filho. Mas durante a minha gravidez — até as últimas seis semanas — fizéramos amor ardentemente. Ele sempre tomara muito cuidado em todas as ocasiões, com receio de machucar o bebê ou a mim, mas sempre se mostrara amoroso e sensível às minhas necessidades. Agora, os meses passavam sem que nada acontecesse.

Escrevi no diário em 20 de abril: "Fiquei muito sem graça ontem à noite. Pus um negligê preto, deitei tão perto de Elvis quanto era possível, enquanto ele lia. Creio que foi porque eu sabia o que queria e estava deixando isso claro. Beijei sua mão, depois cada dedo, o pescoço e o rosto. Mas esperei demais. Suas pílulas para dormir fizeram efeito. Outra noite solitária."

Finalmente, meses depois, Elvis fez amor comigo. Antes, ele me disse que eu era agora uma jovem mãe, que ser a mãe de sua filha é algo muito especial. Mas escrevi em meu diário: "Estou começando a duvidar de minha própria sexualidade como mulher. Minhas necessidades físicas e emocionais estão insatisfeitas."

35

Voltamos a Los Angeles, onde Elvis estava filmando *Viva um pouquinho, ame um pouquinho*. Ele começou a readquirir seus antigos hábitos. Frustrada, passei a procurar cursos de dança para me matricular. Procurei nas páginas amarelas, até encontrar um curso que me atraiu a atenção, uma escola para jazz e balé, não muito longe de nossa casa.

O estúdio era pequeno e despretensioso. O proprietário, Mark, era um homem extremamente atraente e dinâmico, quarenta e cinco anos. Era um excelente dançarino e um ótimo mestre; ao sair de lá, naquela tarde, eu me matriculara para aulas particulares.

Ainda muito inibida para dançar na presença de um grupo, queria esperar até me certificar de que queria acompanhar os outros. Tinha aulas particulares três vezes por semana. O interesse pessoal e a atenção de Mark eram lisonjeiros e não demorou muito para que eu estivesse realizando passos que nunca imaginara que poderia conseguir.

Mark disse que eu possuía o potencial de uma boa bailarina e me exigia até os limites. Por frustração e dor, tive vontade de largar tudo. Exigindo que eu continuasse, Mark assegurou-me que eu estava assim desenvolvendo o meu caráter. Forçava-me a repetir a mesma rotina até que estivesse quase perfeita. Isso me levou a compreender que poderia ir além do que jamais sonhara.

Ele acreditava em mim, e eu estava realizando alguma coisa. Pela primeira vez, estava criando, sentindo-me bem comigo mesma, e ficava ansiosa pela próxima aula.

Mark era carismático, e eu me encontrava bastante vulnerável. No lugar de um casamento apaixonado, a dança estava se tornando minha vida; sentia-me obcecada, levando todas as minhas frustrações e sentimentos para o estúdio. Peguei-me pensando em Mark até mesmo quando estava em casa. Só o vira umas poucas vezes em toda a minha vida e já me sentia incapaz de tirá-lo dos pensamentos. Racionalizei, dizendo a mim mesma que isso acontecia porque ele estava sempre à minha disposição. Parecia me compreender, enquanto o homem que eu realmente amava se encontrava absorvido em seu próprio mundo. Comecei a relaxar, divertindo-me quase contra a minha vontade. Já se passara algum tempo que eu não me encontrava com um homem que dava valor aos meus talentos e apreciava ficar a sós em minha companhia. Era também a primeira vez que eu não estava competindo por minha própria identidade. Era uma experiência emocionante que havia muito tempo eu não tinha. Tivemos uma breve ligação e resolvi encerrá-la.

Saí desse caso com a certeza de que precisava muito mais do meu relacionamento com Elvis. Nós dois resolvemos fazer uma viagem ao Havaí.

Era a primeira vez que saíamos em férias e eu esperava que fosse uma segunda lua de mel, que a experiência com Mark fosse esquecida. Levamos Lisa, sua babá, Joe, Joanie, Patsy e o marido, Gee Gee, Lamar e sua esposa, Nora, e Charlie. Fomos para o Ilikai Hotel, em Waikiki, mas logo descobrimos que Elvis não podia ir à praia sem atrair uma multidão. Resolvemos alugar uma casa com uma praia particular e passamos lá o resto das férias.

Foi maravilhoso e Elvis e eu éramos outra vez como duas crianças, longe das pressões e das filmagens — e longe de Mark, para quem minha atenção de vez em quando se desviava.

Foi lá que conhecemos Tom Jones, e Elvis se afeiçoou muito a ele. Sempre gostara do estilo vocal de Tom, especialmente em "Green, Green Grass of Home", que Elvis ouvira pela primeira vez viajando de Los Angeles para Memphis. Ele me ligara ao pararem no Arizona, dizendo-me para comprar o disco.

Elvis tinha certeza de que Tom era negro; nenhum cantor branco poderia cantar assim, à exceção dos Righteous Brothers, que para sua grande surpresa também eram brancos.

Tom Jones e Elvis experimentaram uma simpatia mútua instantânea. Depois de uma apresentação no Ilikai, Tom convidou-nos para sua suíte, juntamente com o nosso grupo. Poucos minutos depois, o champanhe estourou e a festa começou. Rimos, bebemos, gracejamos, bebemos ainda mais (muito mais), cantamos... e deixamos o Ilikai ao amanhecer. Elvis gostou tanto que pessoalmente convidou Tom e seu grupo a se juntarem a nós na casa da praia, no dia seguinte. Uma amizade nasceu assim, uma amizade feita de admiração e respeito mútuo.

Um dos atributos mais destacados de Elvis era a sua convicção de que havia espaço no mundo das diversões para qualquer um que tivesse talento. Em minha experiência, somente uns poucos astros são tão generosos. A ganância, insegurança, inveja e o ego geralmente impedem as celebridades de se concederem um apoio mútuo.

Elvis era capaz de reconhecer o talento imediatamente. Em Las Vegas assistíamos regularmente aos espetáculos de artistas em ascensão; se Elvis gostava, passava a frequentar o lugar, estimulando os artistas a prosseguirem em suas carreiras, incutindo-lhes confiança e entusiasmo.

Alguns de seus prediletos eram Ike e Tina Turner, Gary Puckett e o Union Gap, os dançarinos Tybe e Bracia e os veteranos Fats Domino e os Ink Spots, todos talentosos, merecendo reconhecimento em sua arte.

Certa noite visitamos Barbra Streisand nos bastidores do International Hotel, que é agora o Hilton. Fora um desempenho clássico de Streisand, e Elvis, depois de tomar bloody marys demais, queria lhe transmitir suas impressões. Fomos levados ao seu camarim e as primeiras palavras de Elvis foram:

— O que você viu em Elliott Gould? Nunca fui capaz de suportá-lo!

À sua típica maneira, Barbra respondeu, deixando Elvis com a cara no chão:

— Mas que história é essa? Ele é o pai do meu filho!

Elvis tinha alguns outros favoritos especiais — Arthur Prysock, John Gary, o astro da ópera Robert Merrill, Brook Benton, Roy Orbison e a gravação de "Where Has Love Gone?" por Charles Boyer.

Não suportava os cantores que, em suas palavras, eram "todos técnica e nenhum sentimento emocional", incluindo nessa categoria Mel Torme e Robert Goulet. Ambos foram responsáveis por dois aparelhos de televisão sendo destruídos com uma Magnum 357.

36

O contrato de cinco anos de Elvis com a MGM terminou em 1968 e finalmente ele estava livre para lançar-se a novos desafios. Até mesmo o Coronel admitia que a carreira de Elvis precisava de uma sacudidela. A NBC propôs-lhe fazer um especial de televisão, sob a direção de Steve Binder. Não havia qualquer formato inicial definido, a ideia era tentadora e o dinheiro muito bom. O fato de não haver roteiro — era um "desenvolvimento em aberto" — fez com que o Coronel hesitasse em concordar. Ele exigiu mais controle, mas Elvis disse que queria conhecer Steve, certificar-se de que se dariam bem, falavam a mesma língua.

Havia anos que não aparecia na televisão e por isso Elvis estava nervoso. Para sua surpresa, Steve era bem mais jovem do que ele imaginava, extremamente perceptivo e afável, um contraste surpreendente com os chefões de estúdio com quem ele trabalhara, homens muito mais velhos, com opiniões preconcebidas e fixas sobre a maneira como Elvis devia ser empacotado e vendido. Pela primeira vez em anos ele sentia-se criativo. Steve Binder conquistou sua confiança e teve a sensibilidade de deixar que Elvis fosse apenas Elvis. Steve observou, fez anotações mentais, aprendeu os jeitos de Elvis, descobriu o que deixava seu astro à vontade e o que o tornava tenso.

Durante as reuniões, Steve percebeu que ele estava temeroso porque havia anos não se apresentava perante uma audiência ao vivo, mas também notou que Elvis se animava quando estava no camarim improvisando com os músicos.

A cada dia Elvis se tornava mais confiante e animado com o novo projeto, orgulhando-se mais uma vez de sua aparência, vigiando o peso, seguindo a dieta, trabalhando com a maior afinidade com o figurinista do espetáculo, Bill Belew, apresentando-se de uma forma em que havia anos não o víamos: um traje de couro preto. Fiquei surpresa quando ele disse:

— Sattnin, estou me sentindo um pouco tolo nesta roupa. Acha que estou bem?

Elvis sabia que aquele especial era um grande passo em sua carreira. Não podia fracassar. Durante dois meses ele trabalhou com mais empenho do que em todos os filmes combinados. Era o mais importante evento de sua vida.

* * *

Durante esse período eu estava descobrindo novos mundos na música — Segovia; Blood, Sweat and Tears; Tchaikovski; Santana; Mason Williams; Ravel; Sérgio Mendes; Herb Alpert — e estava ansiosa em partilhar meus novos entusiasmos, música e dança, com meu marido. Queria introduzir energia em nosso relacionamento, na esperança de endireitar o casamento. As conversas ao jantar incluíam agora Leonard Bernstein e Carlos Montoya, mas não tinham a menor atração para Elvis; o especial de TV absorvia todos os seus pensamentos.

Ele se mantinha ausente durante a maior parte do tempo; quando nos encontrávamos, o nível de comunicação era superficial. Cada um absorvido em suas buscas separadas, tínhamos pouco em comum além de nossa filha. Minha posição em relação a Elvis era delicada: estava consciente da distância que aumentava entre nós. Mas por causa de sua preocupação com o especial compreendi que a última coisa que ele precisava de mim era uma declaração de que estávamos nos afastando um do outro.

Em sua ausência, eu cuidava de Lisa, além de participar de aulas de dança pela manhã, balé ao final da tarde e duas aulas de jazz à noite, muitas vezes se prolongando até uma hora da madrugada. Vários dos meus colegas eram profissionais. Trabalhei com empenho para obter o acesso à companhia, ensaiando quatro horas por dia para dominar novos passos, constantemente me levando a novos limites, até que passei a integrar o elenco, apresentando-me anonimamente em espetáculos de fins de semana nas universidades da área de Los Angeles.

O especial de Elvis foi um sucesso espetacular, o que alcançou o maior índice de audiência no ano. A música final, "If I Can Dream", foi a sua primeira gravação que ultrapassou a barreira de um milhão de cópias em muitos anos. Sentamos em torno da TV assistindo ao programa, esperando nervosamente pela reação. Elvis se manteve silencioso e tenso durante todo o programa, mas assim que os telefonemas começaram todos compreendemos que ele conquistara um novo triunfo. Não perdera a classe. Ainda era o Rei do Rock and Roll.

Foi uma bênção para nós dois. As horas que eu devotava à dança liberavam-no da tensão da minha dependência. Meu novo interesse não representava uma ameaça, como aconteceria com uma profissão. Eu ainda estava ali para atender a suas necessidades, como ele queria que sua esposa fizesse, ao mesmo tempo que criava meu próprio mundo, não mais intimidada pela magnitude do seu mundo. Eu estava crescendo, aprendendo e me expandindo como uma pessoa.

Essa nova liberdade quase chegou a um fim abrupto quando um novato no clã decidiu tomar a iniciativa de investigar minhas idas e vindas. Ele informou que eu fora vista saindo de um estúdio de dança de madrugada, queria saber se devia aprofundar as investigações. A imprevisibilidade de Elvis ao enfrentar certas crises da vida era espantosa. Logicamente, um homem tão instável deveria explodir. Em vez disso, porém, ele não fez acusações, limitando-se a comentar:

— Baby, algumas pessoas estão insinuando que você foi vista saindo de um estúdio de dança de madrugada.

— É verdade. Você sabe que sou parte da companhia. E não sou a única que sai a essa hora. É o momento em que encerramos o ensaio.

Pedi a ele que me contasse quem estava atiçando o problema. Mas Elvis disse apenas:

— Não vamos levar a coisa adiante. Ele é novo e está pisando em terreno perigoso. Se souber o que é bom para ele, é melhor não se meter daqui por diante no que não é da sua conta.

* * *

Depois do sucesso do especial, Elvis dedicou várias semanas a uma sessão de gravação, mais uma vez altamente motivado. Pela primeira vez em catorze anos ele fora persuadido a gravar em Memphis, no American Sound Studios, uma companhia negra em que muitos artistas importantes, inclusive Aretha Franklin, haviam gravado os seus sucessos mais recentes. Os músicos do estúdio eram jovens, e Elvis estabeleceu um grande contato com eles. Mais importante ainda: Elvis fazia uma música sensacional com eles.

Ele ficava no estúdio, cantando, até o amanhecer, voltava à noite, transbordando de energia, pronto para recomeçar. Sua voz estava em grande forma e seu entusiasmo era contagiante. Cada faixa ficava mais sensacional do que a anterior. Escutávamos as canções repetidamente e Elvis estava sempre gritando, exultante:

— Escutem só este som! – Ou então decidia: — Vamos tocar tudo de novo!

O Coronel se manteve a distância dessa sessão de gravação. Elvis era o artista e estava entusiasmado. Acabou gravando tantas canções que a RCA levou um ano e meio para lançar todas, inclusive sucessos como "In the Ghetto", "Kentucky Rain" e "Suspicious Minds".

Observando Elvis cantar outra vez com confiança, soltando cada palavra em seu estilo pessoal, todos sentimos o maior orgulho. Era um tremendo contraste com sessões no passado, repletas de ira, frustração e desapontamento.

Em uma ocasião ele olhou para mim, sorriu e depois começou a cantar "From a Jack to a King". Sabia que era uma das minhas prediletas. E depois cantou "Do You Know Who I Am?". Escutando as palavras, não pude deixar de me relacionar.

* * *

Depois de quatro anos de músicas medíocres, Elvis estava de volta às paradas de sucessos, e a RCA não tinha mais do que se queixar. Eles vinham ameaçando o Coronel de relançar alguns sucessos antigos se Elvis não realizasse logo uma nova sessão de gravação.

Um sucesso levou a outro. Depois do especial de televisão, Elvis estava ansioso em recomeçar a se apresentar para audiências ao vivo, a fim de provar a todos que não perdera a classe. Procurando pela melhor fonte de receita imediata, o Coronel fechou um contrato com o quase pronto Las Vegas International para que Elvis se apresentasse ali por um mês, com um cachê de meio milhão de dólares.

Las Vegas era o desafio de que Elvis precisava para demonstrar que ainda podia conquistar uma audiência ao vivo. Era o que ele mais amava e o que melhor fazia. Mas era um grande desafio.

Havia anos que ele não fazia grandes exigências à sua voz, e na ocasião estava comprometido a realizar dois shows por noite, durante vinte e oito dias consecutivos. Ansioso, Elvis especulou se conseguiria aguentar a pressão, se atrairia multidões, se seria capaz de manter um público atento por duas horas. Queria que o novo espetáculo fosse aceito, sentindo que tinha agora mais a oferecer do que apenas os giros do rock and roll.

Não apenas era um momento crucial em sua carreira, mas havia também a pressão adicional do cachê sem precedentes e o fato de Las Vegas ser a única cidade em que tivera uma apresentação desastrosa, treze anos antes, em 1956.

Ele não era o tipo de homem que dissesse "Estou apavorado". Eu tinha de perceber o temor em suas ações, a perna esquerda tremendo, o pé batendo no chão incessantemente. Ele reprimia os medos e emoções até o momento em que explodia, lançando-se contra qualquer um que estivesse próximo. Uma noite, ao jantar, Elvis comentou que estava preocupado com seu corte de cabelo. Mencionei que vira um cartaz de Ricky Nelson no Sunset Boulevard, com os cabelos compridos ondulados, num estilo que achava muito atraente. Inocentemente, sugeri que Elvis desse uma olhada.

— Você ficou louca? — gritou ele. — Depois de tantos anos, Ricky Nelson, Fabian e todos os outros seguiram mais ou menos os meus passos. Acha que agora eu deveria copiá-los? Só pode ter perdido o juízo, mulher!

Ele saiu da mesa furioso. Sempre fora saudado como um original e agora receava que em Las Vegas nem mesmo isso seria suficiente. Eu sabia que magoara seu ego e por isso pedi desculpa.

Ao se preparar para o espetáculo no International, Elvis esforçou-se ao máximo. Estava em grande forma — numa animação natural, independentemente das pílulas. Estava mais esguio e fisicamente mais bem preparado do que em qualquer outra ocasião anterior.

Reunindo os melhores músicos, técnicos de som e iluminação, cenógrafos e coreógrafos, ele não estava correndo qualquer risco desta vez. Vasculhou o mercado à procura dos melhores. Houve várias audições, e ele escolheu pessoalmente cada um — nomes como James Burton, John Wilkinson, Ronny Tutt, Glen D. Hardin, Jerry Scheff. Ele adorava o som dos Sweet Inspirations, o grupo de apoio de Aretha Franklin. Contratou-os para o ato de abertura do espetáculo e como coro. Também contratou seu grupo evangélico predileto, o Imperial Quartet.

Antes de deixar Los Angeles, Elvis ensaiou nos estúdios da RCA durante dez dias, depois deu os últimos retoques no espetáculo durante uma semana inteira, antes da estreia. Era o grande acontecimento do verão em Las Vegas. O Coronel Parker levou a publicidade a um auge febril. Cartazes foram espalhados por toda a cidade. Os escritórios administrativos, no terceiro andar do International, fervilhavam de atividade. Nenhum outro artista que se apresentara em Las Vegas jamais despertara tamanha agitação. O saguão do hotel estava dominado pela parafernália de Elvis — fotos, cartazes, camisas, bichos de pelúcia, balões, discos, programas de souvenir. Era de pensar que Barnum & Bailey estavam chegando à cidade.

Em nossa casa também reinava o entusiasmo, com as mulheres discutindo o que usariam na noite de estreia.

— Quero que você esteja extraespecial, baby — disse Elvis.

— É uma grande noite para todos nós.

Procurei em todas as butiques de West Los Angeles até encontrar a roupa certa.

Embora já se tivessem passado nove anos desde a última apresentação ao vivo de Elvis, nunca se poderia imaginar isso a julgar pela estreia. O público aplaudiu desde o momento em que ele entrou no palco e não parou mais durante as duas horas do espetáculo, com Elvis cantando "All Shook Up", "Blue Suede Shoes", "In the Ghetto", "Tiger Man" e "Can't Help Falling in Love". Ele misturou o antigo com o novo, o ritmo acelerado e quente com o lírico e romântico. Foi a primeira vez que eu vi Elvis se apresentar ao vivo. Querendo me fazer uma surpresa, ele não me deixou assistir aos ensaios. Fiquei impressionada. Ao final, ele saiu do palco com o público aplaudindo e pedindo mais.

    Cary Grant estava entre os astros que foram ao camarim depois do espetáculo para lhe dar os parabéns. Mas o momento mais comovente ocorreu quando o Coronel Parker apareceu com lágrimas nos olhos, querendo saber onde estava seu garoto. Elvis saiu do camarim e os dois se abraçaram. Creio que todos sentiram a emoção de ambos naquele momento de triunfo.

    Acho que não dormimos naquela noite. Joe Esposito foi comprar todos os jornais e lemos as críticas entusiasmadas, declarando que "Elvis foi sensacional" e "Ele nunca cantou melhor". Elvis partilhou o crédito por seu sucesso com todos nós.

    — Conseguimos — declarou ele. — Serão trinta dias longos, mas valerá a pena se tivermos a mesma receptividade da noite passada. Posso ter sido um tirano, mas valeu a pena.

    — Tem toda razão — concordaram todos, rindo. — Você foi mesmo um tirano.

    O International Hotel estava na maior satisfação com a performance de Elvis e a bilheteria. Na noite seguinte a direção assinou um contrato com o Coronel Parker por cinco anos, para que Elvis se apresentasse duas vezes por ano, geralmente na mesma época, em janeiro e agosto, pelo cachê então sem precedentes de um milhão de dólares por ano.

    Elvis literalmente dominou Las Vegas durante todo o mês em que lá esteve, apresentando-se para uma casa lotada em todos os espetáculos, com milhares de pessoas ficando sem ingressos. Para onde quer que olhássemos, tudo o que podíamos ver era o nome ELVIS, na televisão, jornais, faixas e cartazes. O Rei voltara.

    Inicialmente, o sucesso de Elvis em Las Vegas trouxe uma nova vitalidade ao nosso casamento. Ele parecia uma pessoa diferente. Mais uma vez, sentia-se confiante como um artista, continuou a vigiar o peso e a fazer treinamento de caratê todos os dias.

Era também a primeira vez que eu sentia que estávamos funcionando como uma equipe. Fiz diversas viagens a Nova York, à procura de acessórios diferentes para ele usar no palco. Comprei lenços, joias e um cinto de couro preto com correntes, que Bill Belew depois copiaria para os famosos cintos Elvis.

Adorei vê-lo saudável e feliz de novo, apreciei sobretudo os nossos primeiros dias em Las Vegas. O International forneceu uma elegante suíte com três quartos, que transformamos num lar longe do lar. Durante as apresentações, eu sempre sentava à mesma mesa, na frente, jamais me cansando de assistir ao seu desempenho. Elvis era espontâneo e nunca se sabia o que esperar dele.

De vez em quando, depois de sua apresentação à meia-noite, íamos assistir aos espetáculos de outros artistas se apresentando em Las Vegas ou jogávamos até o amanhecer. Em outras ocasiões ficávamos descansando nos bastidores, conversando com os artistas visitantes que estavam fascinados por seu desempenho. Era a primeira vez que eu estava junto de Elvis num ponto alto de sua carreira.

Com a fama renovada também vieram os perigos renovados. Fora do palco, Elvis podia ser protegido por Sonny e Red. No palco, no entanto, ele era um alvo fácil. Uma noite, naquele verão, Joe e Sonny foram informados de que uma mulher na plateia estava com uma arma e ameaçara dar um tiro em Elvis. Verdadeiro profissional, Elvis declarou que se apresentaria de qualquer maneira. Foram adotadas precauções adicionais e todos se mantiveram alertas. Elvis foi instruído a permanecer na boca de cena, tornando-se assim um alvo menor. Sonny e Jerry estavam prontos para pular à sua frente ao menor sinal de movimento suspeito na plateia. Red estava postado no meio junto com agentes do FBI.

O espetáculo pareceu durar uma eternidade. Eu olhava a todo instante para Patsy, apreensiva; ela pegou minha mão e ficamos confortando uma à outra, torcendo para que a noite terminasse logo, sem qualquer incidente. Vernon permaneceu nos bastidores, jamais perdendo Elvis de vista e rezando: "Meu Deus, não permita que aconteça alguma coisa com meu filho."

Por causa dessa e de outras ameaças, foi providenciada uma segurança extra onde quer que Elvis aparecesse. As entradas pelos bastidores, cozinhas, elevadores de serviço e portas laterais tornaram-se uma rotina.

Elvis tinha uma teoria pessoal sobre assassinatos, baseada nas mortes do Reverendo Martin Luther King Jr. e de Robert F. Kennedy. Estava convencido de que os assassinos gabavam-se de seus crimes e disse aos seus guarda-costas que se houvesse algum atentado contra a sua vida deveriam pegar logo o assassino... antes mesmo da polícia. Não queria que ninguém se gabasse para os meios de comunicação de ter matado Elvis Presley.

Sonny e Red viviam em tamanha tensão naqueles dias que estavam constantemente frenéticos. Desconfiados entre multidões de fãs delirantes, eles reagiam rapidamente a qualquer sinal de perigo. Em comparação com a diplomacia de Sonny, a reputação de Red era a de agir primeiro e fazer perguntas depois. Começaram a se acumular as acusações de agressão e lesões corporais contra Elvis. Quando Vernon advertiu-o sobre a agressividade de Sonny e Red, Elvis protestou:

— Assim não é possível, Red. Contratei você para manter os filhos da puta longe de mim, não para me envolver em ações judiciais. Você vai ter de dar um jeito e controlar o temperamento explosivo dessa sua cabeça vermelha.

Embora Elvis gracejasse sobre as ameaças de morte — e haveria outras durante a temporada em Las Vegas —, o fato é que o medo e a constante necessidade de segurança aumentavam a pressão das apresentações noturnas.

No início, quando Elvis começou a cumprir compromissos regulares em Las Vegas, nós, mulheres, íamos até lá com frequência. Voávamos nos fins de semana, às vezes levando as crianças, ficávamos três ou quatro dias e voltávamos para casa.

Nos dias em que estávamos separados eu tirava centenas de fotos Polaroid e fazia filmes de Lisa. Ela estava crescendo tão depressa que eu não queria perder nada de seu desenvolvimento. Todos os dias Elvis recebia os "presentes do amor", como eu os chamava, incluindo gravações minhas a ensinar novas palavras a Lisa e ela me imitando. Toda semana, ao chegar, eu pregava fotos nos espelhos de seu quarto, a fim de lembrá-lo de que tinha uma esposa e filha.

Durante os primeiros compromissos ele ainda parecia humilde pelas dúvidas persistentes sobre a plena aceitação do público. A esta altura, Elvis não tinha o menor interesse por ligações amorosas ou flertes, concentrando-se nos ensaios e apresentações diárias, excluindo qualquer outra coisa.

Mais tarde, porém, ele se tornaria petulante. A admiração das multidões o levava de volta a seus triunfos nos anos cinquenta e era difícil voltar à terra depois de um mês de aclamações noturnas. Seu nome na enorme marquise do International seria substituído pelo de outro superastro. Os escritórios no terceiro andar seriam esvaziados e os pedidos de reservas seriam interrompidos.

Vicejando com todo o excitamento, glamour e histeria, ele achava difícil voltar para casa e retomar seu papel como pai e marido. E, para mim, a impossibilidade de substituir a adoração da multidão tornou-se um pesadelo da vida real.

Na casa, em Los Angeles, havia apenas o grupo habitual — um ambiente estritamente familiar. Essa mudança abrupta era demais para Elvis e logo ele adquiriu o hábito de permanecer em Las Vegas por dias, às vezes semanas, depois de um show. Os rapazes estavam achando cada vez mais difícil resolver o conflito entre trabalhar para Elvis e manter uma vida familiar.

Atormentado pela inatividade e tédio, Elvis tornava-se nervoso e temperamental, um estado exacerbado pelo Dexedrine, que ele estava tomando de novo, a fim de controlar o peso.

Às vezes, para atenuar a transição, Elvis insistia que todos embarcássemos em carros e seguíssemos para Palm Springs. Desde o casamento que passáramos muitos fins de semana ali, tomando sol, assistindo a partidas de futebol americano e programas noturnos pela televisão. Depois que Lisa nasceu, no entanto, minhas necessidades mudaram. O calor de Palm Springs era demais para ela, a ociosidade irritante. E num fim de semana sugeri:

— Elvis, por que você não vai apenas com os rapazes?

Desse momento em diante, eles desenvolveram um estilo de vida próprio em nosso isolado refúgio no deserto. De vez em quando as esposas eram convidadas para o fim de semana, mas de um modo geral Elvis considerava agora que Palm Springs era o seu refúgio particular.

Elvis deixou bem claro que esse tempo a distância era bom para ele, proporcionando-lhe uma oportunidade para pensar, divertir-se com os rapazes. Na verdade, Elvis estava perdido. Não sabia o que fazer depois de Las Vegas. Escapava pelas drogas de receita médica mais poderosas e desnecessárias, a fim de elevar o ânimo e evitar o tédio.

Depois que Elvis conquistou Las Vegas, ficou acertado que ele partiria em turnê. O Coronel começou imediatamente a contratar apresentações por todo o país, começando por seis espetáculos gigantescos, totalmente vendidos, no Astrodome de Houston, que renderam mais de um milhão de dólares em três noites.

Fui uma noite ao Texas para assistir ao show, voando num jatinho particular, em companhia de Joanie e Judy. Contemplei o Astrodome lá de cima e achei difícil acreditar no que via. Tinha o tamanho de um campo de futebol... e com ingressos esgotados. O que *me* deixava nervosa. Podia imaginar como Elvis se sentia.

Elvis também achou o Astrodome impressionante e comentou, na primeira vez em que lá esteve:

— Esperam mesmo que eu lote todo este monstro? Parece um oceano!

Por mais ofuscado que ficasse pelo gigantismo do local, Elvis eletrizou a audiência. Houston foi nosso primeiro encontro com a histeria coletiva. A limusine foi estrategicamente estacionada junto à porta do palco, a fim de proporcionar a fuga imediata de Elvis. Mesmo assim, fãs frenéticas cercaram o carro, gritando seu nome, oferecendo flores, tentando tocá-lo.

Na verdade, Houston foi uma vitória ainda maior do que Las Vegas. O Rei do Rock and Roll estava de volta ao trono. A tensão pela manutenção do clima estava apenas começando, e, no momento, eu ainda podia acreditar que tudo daria certo. Não percebi a extensão a que a excursão de Elvis iria nos separar, que aquilo era, na verdade, o começo do fim. Depois de Houston, Elvis passou a cruzar o país de um lado para outro, fazendo apresentações de uma noite, voando durante o dia, tentando dormir um pouco para manter o alto nível de energia necessário para os shows. De 1971 em diante Elvis excursionou mais do que qualquer outro artista — três semanas consecutivas, sem qualquer dia de folga e dois espetáculos aos sábados e domingos.

Eu sentia saudade. Falávamos constantemente em passarmos mais tempo juntos, mas Elvis sabia que se me deixasse ir ao seu encontro não poderia recusar os pedidos dos amigos da banda cujos casamentos também sofriam com as pressões das longas separações. Por algum tempo, algumas de nós voavam ao encontro do grupo de vez em quando, mas isso não durou muito. Elvis notou que seus empregados se tornavam relaxados no cumprimento dos deveres quando as esposas estavam presentes e adotou uma nova política: Nada de esposas na estrada.

Eu não me preocupava muito com os shows de uma noite só, uma rotina tediosa na melhor das hipóteses: desembarcar do avião, correr para o hotel, tirar da mala o mínimo possível, já que se teria de sair no dia seguinte, fazer a apresentação, voltar ao hotel para descansar um pouco, antes de voltar ao aeroporto. Era sempre a mesma coisa, exceto pelo nome da cidade.

Foi no dia em que Elvis sugeriu que eu fosse com menos frequência a Las Vegas que me tornei realmente transtornada e desconfiada. Ele decidira que as esposas só deveriam comparecer às noites de estreia e encerramento.

Compreendi então que teria de lutar por nosso relacionamento ou aceitar o fato de que estávamos agora nos afastando gradativamente, como acontece com tantos casais no show business. Como um casal, nunca sentáramos para planejar um futuro. Elvis, individualmente, estava se desenvolvendo como um artista, mas como marido e mulher precisávamos de uma realidade comum.

As possibilidades do casamento sobreviver eram mínimas, enquanto ele continuasse a viver longe de Lisa e de mim. Tudo se resumia a quanto tempo mais eu poderia suportar a separação. Elvis queria tudo para si. E agora, quando as excursões e temporadas o levavam ainda mais para longe da família, cheguei à conclusão de que talvez nunca realizássemos os meus sonhos de união. Tinha dificuldade em acreditar que Elvis era sempre fiel; e quanto mais ele nos mantinha afastados, mais minhas suspeitas aumentavam.

Agora, quando íamos a Las Vegas, eu me sentia mais tranquila nas estreias. Elvis estava sempre preocupado com o espetáculo e eu achava que precisava de mim. Nas noites de encerramento eu sempre ficava apreensiva. Muitos dias haviam transcorrido, tempo suficiente para que as suspeitas envenenassem meus pensamentos. Os *maîtres* de Las Vegas invariavelmente instalavam um bando de beldades nas primeiras filas. Curiosa, eu esquadrinhava seus rostos, ao mesmo tempo que observava Elvis atentamente, a fim de verificar se ele parecia endereçar as canções a alguma garota em particular. Desconfiada de todas, meu coração sofria — mas nunca pudemos conversar a respeito. Era algo que se devia aceitar como parte do ofício.

Uma noite, nos bastidores, Vernon estava jovialmente disputando uma chave que fora jogada para Elvis. Era de uma atraente loura de meia-idade, o tipo de Vernon. Elvis disse:

— Papai, você já tem problemas suficientes em casa com uma só loura. Não precisa de duas.

— Tem razão — respondeu Vernon. — Mas você também vai ter problemas se sua esposa continuar a sair desse jeito.

Eu começara a usar vestidos mínimos, de tricô ou tecidos transparentes, ousadamente reveladores. Lamar e Charlie assoviavam e uivavam para mim, enquanto Elvis me exibia orgulhoso.

As brincadeiras que eu fazia com ele também eram esforços para atrair sua atenção. Uma noite, depois que ele saiu cedo para um show, pus um vestido preto, com um capuz e um decote nas costas excepcionalmente baixo. Quando chegou o momento de Elvis dar beijos em garotas da plateia — uma parte regular do espetáculo —, subi ao palco. Em vez de me beijar, Elvis continuou a cantar, deixando-me parada lá em cima. Com os cabelos escondendo a alça do vestido em torno do pescoço, parecia por trás que eu estava nua da cintura para cima. Podia ouvir as exclamações de espanto da plateia. Todos tinham a impressão de que uma garota fazendo topless acuara Elvis e ele não sabia o que fazer. Eu lhe sussurrei várias vezes:

— Beije-me logo, a fim de que possa descer e sentar.

Mas Elvis resolveu virar a brincadeira contra mim e me obrigou a esperar sob os refletores até terminar a canção. Dando então um beijo em meus lábios, ele me apresentou à audiência. Senti-me um pouco envergonhada e voltei ao meu lugar.

Havia um momento no show em que Elvis andava de um lado para outro do palco brincando com a audiência, contando histórias, até mesmo fazendo confidências.

— Algumas pessoas nesta cidade estão ficando um pouco gananciosas — dizia ele. — Vocês poupam durante muito tempo para virem aqui e me ouvirem cantar. Quero apenas que saibam que nunca haverá qualquer aumento exorbitante de preço quando voltarem. Estou aqui para entreter vocês e isso é tudo o que me interessa.

Elvis estava tendo um caso de amor com sua audiência. Na próxima vez em que me descobri em casa sozinha cheguei à conclusão de que não tinha opção a não ser iniciar uma vida própria.

Foi pensando assim que Joanie, minha irmã Michelle e eu planejamos uma curta viagem a Palm Springs. Durante o fim de semana resolvi verificar a correspondência. Havia cartas de várias mulheres que obviamente haviam estado ali. Uma delas se assinava "Língua de Lagarto". Minha reação inicial foi de incredulidade, depois veio a indignação. Liguei para Las Vegas e exigi que Joe encontrasse Elvis e o trouxesse ao telefone. Joe alegou que ele estava dormindo, falei então sobre as cartas e insisti que Elvis me atendesse. Joe prometeu que faria com que Elvis me telefonasse assim que acordasse. Foi o que aconteceu. Mas ficou evidente que Joe lhe explicara a situação e Elvis já preparara uma explicação. Estava totalmente inocente, eram apenas fãs, tinham perdido o juízo se insinuavam que haviam estado na casa; além do mais, era a palavra delas contra a sua. Como sempre, ao final, pedi desculpas pela situação. Mas, àquela altura, as coisas estavam se tornando óbvias demais. Elvis recomendou:

— Aproveite para fazer coisas enquanto estou ausente. Se não o fizer, vai começar a se sentir deprimida.

Embora minhas opções fossem limitadas — Elvis ainda objetava que eu aceitasse um emprego ou me matriculasse em cursos na universidade —, continuei as aulas de dança e iniciei aulas particulares de pintura.

Elvis era um artista nato; embora tentasse evitar as multidões, detestasse restaurantes e se queixasse de que "não podia sair na rua como uma pessoa normal", o fato é que o estilo de vida lhe convinha. Escolhia pessoalmente as pessoas que queria ao seu redor — para trabalhar e viajar —, e todas se ajustavam à sua rotina, seus horários e temperamento. Ao longo dos anos, tornou-se como um clã bastante unido. Houve algumas discussões e umas poucas pessoas se afastaram por causa de mal-entendidos, mas geralmente voltavam depois de uma ou duas semanas.

Minha visão da vida fora moldada por Elvis. Entrara em seu mundo como uma garotinha e ele me proporcionava segurança absoluta. Elvis desconfiava de quaisquer influências externas, que considerava como uma ameaça ao relacionamento, temendo que pudessem destruir sua criação, seu ideal. Nunca poderia prever o que estava acontecendo como consequência de suas prolongadas ausências de casa. Um período importante em meu crescimento estava começando. Ainda receava as nossas separações, mas achava que nosso amor não tinha limites, que eu era sua e que mudaria se ele assim quisesse. Por anos nada existira em meu mundo além de Elvis; mas agora que ele se mantinha longe por períodos prolongados o inevitável aconteceu. Eu estava criando uma vida própria, começando a conquistar uma segurança pessoal e descobrindo que havia um mundo inteiro fora de nosso casamento.

Ao longo dos anos de apresentações em Las Vegas, outras pressões foram aumentando. Houve mais ameaças de morte e ações judiciais, inclusive processos de paternidade e lesões corporais. Maridos ciumentos afirmavam ter visto Elvis flertando com suas esposas, outras pessoas acusavam Sonny e Red de agressão física. Elvis começou a se sentir entediado com essas inconveniências e também com a mesmice do espetáculo. Inevitavelmente, tentou mudar o esquema, mas depois sentiu que o novo não tinha o mesmo ritmo. Acrescentava algumas canções aqui e ali, mas sempre voltava ao original. Sugestões insistentes de que promovesse mudanças antes da próxima temporada em Las Vegas aumentaram a pressão.

Entediado e inquieto, Elvis intensificou sua dependência de sintéticos. Achava que a animação o ajudava a escapar do pensamento destrutivo, quando na verdade apenas lhe proporcionava uma falsa confiança e uma agressividade anormal. Ele começou a perder a perspectiva de si mesmo e dos outros. Para mim, foi se tornando cada vez mais inacessível.

37

Entrei na sala e encontrei Elvis e Vernon discutindo sobre o Coronel Parker.

— Ligue para ele e diga que está acabado, papai. Vamos cancelar os contratos e eu pagarei qualquer porcentagem que estivermos lhe devendo.

— Tem certeza de que é isso o que quer, filho?

— Claro que tenho. Detesto o que estou fazendo e não aguento mais.

Elvis saiu furioso pela porta da frente, não voltou naquela noite nem nos dias subsequentes. Todos ficamos aturdidos. Era a primeira vez que ele viajava sozinho — sem levar sequer um guarda-costas. Elvis nem mesmo sabia o seu próprio telefone, não andava com dinheiro. Como poderia se arrumar? Tudo sempre fora providenciado para ele.

Segundo Jerry Schilling, Elvis embarcou num voo comercial para Washington, D.C., com a intenção de se encontrar com o Presidente Nixon. Ao chegar, teve uma súbita reação à penicilina que tomara para uma gripe e resolvera voltar a Los Angeles. Telefonou durante uma escala em Dallas, pedindo a Jerry que fosse encontrá-lo no aeroporto de Los Angeles com um médico. Queria um tratamento para a reação. Ele descansou dois dias em Los Angeles e depois voltou a Washington, D.C., em companhia de Jerry. Levavam quinhentos dólares, de um cheque que Jerry conseguira descontar.

Durante o voo, Elvis puxou conversa com um jovem soldado, que acabara de voltar do Vietnam. O soldado devia ter contado a história de sua vida. Antes do avião pousar, Elvis pediu os quinhentos dólares a Jerry e o entregou ao jovem, desejando-lhe boa sorte. Jerry protestou:

— Isso é tudo o que temos, Elvis.

Ao que Elvis respondeu:

— Mas ele precisa mais do que eu, Schilling.

Depois, ainda durante o voo, ele pediu à aeromoça papel e caneta. Elvis nunca foi muito de escrever cartas, mas agora escreveu uma ao Presidente Nixon, explicando como poderia ajudar a juventude a se livrar das drogas. Era uma súplica fervorosa, os erros apressadamente riscados e corrigidos, enquanto ele passava seus pensamentos para o papel.

Jerry providenciou para que uma limusine fosse buscá-los no aeroporto e os levasse à Casa Branca. Eram seis e meia da manhã e Elvis estava vestido de preto, óculos escuros, o cinto largo de ouro do International e uma bengala. Aproximou-se do portão, nas palavras de Jerry, parecendo Drácula. O rosto estava um pouco inchado, e Jerry temia que sua aparência pudesse despertar suspeitas.

Assim que Elvis explicou quem era e que tinha uma mensagem para o Presidente, foi-lhe prometido que a carta seria entregue a Nixon por volta das 9h. Elvis determinou então que Jerry providenciasse um encontro seu com John Finlator, vice-diretor da Narcóticos, em Washington. Elvis queria realmente ajudar os garotos a se livrarem das drogas. Outro propósito de sua viagem era obter para si mesmo um emblema de agente da Divisão Federal de Narcóticos.

Elvis era um grande colecionador de emblemas. Tinha emblemas de detetive, guarda e xerife de todas as partes da nação; o emblema de agente de narcóticos representava para ele uma espécie de poder supremo. Em sua imaginação, esse emblema lhe proporcionaria o direito de carregar qualquer droga. Também daria a ele e sua Máfia de Memphis o direito de portar armas. Com o emblema de agente federal de narcóticos, poderia entrar legalmente em qualquer país, portando armas e carregando todas as drogas que desejasse.

Sua obsessão em obter esse emblema fora causada por um detetive particular chamado John O'Grady, a quem Elvis contratara para trabalhar num processo de paternidade. O'Grady mostrou a Elvis o seu emblema de agente federal de narcóticos. A imaginação de Elvis entrara em ação no mesmo instante. Como poderia obter tal emblema? O'Grady informara que John Finlator era o homem que deveria procurar.

Elvis determinou que Jerry ficasse esperando no hotel, para o caso do Presidente Nixon telefonar enquanto ele ia falar com Finlator. Uma hora depois Jerry recebeu um telefonema de Elvis, dizendo que Finlator negara seu pedido. Jerry ficou surpreso pelo estado emocional de Elvis. Ele parecia à beira das lágrimas quando disse:

— Ele não quer me dar o emblema!

Jerry conseguiu animá-lo um pouco com a informação de que acabara de receber um telefonema da Casa Branca.

— O Presidente leu sua carta e vai recebê-lo dentro de vinte minutos.

Entrar na Casa Branca não era fácil, nem mesmo para Elvis Presley. Os guardas se mostraram cordiais, mas cautelosos, revistando-o meticulosamente. Jerry também foi revistado antes de terem acesso ao Gabinete Oval, assim como Sonny West, a quem Jerry chamara para acompanhá-los. Sonny ficara aturdido com o chamado e tornou-se atordoado quando compreendeu que ia se encontrar pessoalmente com o Presidente dos Estados Unidos.

Elvis foi conduzido sozinho ao Gabinete Oval. Jerry e Sonny foram informados de que deveriam esperar do lado de fora, mas que havia alguma possibilidade de serem apresentados ao Presidente depois. Segundo Jerry, eles foram introduzidos no Gabinete Oval menos de um minuto depois. Jerry sabia que se houvesse algum meio de apresentá-los, Elvis daria um jeito. Nem mesmo o Presidente era imune a seu charme.

Ao entrarem, Jerry e Sonny constataram no mesmo instante que Elvis estava inteiramente à vontade. Apresentou a todos e exortou o Presidente a dar a Jerry e Sonny abotoaduras de presente, até mesmo pediu por lembranças para levarem para as esposas. Quando ele deixou o Gabinete Oval, acrescentara à sua coleção o emblema que considerava mais importante. Saiu sorrindo, um Elvis diferente daquele que, poucas horas antes, estava tão transtornado emocionalmente. Nixon revogara a decisão de Finlator e determinara que um emblema fosse levado ao Gabinete Oval, a fim de presenteá-lo a Elvis.

A discussão sobre o Coronel que desencadeara aquela aventura nunca mais foi mencionada.

38

Nosso casamento era agora apenas de meio período. Elvis queria liberdade para ir e vir como bem entendesse — e era o que fazia. Quando estava em casa, ele se mostrava atencioso e amoroso, como pai e marido. Mas estava bem claro que eu era a principal responsável pela criação de Lisa.

Ocorreu um incidente que me levou a compreender que precisava passar mais tempo com Lisa. Ela, Elvis e eu estávamos prestes a posar para uma fotografia de família. Eu a vestia, enquanto a babá escovava seus cabelos. Depois, quando comecei a me encaminhar para o local em que a foto seria batida, ela se recusou a me acompanhar.

— Qual é o problema? — indaguei. — Vamos logo, meu bem.

— Não! Não! — protestou Lisa, agarrando-se à babá.

Quando ela começava a chorar, eu ficava nervosa e irritada. Peguei-a pela mão e exortei-a, como se uma criança pudesse entender minha lógica:

— Mas você tem de ser feliz! Vai tirar fotografias com mamãe e papai!

Cada foto foi um tremendo esforço, enquanto tentávamos persuadi-la a rir. Por um momento conseguíamos, mas no instante seguinte as lágrimas tornavam a aflorar. Ela chorou até mesmo no colo do pai, enquanto eu tentava suborná-la com brinquedos para obter um sorriso.

Foi nesse instante que percebi a situação. Santo Deus, ela está tão afeiçoada à babá que não quer deixá-la! Eu sabia agora que tinha de arrumar mais tempo para passar com Lisa. Ela fora afetada por meus problemas. Empenhada em concentrar minha vida em torno de Elvis, mesmo durante suas ausências, eu negligenciara não apenas as minhas próprias necessidades, mas também as de minha filha.

Estava dividida entre os dois. Quando Elvis se encontrava em casa, eu queria ficar a seu lado, sem outras responsabilidades; mas também queria fazer companhia a Lisa, sabendo o quanto ela precisava de mim.

Comecei a levar Lisa aos parques, festas vespertinas e a aulas diárias de natação. Convenci-me de que em breve não precisaria mais recorrer a brinquedos, pirulitos e sorvetes para lhe arrancar um sorriso.

Ela sentava entre Elvis e mim à mesa de jantar, espremendo espinafre entre as mãos e sujando o rosto. Elvis tentou convencer a si mesmo de que achava aquilo maravilhoso, mas o fato é que ele era muito exigente em matéria de comida. Com um sorriso jovial, ele se retirava, dizendo à empregada:

— Vamos comer no estúdio. Lisa irá se encontrar conosco lá depois que terminar de brincar com sua refeição.

Quando Elvis estava ausente, o que infelizmente acontecia durante a maior parte do tempo agora, eu continuava a enviar as remessas regulares de fotos e filmes, documentando cada momento do crescimento de Lisa. Quando ele estava conosco, eu o estimulava a participar das caçadas a ovos de Páscoa e outras diversões, convidando Joe, Joanie e seus filhos, assim como outras famílias amigas.

Lisa e eu o visitávamos em Las Vegas nos aniversários dela, com festas enormes na suíte. Lisa ganhava todos os presentes imagináveis, de máquinas caça-níqueis a dois filhotes de são-bernardo (um presente do Coronel Parker) e uma sala inteira cheia de balões — tudo, em suma, que uma garota de dois ou três anos não devia ter e não podia apreciar.

Era importante para mim que Elvis estivesse em casa no Dia dos Pais e no Dia das Mães, mas invariavelmente ele telefonava para avisar que não poderia comparecer. Depois, tentava compensar, levando para casa presentes como uma caixa de joias de mármore cheia de anéis, colares e brincos de diamantes, ou um guarda-roupa feito por um modista exclusivo, comprado numa butique de Las Vegas. Mas não adiantava. Eu não queria as peles e joias — tinha todas que poderia usar —, queria apenas que Elvis ficasse em casa. Era um esforço constante, tentando sozinha manter as tradições familiares.

Embora preferisse mimar Lisa, Elvis a disciplinava de vez em quando. Houve uma ocasião em que lhe deu uma surra por escrever com giz de cera num lindo sofá de veludo. Entrou em pânico no instante seguinte, querendo que eu lhe assegurasse que fizera o que era certo e que Lisa não guardaria ressentimento. Só sentiu-se melhor quando eu declarei:

— Se você não tivesse batido nela, eu o teria feito.

A única outra ocasião em que Elvis tocou nela com raiva foi depois de adverti-la repetidamente que não se aproximasse da piscina, e Lisa desobedeceu. (Ela se lembra nitidamente e sente-se orgulhosamente satisfeita pelas duas surras.)

Quando tinha quatro anos, Lisa compreendeu que podia manipular os empregados. Sempre que alguém se recusava a fazer alguma coisa para ela, Lisa declarava:

— Vou falar com papai e você vai ser despedido.

Como ninguém queria que ela falasse com Elvis, todos lhe permitiam fazer o que bem desejasse, de ficar acordada até tarde a evitar os banhos noturnos e não ir à escola. O resultado era que Lisa tinha dificuldade para aprender o que era certo e errado, o que podia e o que não podia fazer.

— Não pode tratar as pessoas assim — eu disse a ela. — É ofensivo. Trabalham para seus pais, é verdade, mas não pode ameaçá-las a todo instante.

Acostumada a ver as pessoas tremerem diante de seu pai, Lisa levou anos para superar esse hábito. Em reuniões de família hoje, com Jerry Schilling, Joe Esposito e os filhos de Dee Presley, Ricky e David, ainda rimos do passado ditatorial de Lisa.

Desde que Elvis voltara a se apresentar ao vivo, nossa casa em Hillcrest se tornara tão pública que mal conseguíamos entrar e sair. Fotógrafos escondiam-se no jardim dos fundos, revelando sua presença nos momentos mais inoportunos. Certa ocasião, quando estávamos relaxando à beira da piscina, tomando banho de sol, inclinei-me para dar um beijo prolongado em Elvis. Ele murmurou:

— Que barulho é esse? Psiu! Fique quieta! Sonny! Jerry! É o estalo de uma câmera!

Elvis levantou-se de um pulo e todos correram atrás do pobre coitado. Na frente seguia Elvis, gritando palavrões e ameaças. Tenho certeza de que aquele fotógrafo nunca mais voltou.

Em três anos de Hillcrest a casa tornou-se pequena. Lisa e a babá partilhavam um quarto, Charlie tinha outro, Patsy, Gee e o novo bebê ocupavam o chalé nos fundos. Elvis chegou à conclusão de que precisávamos de mais espaço, inclusive porque queria Sonny sempre por perto, à sua disposição. As conversas sobre uma casa nova adquiriram uma súbita urgência.

Quando dois amigos de longa data bateram à nossa porta, sem dinheiro e desempregados, Elvis se compadeceu e instalou-os na sala de estar. Acordei de madrugada ao som de música estrondosa e descobri que os dois haviam apagado de tanto beber Jack

Daniel's e Coca. Copos estavam espalhados por toda a sala, cinzas cobriam o tapete. Achei que minha casa estava sendo convertida numa pensão.

— Eles não têm respeito por coisa alguma — queixei-me a Elvis, naquele mesmo dia. — O que vai acontecer se pegarem no sono com cigarros acesos na mão? Todos vamos morrer queimados. Por quanto tempo pretende permitir que eles fiquem aqui? — Eu não escondia minha desaprovação. — Não quero que Lisa viva num ambiente assim.

— Tem toda razão, meu bem. Talvez eu vá para Palm Springs esta noite.

A busca por uma nova casa levou-nos a Holmby Hills, uma área exclusiva de amplas propriedades, entre Bel Air e Beverly Hills. Encontramos uma casa tradicional de dois andares, bem situada numa colina, cercada por dois acres de gramados bem cuidados e laranjais. Era mais do que nossas outras casas de Los Angeles, com uma cerca alta e portões intimidativos, a fim de garantir nossa privacidade.

Eu esperava que aquela casa devolvesse a atenção de Elvis à família e que ele passaria agora os fins de semana com a gente, em vez de ir para Palm Springs. Elvis dispunha de um escritório, um estúdio, uma sala de jogos, um cinema, uma saleta para refeições particulares e uma sala de jantar grande para receber os amigos e parentes. Minha intenção era decorar a casa exclusivamente a seu gosto, com ideias da casa de Hillcrest, que fora a sua predileta.

A casa custou em torno de 335 mil dólares, pouco mais do que o orçamento que tínhamos em mente. Com alguma persistência de nossa parte, Vernon acabou permitindo, embora cauteloso, que eu contratasse um profissional para ajudar a decorá-la. Seria a primeira casa que eu decoraria a partir do nada e achei muito emocionante — elaborar os projetos, escolher as cores, os tecidos, o papel de parede, os móveis antigos. Adorei procurar por peças especiais: uma cristaleira que escondia um aparelho de televisão, arcas antigas usadas como mesinhas, vasos antigos que eram convertidos em abajures. Sentia-me tão animada com o projeto que persuadi Elvis a não olhar os estágios preliminares, esperando até que tudo estivesse pronto. A decoração tornou-se minha paixão. O desafio era tão absorvente que pude esquecer todas as minhas preocupações pelo nosso relacionamento. Em vez de remoer minha solidão, eu estava empenhada num trabalho construtivo, que exigia todo o talento, imaginação e capacidade de organização de que eu era capaz.

Foi nessa ocasião que outra força gratificante e libertadora entrou em minha vida — o caratê. Era o amor e hobby de Elvis havia anos; quando comecei a praticá-lo, era apenas mais um dos meus esforços para atrair sua atenção e aprovação, como já acontecera no passado, quando tomara aulas de francês porque ele gostava da língua, aulas de flamenco porque ele era um apaixonado e de balé porque ele adorava os corpos de bailarinas.

Havia muito que Elvis admirava o mestre do kung fu Ed Parker, a quem conhecera anos antes. Comecei a tomar aulas particulares, sob a orientação de Ed, três vezes por semana. Logo percebi que havia muito mais naquela arte do que apenas violência. Era uma filosofia. E me tornei ainda mais envolvida quando Elvis aplaudiu o meu progresso.

Quando voltamos a Memphis, Elvis dormia durante o dia e aproveitei para me matricular num curso de outra arte marcial oriental, o Tae Kwan Do coreano. Tornei-me tão obsessiva quanto Elvis na dedicação a essa arte. Uma exigência compulsória era memorizar as formas, *katas* e posturas na língua coreana, assim como aprender a história do Tae Kwan Do.

O treinamento era excepcionalmente rigoroso. Executávamos o mesmo movimento por vezes incontáveis, até que se tornasse perfeito. O suor caía em meus olhos, mas se eu limpasse teria de pagar com cem flexões, sob os olhares vigilantes de toda a turma, uma humilhação que eu não desejava e conseguia evitar.

Podia agora compreender o fascínio de Elvis pelo caratê. Era uma grande realização, uma conquista da confiança e do controle físico da própria pessoa. Em 1972, enquanto Elvis se apresentava em Las Vegas, conheci um dos maiores mestres do caratê dos Estados Unidos na ocasião, Mike Stone. Naquela noite em particular ele estava servindo como segurança de um proeminente produtor de discos. Depois do espetáculo, eles foram visitar Elvis nos bastidores. Todos ficaram mais impressionados com Stone do que com o impetuoso magnata que ele estava protegendo. Elvis fez-lhe os maiores elogios e uma porção de perguntas, assim como Sonny e Red. Vários anos antes assistíramos a Stone se apresentando num torneio no Havaí e admiráramos sua técnica excepcional.

Mais tarde, naquela mesma noite, na Suíte Imperial, Elvis encorajou-me a treinar com Mike.

— Ele possui a qualidade de matador. Não há nada de duas pernas que possa derrotá-lo. Estou impressionado pela primeira vez desde que o vi lutar. Gosto do seu estilo.

De volta a Los Angeles, combinei com Mike que iria à sua academia no final da semana e assistiria a uma de suas aulas. Era uma viagem de carro de 45 minutos.

Elvis tinha razão. Mike irradiava confiança e classe, assim como muito charme pessoal e espírito. Uma amizade profunda se desenvolveria entre nós. Por causa da distância, resolvi continuar o treinamento com um amigo de Mike, Chuck Norris, que tinha uma academia mais perto de minha casa. Mike aparecia por lá de vez em quando, como instrutor convidado.

Eu estava saindo do mundo fechado de Elvis, compreendendo como minha existência fora resguardada até então. Mike e Chuck introduziram-me aos filmes populares de artes marciais japonesas, como a série do Espadista Cego. Em companhia de Mike, comparecia a torneios de caratê locais e nos condados vizinhos, levando para casa fotos e filmes dos maiores lutadores de caratê. Queria absorver seus estilos individuais, a fim de poder partilhá-los com Elvis, na esperança de que fosse uma coisa que pudéssemos desfrutar em comum. Ao final, porém, criei um novo círculo de amigos, que me aceitava por mim mesma. As artes marciais me proporcionaram tanta confiança que comecei a experimentar meus sentimentos e expressar minhas emoções como jamais acontecera antes. Acostumada a reprimir minha raiva, eu podia agora descarregá-la honestamente, sem o medo de acusações ou explosões. Parei de pedir desculpas por minhas opiniões e de rir de piadas que não achava engraçadas. Iniciara-se uma transformação, em que o medo e a indiferença não tinham lugar. Juntamente com essa nova confiança, despojei-me dos cílios postiços, maquiagem intensa, joias e roupas vistosas. Livrei-me agora de todos os artifícios a que recorrera em busca de segurança.

Estava vendo a mim mesma pela primeira vez e levaria algum tempo para que me acostumasse à imagem. Tinha a oportunidade de observar casamentos fora do nosso círculo íntimo, em que a mulher podia se manifestar tanto quanto o homem nas decisões cotidianas e nos objetivos a longo prazo. Fui confrontada com a descoberta dura de que viver como eu vinha fazendo havia tanto tempo era bastante anormal e prejudicial ao meu bem-estar. Meu relacionamento com Mike se desenvolvera agora para uma ligação amorosa.

Eu ainda amava Elvis profundamente, mas durante os meses seguintes compreendi que teria de tomar uma decisão crucial sobre o meu destino. Sabia que devia assumir o controle de minha vida. Não podia renunciar a minhas novas percepções. Havia um mundo enorme lá fora, e eu tinha de encontrar meu lugar nele.

Gostaria que houvesse algum meio de partilhar com Elvis minha experiência e crescimento. Desde a adolescência que ele me moldara num instrumento de sua vontade. Com extremo amor, eu cedera à sua influência, tentando satisfazer cada desejo seu. E agora ele não estava ao meu lado.

Acostumada a viver em cômodos escuros, mal vendo o sol, dependendo de drogas para adormecer e acordar, sob o cerco de guarda-costas que nos distanciavam da realidade, eu ansiava pelos prazeres mais normais. Comecei a apreciar as coisas simples que gostaria de partilhar com Elvis e não podia: passeios pelo parque, um jantar à luz de velas para dois, risos.

Elvis deve ter percebido minha inquietação. Cerca de dois meses depois, em Las Vegas, Joanie, Nora Fike, Pat (mulher de Red) e eu estávamos jantando no restaurante italiano do Hilton, entre os shows de Elvis. O *maître* aproximou-se com o recado de que Elvis queria falar comigo lá em cima, na suíte. Lembro-me de ter pensado que isso era estranho. Elvis raramente ia à suíte entre os shows.

Subi cheia de curiosidade. Chegando à suíte, encontrei Elvis deitado na cama, obviamente à minha espera. Ele me agarrou e fez amor com o maior vigor. Foi desagradável e diferente de todas as outras vezes. Elvis explicou:

— É assim que um homem de verdade faz amor com sua mulher.

Aquele não era o homem gentil e compreensivo que eu aprendera a amar. Com meu crescimento pessoal e as novas realidades que descobrira, Elvis se tornara um estranho para mim.

Chorei em silêncio, enquanto Elvis se levantava e se vestia para o espetáculo. A fim de que o casamento sobrevivesse, Elvis teria de remover todas as barreiras artificiais que restringiam a nossa vida conjugal. Havia muito espaço para dúvida, muitas perguntas sem respostas. Era difícil para Elvis assumir o seu papel de pai e marido. E como nenhum de nós dois tinha a capacidade de sentar e enfrentar os problemas que punham em risco a família, parecia não haver qualquer esperança.

O que realmente doía era o fato de Elvis não ser sensível a mim como uma mulher e sua tentativa de reconciliação ter ocorrido tarde demais; eu me apossara de minha própria vida.

Não fechei os olhos naquela noite, remoendo o que teria de dizer a Elvis. Ele era o meu grande amor. Contemplando-o, pensei em todas as vezes em que passara os dedos por seus lábios, nariz, cabelos, sempre enquanto ele dormia. E, agora, esperava que ele acordasse, esperava pelo momento certo, se é que algum poderia ser certo. Àquela altura de nosso casamento, estávamos tão raramente juntos que era difícil imaginar sua reação às minhas palavras; parecera muito mais fácil projetar toda a cena em minha imaginação.

Passava um pouco de duas horas da tarde. Eu já me levantara e começara a arrumar minhas coisas quando Elvis despertou, alerta no mesmo instante, indagando:

— Pra onde você vai?

— Tenho de voltar.

— Tão cedo? Geralmente você não volta tão cedo.

— Tem razão, mas preciso voltar agora. Tenho muitas coisas para fazer. — Hesitei por um instante. — Antes, porém, preciso lhe dizer uma coisa.

Parei de arrumar as coisas e fitei-o.

— Provavelmente é a coisa mais difícil que já tive de dizer em toda a minha vida. — Fiz uma pausa longa e mal consegui acrescentar: — Vou deixar você.

Elvis sentou na cama.

— Como assim?

Nunca, em todo o nosso casamento, eu sugerira que poderia abandoná-lo.

— Vou me separar de você.

— Perdeu o juízo? Tem tudo que qualquer mulher pode querer. Não pode estar falando sério, Sattnin. — Sua voz estava cheia de angústia. — Não posso acreditar no que estou ouvindo. Está querendo dizer que tenho sido tão cego que não percebi o que estava acontecendo? Andei tão distraído que não percebi o que poderia vir!

— Estamos levando vidas separadas.

Elvis finalmente perguntou:

— Perdi você para outro homem?

— Não é que você tenha me perdido para outro homem... apenas me perdeu para minha própria vida. Estou descobrindo a mim mesma, pela primeira vez.

Elvis fitou-me em silêncio, enquanto eu terminava de arrumar tudo e fechava a mala. Tentei me encaminhar para a porta, mas não pude mais me conter e voltei correndo para os seus braços. As lágrimas escorriam por nossas faces.

— Tenho de ir — balbuciei. — Se eu ficar agora, nunca mais irei embora.

Desvencilhei-me, peguei a mala e segui para a porta.

— Cilla! — gritou Elvis, fazendo-me parar. — Talvez em outra ocasião, em outro lugar.

— Talvez — respondi, olhando para trás. — Apenas este não é o momento.

E saí.

* * *

Minha viagem a Memphis foi inesperada e breve, só tinha um propósito — buscar minhas coisas. Queria passar o mínimo de tempo possível ali. Graceland fora o meu lar e era difícil despedir-me de todos. Os empregados, a maioria contratada por mim, pareciam saber sem que fossem informados que eu estava partindo para sempre. Ninguém disse nada, mas seus abraços chorosos falavam tudo.

Encontrei Dodger em seu quarto — agora no andar térreo — e sentei a seus pés, enquanto ela balançava na cadeira de balanço.

— Não fale isso, meu bem — disse ela. — Não pode estar falando sério.

Depois, compreendendo que eu falava mesmo sério, ela se apressou em acrescentar:

— Vai me ligar, não é mesmo... vai se manter em contato?

— Claro, Dodger. Sempre manterei contato com você. Voltarei para visitá-la. E conversaremos como sempre fizemos. Nada jamais vai mudar.

— Você é como se fosse minha filha — disse Dodger. — As coisas por aqui não vão mais ser as mesmas sem você. Pobres crianças. Tenho pena pelos dois.

Vovó chorou ao tentar compreender por que duas pessoas que se amavam tinham de se separar.

— Bem que tentei dizer a ele que devia passar mais tempo com você... e com a menina.

— Não é culpa de ninguém, Vovó. É apenas a vida. Ainda nos amamos. E sempre vamos nos amar.

— Acho que vocês voltarão a viver juntos, meu bem. — Ela estava retorcendo as mãos. — Deus sabe como vocês dois se amam muito.

Havia uma vista dos pastos verdes além da janela de Vovó — Sun, o velho estábulo, todas as recordações que marcavam o período mais feliz de nossas vidas. Graças a Deus que era um lindo dia; sempre detestei os dias de chuva em Graceland, pois me faziam lembrar os invernos solitários em que Elvis estava longe.

No calor e sol lá fora, vagueei pela propriedade, contemplando pela última vez a varanda da frente, em cujos degraus Elvis e eu sentáramos, sonhando com uma viagem à Europa em que voltaríamos à casa na Goethestrasse onde nos conhecêramos. Olhando pelos gramados e o longo caminho circular, descendo até os Portões Musicais, onde as fãs sempre esperavam, especulei se algum dia voltaria ali. Atravessei as pequenas crateras abertas pelas guerras de fogos de artifício. Na garagem, passei a mão por um dos carrinhos. Não podia acreditar que estava tudo acabado.

39

Como a maioria dos casais rompendo um casamento, passamos por um período difícil, antes de finalmente aceitarmos o fato de que estávamos nos separando. O divórcio foi consumado em 9 de outubro de 1973. Embora Elvis e eu continuássemos a nos falar regularmente, não nos encontramos pessoalmente durante os últimos meses, um período de tensão, enquanto os advogados procuravam acertar tudo. Elvis e eu acabamos resolvendo tudo diretamente. Ambos éramos bastante sensíveis e ainda preocupados com os sentimentos um do outro para saber que queríamos evitar acusações amargas e tentativas de atribuir a culpa um ao outro. A principal preocupação era Lisa, cuja custódia concordamos em partilhar. Permanecemos tão ligados que Elvis nunca se deu ao trabalho de pegar a sua cópia da sentença do divórcio.

Acompanhada por minha irmã Michelle, esperei no tribunal em Santa Monica, Califórnia, pela chegada de Elvis. Quando ele apareceu, fiquei chocada com sua aparência. Suas mãos e rosto estavam inchados, ele suava profusamente.

Fomos para a sala do juiz, seguidos por Vernon, Michelle e os advogados. Elvis e eu sentamos diante do juiz, de mãos dadas, enquanto ele efetuava as formalidades do divórcio. Mal ouvi qualquer coisa, de tão atordoada pelo estado físico de Elvis; não parava de passar os dedos por suas mãos inchadas.

Imaginei se a nova namorada de Elvis, Linda Thompson, saberia o quanto ele precisava de amor e atenção. E acabei sussurrando:

— Sattnin, ela está cuidando direito de você... vigiando seu peso e dieta, esperando que você pegue no sono à noite?

O juiz acabou de ler a sentença. O sonho que eu acalentara, de uma união perfeita, estava encerrado. A esperança de um casamento ideal, que absorvera todos os meus pensamentos e energia desde os catorze anos, findava com o movimento de uma caneta.

Sentindo um vazio enorme, voltei com Michelle para meu carro. Elvis, seu pai, seu advogado e alguns dos rapazes encaminharam-se para a limusine. Na passagem, eu acenei, ele piscou para mim. A afinidade mútua que partilhávamos sempre existiria. Continuamos a nos falar com frequência, especialmente sobre Lisa, que sabíamos que ficaria infeliz. Queríamos que ela soubesse que não seria de jeito nenhum privada de qualquer um dos dois. Quando nos encontrávamos, era como se nunca tivéssemos nos separado, trocando beijos afetuosos e sentando de braços dados, com Lisa em nossos colos; quando estávamos apartados, jamais criticávamos um ao outro.

Lisa visitava Elvis com frequência, tanto em Los Angeles como em Memphis. Ele garantia que cuidaria bem dela, mas eu não podia deixar de me preocupar, por causa de seu estilo de vida. Telefonava para verificar como estavam as coisas quase todas as noites. Era uma hora da madrugada em Memphis quando perguntei a Elvis:

— Lisa tomou seu banho e já está na cama?

— Claro — respondeu ele. — Lisa está sendo muito bem cuidada. Já está na cama, profundamente adormecida.

Poucos minutos depois, Tia Delta me telefonou e queixou-se que Lisa não estava na cama e não conseguia fazer com que ela tomasse seu banho. Falei com Lisa, que disse:
— Papai queria que eu ficasse acordada.
Liguei de novo para Elvis e comentei:
— Pensei que você tivesse dito que ela já estava na cama.
— Ora, deixe-a ficar acordada — protestou ele. — Não tem a menor importância.

O pai dava tudo a Lisa na proverbial travessa de prata, o que criava um conflito quando ela voltava para casa e tinha de enfrentar a realidade. Tínhamos uma discussão permanente sobre a maneira como ela deveria ser criada.
— Que se danem os valores — dizia Elvis, jovialmente.

Eu sabia que era essencial que Lisa adquirisse alguma perspectiva da vida, mas era difícil explicar isso a Elvis Presley.

À medida que os meses passavam, Linda Thompson tornou-se uma companheira constante de Elvis e achei que isso era bom para ele. Elvis começou a fazer viagens a Aspen e Havaí, saindo mais, por causa da personalidade extrovertida de Linda. Quando conversávamos, ele parecia bastante animado.

Sua carreira no cinema ainda se encontrava num impasse, e ele se concentrava nas apresentações em Las Vegas e nas excursões. Elvis tinha dificuldades em se imaginar como "um homem de quarenta anos ainda se sacudindo aos acordes de 'Hound Dog'". Tinha outras ambições. Falou um dia em produzir e até dirigir, mas nunca tomou quaisquer providências para isso.

E apareceu uma proposta. Barbra Streisand e Jon Peters convidaram-no para trabalhar numa refilmagem de *Nasce uma estrela*. Quando Elvis me telefonou de Las Vegas, tive a impressão de que ele aceitaria o convite. Sua energia e entusiasmo eram contagiantes. Era um filme clássico e ele estava convencido de que era a sua grande oportunidade de se lançar em papéis dramáticos. Estava confiante de que poderia representar muito bem o papel de Norman Mayne.

— Parece que a coisa está garantida — disse ele. — Só falta acertar os detalhes.

Mas o projeto encalhou nesses detalhes. Era o primeiro filme de Jon Peters. O fato de que ele dirigiria o filme sem créditos anteriores representava um problema, na opinião do Coronel Parker. Outra dificuldade era o fato de que o nome de Elvis ficaria em segundo lugar, depois de Barbra — algo que o Coronel não podia admitir. O projeto foi rejeitado, deixando Elvis desolado com a oportunidade perdida.

Com o tempo, tornou-se evidente que ele não estava cuidando de sua saúde. Chegou a comentar, em algumas ocasiões:

— Não vou passar muito além dos quarenta anos.

Todas as pessoas costumam fazer declarações assim, mas no caso de Elvis o pensamento era profundamente arraigado e crônico. Gladys morrera aos quarenta e dois anos. Como Gladys, Elvis queria morrer antes do pai, sentindo que não poderia suportar outra perda.

De vez em quando eu era informada de que ele se internara num hospital. Preocupada, eu sempre telefonava, indagando:

— Você está bem?

— Claro — respondia ele, rindo um pouco para demonstrar que não havia nada de grave. — Só preciso de um pouco de descanso, Sattnin.

Eu concluía então que ele fora para o hospital pelo mesmo motivo que o fizera no tempo do exército. Era a sua maneira de conseguir algum repouso; precisava sair de Graceland e afastar-se de todas as pressões.

Por volta de 1976, todos estavam ficando alarmados com seu estado mental, além da aparência física. O rosto estava inchado, o corpo anormalmente pesado. Quanto mais as pessoas tentavam lhe falar a respeito, mais ele insistia que estava tudo bem.

O Coronel estava preocupado até com as ações de Elvis no palco. Elvis começava a esquecer as letras e a recorrer às partituras. Comportava-se de maneira imprevista, ignorando a plateia e se apresentando apenas para a banda. Alguns shows foram cancelados e ninguém podia prever se ele apareceria ou não no palco.

Na ausência de qualquer desafio profissional significativo, Elvis criava os seus próprios dramas da vida real. Seu fascínio por armas de fogo era agora uma obsessão. Tornou-se paranoico em relação às ameaças de morte. Através de sua associação com a polícia de Memphis, ele teve acesso à lista de traficantes de tóxicos. Achava que tinha a responsabilidade pessoal de tirá-los das ruas. Uma noite, bem tarde, ele me telefonou e disse:

— Cilla, você tem alguém que gostaria que fosse liquidado? Posso dar um jeito. Tudo rigorosamente confidencial.

* * *

A classe, charme e orgulho que durante os últimos oito anos haviam caracterizado as apresentações ao vivo de Elvis Presley beiravam agora à paródia. Frustrado pela falta de desafio a cada show que passava, Elvis passou a recorrer à pura exuberância, simbolizada por seus trajes, cada um mais requintado do que o anterior, com uma abundância de pedras falsas, tachas e franjas. Havia capas enormes e cintos incômodos. Ele se apresentava em trajes que acrescentavam quinze quilos a seu peso. Era como se estivesse determinado a conquistar o público por sua aparência, em vez de confiar apenas em seu talento.

Houve ocasiões, durante o último ano, em que ele foi criticado pela maneira como se relacionava com o público. Algumas pessoas comentaram que ele gracejava demais com os músicos e não terminava as canções. Houve uma noite em que ele chegou a reclamar no palco da "péssima administração" do hotel, citando um determinado empregado do Hilton que estava sendo despedido. No dia seguinte o Coronel Parker pediu a Elvis que cuidasse apenas do que lhe competia — o show —, deixando o hotel cuidar de seus empregados. Vernon tendia a tomar a defesa de Elvis em todas as crises, mas o Coronel tinha motivos para estar preocupado.

Um dos rapazes disse a Elvis que ele estava parecendo mais e mais com uma apresentação de Liberace. Sua esperança era de que Elvis compreendesse a insinuação e recuperasse o bom senso, passando a se basear apenas em seu talento. Mas Elvis insistira desde o início:

— Só quero ler as críticas positivas. Não quero tomar conhecimento de qualquer comentário negativo.

Como adolescente, ele fora resguardado das críticas desfavoráveis por Gladys. Quando fazia seus álbuns, ela só colava os recortes favoráveis. Se não tivesse sido tão protegido, Elvis poderia ter uma perspectiva melhor de sua carreira. Pelo menos estaria a par de tudo o que se dizia a seu respeito e talvez usasse alguns comentários de maneira construtiva.

Não importa o que ele fizesse, porém, seus fãs continuavam a aclamá-lo. Eram fiéis nos bons e maus desempenhos, e chegou um momento em que esse amor era a única gratificação de que Elvis dispunha. Apoiavam tudo o que ele fazia. Talvez ele pensasse que estava tudo bem enquanto recebesse as aclamações. Mas, na verdade, o Coronel Parker estava certo quando disse a Elvis que precisava se corrigir ou toda a sua carreira estaria comprometida.

Sua vida pessoal não ajudava em nada. Ele estava namorando Ginger Alden, que era vinte anos mais moça. A diferença de idade se tornava um problema cada vez maior. Elvis dizia:

— Estou cansado de criar crianças. Não tenho paciência para passar por tudo outra vez.

Havia conflitos — e muitos. Ginger não gostava das excursões, dos shows de uma noite só. Era muito chegada à família e não queria deixá-la. Elvis experimentou levar metade da família, mas isso só acarretou mais problemas.

— Ela passa mais tempo com a irmã e a mãe do que comigo — queixou-se ele.

Conversando sobre o seu dilema, não pude deixar de perguntar:

— Acha que pode realmente viver apenas com uma mulher?
— Acho, sim. E agora mais do que nunca. Sei que fiz muitas coisas estúpidas, mas a pior de todas foi não compreender o que tinha até que perdi. Quero minha família de volta.

Especulei se haveria alguma possibilidade de fazermos com que tudo desse certo.

— Talvez fosse cedo demais para nós, Sattnin — comentei. — Talvez um dia chegue o momento certo.

— Tem razão. — Elvis soltou uma risada. — Quando eu tiver setenta anos e você estiver com sessenta. Ambos estaremos tão velhos que vai parecer uma tolice sairmos em disparada em carrinhos de golfe.

Em abril de 1977, Elvis ficou doente, teve de cancelar uma excursão e voltar a Graceland. Lisa e eu estávamos lá, visitando Dodger. Ele me chamou a seu quarto. Não olhou para si mesmo; o rosto e o corpo estavam inchados. Vestia um pijama, o traje que parecia preferir agora quando estava em casa. Tinha nas mãos o *Livro dos números*, de Cheiro, e disse que queria que eu lesse uma coisa. Sua busca por respostas não se extinguira. Ainda procurava seu propósito na vida, ainda achava que não encontrara sua vocação. Se descobrisse uma causa para defender, quer fosse uma sociedade sem drogas ou a paz mundial, teria o papel que procurava na vida. Sua generosidade era prova dessa parte de sua natureza — a lendária propensão para dar, até mesmo a incontáveis pessoas que não conhecia.

Mas Elvis jamais encontrou uma cruzada para tirá-lo de seu mundo enclausurado, uma disciplina bastante forte para anular a fuga nas drogas. Naquela noite ele leu para mim, procurando por respostas, exatamente como fizera no ano anterior e em todos os outros anos passados.

40

Embarcamos no *Lisa Marie* por volta das 21h daquela noite, apenas meus pais, Michelle, Jerry Schilling, Joan Esposito e mais uns poucos amigos íntimos. A princípio, fiquei sentada sozinha, desesperada. Depois, fui para a parte posterior do avião, onde ficava o quarto de Elvis. Deitei-me ali, incapaz de acreditar que Elvis estava mesmo morto.

Lembrei-me dos gracejos que Elvis costumava dizer em relação à morte:

— Será sensacional para mim deixar este mundo.

Contudo, ele usava no pescoço uma corrente com uma cruz e uma estrela de Davi. Dizia que queria estar coberto por todos os lados.

Tinha medo de voar, mas nunca o demonstrava. Elvis nunca deixava transparecer os seus medos. Achava que tinha a responsabilidade de fazer com que todos se sentissem seguros. Dava a impressão de ser confiante porque não queria que os outros ficassem desanimados.

Lembrei-me de uma ocasião em que estávamos voando de Los Angeles para Memphis. Havia muita turbulência e o avião sacudia bastante. Todos a bordo estavam assustados. Menos Elvis. Quando o fitei, ele sorriu e pegou minha mão.

— Não se preocupe, baby. Vamos chegar lá.

No mesmo instante eu me senti segura. Havia uma certeza em Elvis. Se ele dizia que uma coisa aconteceria assim, então não restava mais a menor dúvida.

A viagem pareceu interminável. Eu estava completamente atordoada ao chegarmos a Memphis. Fomos levados a uma limusine à espera na pista, a fim de evitar os fotógrafos. Partimos a toda velocidade para Graceland, onde fomos recebidos por rostos frenéticos e incrédulos, de parentes, amigos íntimos e criados — as mesmas pessoas que haviam nos cercado por tantos anos. Eu passara a maior parte da minha vida com aquela gente, e olhar para todos agora foi terrível.

A maior parte da família de Elvis — Vernon, Vovó, suas tias, Delta e Nash, e outros — estava reunida no quarto de Vovó, enquanto os amigos e caras que trabalhavam para Elvis se concentravam no estúdio. Todos pareciam se limitar a entrar e sair dos cômodos, em silêncio, solenes, olhando ao redor com expressões incrédulas.

Lisa estava lá fora, no gramado, em companhia de uma amiga, passeando no carrinho de golfe que o pai lhe dera. A princípio, fiquei aturdida por ela conseguir brincar numa ocasião como aquela, mas depois compreendi que Lisa ainda não fora plenamente atingida pelo impacto do que acontecera. Vira a ambulância levando Elvis e ele ainda estava no hospital quando cheguei; por isso, Lisa estava confusa.

— É verdade? — perguntou ela. — Papai morreu mesmo?

Mais uma vez eu me senti desorientada, sem saber o que dizer. Ela era nossa filha. Já era difícil para mim acreditar e enfrentar a morte de Elvis. Não sabia como contar a Lisa que nunca mais tornaria a ver o pai.

Balancei a cabeça e depois abracei-a. Em seguida, Lisa afastou-se e voltou a passear no carrinho de golfe. Mas agora eu estava contente por ela ser capaz de brincar. Sabia que era a sua maneira de evitar a realidade.

A noite parecia interminável. Várias pessoas sentaram em torno da mesa de jantar, conversando. Foi então que tomei conhecimento das circunstâncias da morte de Elvis. Fui informada de que ele jogara tênis com seu primo Billy Smith até as 4h da madrugada, com a mulher de Billy, Jo, e a namorada de Elvis, Ginger, assistindo. Depois, todos se retiraram para dormir. Mas enquanto Ginger dormia, Elvis permaneceu acordado, lendo. Ligou para a Tia Delta e disse que queria um pouco de água gelada, estava tendo dificuldade para dormir.

Elvis ainda estava lendo quando Ginger acordou, às 9h, e quando ela voltou a dormir, por volta de uma hora da tarde. Quando ela despertou, Elvis não estava na cama. Foi encontrá-lo caído no chão do banheiro.

Ginger gritou por socorro, e Al Strada e Joe Esposito subiram correndo. Depois de chamar a ambulância, Joe aplicou respiração boca a boca em Elvis. Quando a ambulância estava saindo com Elvis para o hospital, seu médico particular, "Dr. Nick", apareceu e foi junto para o Memorial Batista. Ali, os médicos tentaram por mais meia hora ressuscitar Elvis. Mas foi tudo inútil. Ele foi declarado morto ao chegar, de parada cardíaca. Vernon pediu uma autópsia. O corpo foi levado para a Agência Funerária Memphis, a fim de ser preparado para a exposição em Graceland no dia seguinte.

Enquanto eu estava sentada, escutando o relato das últimas horas de Elvis, fui me sentindo cada vez mais perturbada. Havia dúvidas demais. Elvis raramente ficava sozinho por períodos prolongados.

Subitamente, compreendi que precisava ficar sozinha. Subi para a suíte de Elvis, onde passáramos boa parte de nossa vida comum. Os aposentos estavam mais arrumados do que eu esperara. Muitos dos seus pertences pessoais haviam desaparecido; não havia livros na mesinha de cabeceira.

Fui ao seu quarto de vestir e era como se pudesse sentir sua presença viva — sua fragrância característica impregnava o quarto. Era uma sensação fantástica.

Pela janela da sala de jantar pude ver os milhares de pessoas que esperavam no Elvis Presley Boulevard pelo carro que traria seu corpo de volta a Graceland. Sua música enchia o ar, com as emissoras de rádio do país inteiro prestando seu tributo ao Rei.

Não demorou muito para que o caixão fosse instalado no vestíbulo da frente, aberto à visitação pública. Fiquei no quarto de Vovó durante a maior parte daquela tarde, enquanto milhares de pessoas do mundo inteiro apareciam, prestando sua última homenagem. Muitas choravam; alguns homens e mulheres até desmaiaram. Outras se demoravam junto ao caixão, recusando-se a acreditar que era mesmo ele. Elvis fora realmente amado, admirado e respeitado.

Esperei pelo momento certo para Lisa e eu nos despedirmos. Era tarde da noite, e Elvis já fora transferido para a sala de estar, onde seria realizado o funeral. Havia silêncio; todos tinham ido embora. Juntas, ficamos paradas ao lado do caixão, emocionadas. "Você parece tão sereno, Sattnin, tão descansado... Sei que vai encontrar lá toda a felicidade e todas as respostas." Depois, pensei: "Só espero que não arme nenhuma encrenca nos Portões do Paraíso." Lisa pegou minha mão e pusemos no pulso direito de Elvis uma pulseira de prata, mostrando mãe e filha de mãos dadas.

— Vamos sentir sua falta — murmurei.

Eu sabia que minha vida nunca mais seria a mesma.

O Coronel compareceu ao funeral usando o seu habitual quepe de beisebol, camisa e calça esporte. Disfarçou suas emoções da melhor forma que pôde. Elvis fora como um filho para ele. Um homem antiquado, o Coronel era considerado um homem de negócios de coração frio. Mas, na verdade, permanecera fiel e leal a Elvis, mesmo quando sua carreira começara a declinar. Naquele dia pediu a Vernon que assinasse um contrato prolongando a sua posição como agente de Elvis. Já estava planejando meios de manter o nome de Elvis na lembrança do público. Agiu depressa, receando que Vernon, com a morte de Elvis, ficasse transtornado demais para cuidar direito das muitas propostas iminentes. Vernon assinou.

Durante o serviço religioso, Lisa e eu sentamos junto de Vernon e sua nova noiva, Sandy Miller, Dodger, Delta, Patsy, meus pais, Michelle e o resto da família. George Hamilton estava presente. Ann-Margret compareceu em companhia do marido, Roger Smith. Ann apresentou suas condolências com tanta sinceridade que senti um vínculo genuíno com ela.

J. D. e o Stamps Quartet cantaram as músicas evangélicas prediletas de Elvis. Vernon escolhera o pregador, um homem que mal conhecia Elvis e falou principalmente de sua generosidade. Elvis provavelmente teria rido e diria ao pai: "Não poderiam ter arrumado um comediante ou algo parecido?" Elvis não queria que o lamentássemos.

Encerrado o serviço, fomos para o cemitério, Lisa e eu acompanhando Vernon e Sandy. Ficava a cinco quilômetros da casa e por todo o percurso havia pessoas nos dois lados da rua, com outros milhares no cemitério. Os carregadores do caixão — Jerry Schilling, Joe Esposito, George Klein, Lamar Fike, Billy Smith, Charlie Hodge, Dr. Nick e Gene Smith — levaram-no até o mausoléu de mármore. Houve uma breve cerimônia e, depois, um a um, todos nos aproximamos do caixão, beijamos ou tocamos, murmuramos algumas palavras finais de despedida. Depois, por medida de segurança, Elvis foi transferido para o jardim de Graceland, seu local de repouso eterno.

Antes de Lisa e eu voltarmos a Los Angeles, Vernon pediu-me que fosse ao seu escritório. Ele estava desesperado. Eu sabia de qualquer coisa que pudesse ajudá-lo a compreender por que o filho morrera? Vernon jamais aceitou plenamente e creio que a angústia levou-o à sua própria morte, assim como Vovó também não se recuperou depois da morte de Vernon.

Eu estava angustiada quando voltei para casa com Lisa, tentando decidir o que era melhor para ela. Muitas histórias conflitantes estavam sendo divulgadas por publicações nacionais e eu sabia que poderiam ter um efeito negativo permanente em sua lembrança do pai. Resolvi enviá-la para um acampamento de verão. Ali, ela estaria protegida do rádio, TV e jornais, em companhia de muitas amigas, inclusive Debbie e Cindy, filhas de Joe e Joanie.

Quando ela voltou, eu já tinha feito planos com Michelle para uma longa viagem à Europa. Qualquer coisa servia para escapar das lembranças que constantemente apareciam nos meios de comunicação.

* * *

A morte de Elvis tornou-me muito mais consciente de minha própria mortalidade e das pessoas a quem eu amava. Compreendi que era melhor começar a partilhar mais com as pessoas com quem me importava; cada momento que tinha com minha filha ou meus pais se tornou mais precioso.

Aprendi com Elvis, muitas vezes — lamentavelmente — com seus erros. Aprendi que ter muitas pessoas ao redor pode minar suas energias. Aprendi o preço de tentar fazer todos felizes. Elvis dava presentes a alguns e deixava outros ciumentos, frequentemente criando rivalidades e ansiedades no grupo. Aprendi a confrontar as pessoas e enfrentar os problemas — duas coisas que Elvis sempre evitara.

Aprendi a assumir o comando de minha vida. Elvis era tão jovem quando se tornara um astro que nunca fora capaz de manipular o poder e dinheiro que acompanharam a fama. Sob muitos aspectos, ele foi uma vítima, destruído pelas próprias pessoas que atendiam a todos os seus desejos e necessidades. Foi também uma vítima de sua imagem. O público queria que ele fosse perfeito, enquanto a imprensa implacavelmente exagerava os seus defeitos. Nunca teve a oportunidade de ser humano, de crescer para se tornar um adulto amadurecido, experimentar o mundo além de seu casulo artificial.

Quando morreu, um pouco de nossas próprias vidas nos foi tirado, de todos que conheciam e amavam Elvis Presley, que partilharam suas músicas e filmes, que acompanharam sua carreira. Sua paixão era divertir os amigos e fãs. O público era seu verdadeiro amor. E o amor que Elvis e eu partilhamos foi profundo e permanente.

Ele foi e continua a ser a maior influência em minha vida.

Epílogo

Passei muitas horas recordando momentos de meu passado que são para mim pedaços da história, significativos e memoráveis. Quando decidi contar esta história, não tinha a menor ideia de como seria uma tarefa difícil e emocionante. Muito se disse e escreveu a respeito de Elvis, por aqueles que o conheciam bem e outros que não conheciam mas diziam que sim. Espero ter oferecido uma perspectiva melhor do que ele foi como um homem. Outros livros apresentaram uma imagem não muito positiva, ressaltando suas fraquezas, excentricidades, explosões violentas, perversões e abuso de drogas. Eu queria escrever sobre amor, momentos preciosos e maravilhosos, outros repletos de sofrimento e desapontamento, sobre os triunfos e derrotas de um homem, uma grande parte com uma criança-mulher ao seu lado, sentindo e experimentando suas angústias e alegrias como se fossem uma só pessoa.

Eu não seria honesta se não dissesse, ao revelar nossa vida, tão invejada, que não foi fácil para mim. Houve muitas ocasiões em que desejei pular fora, desistir, esquecer ou abrir mão daquele amor tão penoso. Alguns vão achar que omiti muitas datas importantes, fatos específicos e histórias incontáveis. Não creio que alguém possa sequer começar a captar a magia, sensibilidade, vulnerabilidade, charme, generosidade e grandeza desse homem que tanto influenciou e contribuiu para a nossa cultura através de sua arte e música. Nunca tive a intenção de realizar tal feito; queria apenas contar uma história. Elvis foi uma alma gentil, que emocionou e proporcionou felicidade a milhões de pessoas no mundo inteiro e continua a ser respeitado e amado por seus semelhantes.

Ele era um homem, um homem muito especial.

Índice das imagens

Capítulo 1 – Eu aos 13 anos.
Capítulo 3 – Quem poderia imaginar quem esse cara se tornaria?
Capítulo 5 – Elvis no volante e eu no centro, com Charlie Hodge e Joe Esposito, a caminho da Califórnia; a nossa última viagem de ônibus!
Capítulo 8 – Eu e Honey, em 1963.
Capítulo 11 – Meu primeiro carro. Elvis me deu este Corvair como presente de formatura.
Capítulo 14 – Eu e Dominó, em 1967.
Capítulo 17 – Elvis e eu em Palm Springs, em um brinde a nós dois na noite anterior ao nosso casamento.
Capítulo 20 – Exibindo Lisa Marie para avós orgulhosos; meu pai no canto esquerdo e Vernon no canto direito.
Capítulo 22 – Os bons e velhos tempos; Tom Jones e Elvis tocando.
Capítulo 25 – Elvis e eu no Havaí.
Capítulo 28 – Apaixonados!
Capítulo 31 – Um dos passatempos de Elvis.
Capítulo 34 – Elvis trapaceando na caça aos ovos de Páscoa; ele encontrou os seus na geladeira.
Capítulo 37 – Os Presley!
Capítulo 40 – Vernon e Lisa, em 1973.

Impressão e Acabamento:
GRÁFICA GRAFILAR